Zintl · Bayreuth und die Eisenbahn

Robert Zintl

Bayreuth und die Eisenbahn

Gondrom

Zu den Abbildungen des Umschlags:

Vordere Umschlagseite: Ausfahrender Güterzug auf der Bayreuther Mainbrücke um 1960. Hinter der G 10-Lok der Güterzugpackwagen (links oben); Personenzug 1752 steht zur Abfahrt nach Weiden bereit. 28. 6. 1969, 8.00 Uhr (rechts oben); Ausfahrender Schienenbus-Zug 1643 nach Neuenmarkt-W am Bayreuther Stellwerk 2. 21. 10. 1967, mittags (links unten); Fassade des Bayreuther Bahnhofsgebäudes, 1988 (rechts unten)
Fotos: Fritz Porstmann (links oben, rechts oben, links unten), Robert Zintl (rechts unten)

Hintere Umschlagseite: Die Bayreuther 98 1119 ist gerade frisch lackiert vom Ausbesserungswerk Weiden zurückgekommen, Sommer 1954 (links oben); Personenzug 1752 nach Weiden mit zwei Loks BR 64 auf der Bayreuther Mainbrücke. 9. 6. 1969, frühmorgens (rechts oben); S $\frac{3}{6}$ 18 616 vor dem Nachmittags-Eilzug Bayreuth–Nürnberg–München im Frühjahr 1955 (links unten); Zwei Nürnberger Triebwagenzüge BR 614 in Bayreuth, 25. 6. 1989 (rechts unten)
Fotos: Robert Zintl (links oben, links unten, rechts unten), Fritz Porstmann (rechts oben)

ISBN 3-8112-0780-6 – 1. Auflage 1992
© 1992 by Gondrom Verlag, Bindlach
Satz: Teamsatz, Neudrossenfeld
Druck: Zumbrink Druck GmbH, Bad Salzuflen
Printed in Germany

Inhalt

Vorwort 9	Bayreuth Hauptbahnhof 103
Bevor die Eisenbahn kam: Auf alten Straßen 10	An Hebelbänken und Blockfeldern 111
Bayreuth in vorderster Linie 15	Zugkräftige Lokomotiven 116
Bayreuth baut seine Eisenbahn selbst: Die erste bayerische „Pachtbahn" 17	Bayreuther Eisenbahndienststellen 135
Die Königlich Bayerische Ostbahn erreicht Bayreuth .. 37	„Eisenbahnwüste" Bayreuth? 136
Bayreuth und die Fichtelgebirgsbahn 53	Mit Fahrkarte und Frachtbrief 151
Eine Bahn von Bayreuth in das Fichtelgebirge 62	Kriegsfolgen und Rationalisierung 154
Durch den Hummelgau nach Hollfeld 76	Ausblick 166
Durchs Rotmaintal „auf das Gebirg": Das „Thurnauer Bockela" 88	Anlage 169
	Literatur- und Quellenverzeichnis 172
	Stichwortverzeichnis 173

Vorwort

Bayreuth hatte schon bald „seine" Eisenbahn bekommen, früher als andere bedeutende Städte in Bayern. Im Laufe der Zeit ist ein Eisenbahnstern entstanden, der von dem Knotenpunkt Bayreuth fast regelmäßig in alle Richtungen ausstrahlt. Das imposante Bayreuther Bahnhofsgebäude von 1879 genügt auch heute noch allen Anforderungen; ein modernes Stellwerk sorgt für die Sicherheit des Bahnbetriebs. Es wird gezeigt, wie dem Verkehrsbedürfnis auf der Schiene Rechnung getragen wurde.

Manches für die vorliegende Arbeit konnte im Verkehrsarchiv der Bundesbahndirektion Nürnberg ermittelt werden. Hierfür sei ausdrücklich gedankt. Bilder ohne besonderen Vermerk stammen vom Autor oder aus seiner Sammlung.

Robert Zintl

Bevor die Eisenbahn kam: Auf alten Straßen

1.1 Straßennetz und Straßenbau

Im ausgehenden Mittelalter entstanden zwischen den maßgebenden mitteleuropäischen Wirtschaftszentren in Oberitalien, in der französischen Champagne, in Flandern und im Gebiet der Hanse bedeutende Handelswege, welche auch die aufblühenden Städte im Deutschen Reich einbezogen; jedenfalls soweit ihnen bestimmte Vorrechte im Fernhandel verliehen worden waren – wie zum Beispiel das Stapelrecht. Für unser fränkisches Gebiet stellte die Freie Reichsstadt Nürnberg einen solchen Kristallisationspunkt dar.

Von hier aus verlief die „Nordstraße" im Tal der Regnitz nach Bamberg und weiter über Coburg und Eisfeld nach Erfurt. Eine andere wichtige – die „Vogtländische Straße" – verließ Nürnberg in Richtung Heroldsberg – Eschenau; sie führte über die Fränkische Alb nach Pottenstein – Bayreuth und weiter über Berneck – Gefrees – Münchberg – Hof in das Vogtland. Und es sei noch erwähnt die nach Nordosten ziehende „Böhmische Straße" von Nürnberg durch das Pegnitztal nach Hersbruck und über Auerbach – Kemnath nach Eger (Bild 1).

Ganz zu Anfang bestanden diese Straßen freilich im allgemeinen bloß aus den Spurrillen, die die Räder der schweren Kaufmannswagen eingegraben hatten. Bis etwa ins Jahr 1700 gab es weder einen befestigten Untergrund noch eine Art Straßendecke; auch keine systematische Unterhaltung dieser Straßen – nur die Winterschäden sind jeweils einigermaßen behoben worden. Hierzu hatte die Obrigkeit Bewohner der benachbarten Dörfer rekrutiert; sie zwang man, die augenfälligsten Mulden und Löcher mit Erdmaterial, Prügeln und Reisig aufzufüllen.

Erst um die Mitte des 18. Jahrhunderts ging man gezielter vor. So ließ im Fürstentum Bayreuth Markgraf Christian Carl Alexander das – allerdings nicht sehr dichte – Straßennetz in massiver Steinbauweise erneuern. Der Fürstbischof von Bamberg, Adam Friedrich Graf von Seinsheim, zog gleich, woraus folgte, daß sich beim späteren Übergang dieser nördlichen Herrschaftsgebiete in das Königreich Bayern hier weit bessere Straßen fanden als im Süden.

1.2 Eine Institution im Dienste der Öffentlichkeit: Die Post ist da!

Ein wesentlicher Antrieb für die weitere Pflege des Straßennetzes muß im Entstehen und in der Entwicklung des Postwesens gesehen werden. Es begann strenggenommen bereits im Jahr 1504, als Franz von Taxis verpflichtet wurde, eine regelmäßige Postbeförderung zwischen dem Hof Maximilians I. und anderen europäischen Höfen zu installieren, wobei außer der kaiserlichen Korrespondenz, die natürlich absoluten Vorrang hatte, schon sozusagen zivile Sendungen zugelassen waren. Ab 1664 durfte dann die Taxis-Post das ganze bayerische Gebiet bedienen.

Zu jener Zeit gliederte sich der Postdienst in den zu Fuß ausgeübten Botendienst, in den Dienst des Postreiters und schließlich in den Postkutschendienst.

Zum *Postdienst zu Fuß* im Bayreuther Gebiet seien hier als Beispiele festgehalten: Die Postbotin Dorothea Liebe hat zwanzig Jahre lang (bis ins Jahr 1803) jeden Dienstag solch einen Botengang von Bayreuth über Streitberg nach Nürnberg und jeden Donnerstag zurück nach Bayreuth bewältigt; eine Leistung, die uns heute schier unglaublich erscheint. Man zahlte ihr 68 Reichstaler im Jahr sowie eine kleine Entschädigung für Schuhwerk und Kleidung. Ihr Nachfolger in diesem Amt war der Bayreuther Schuster Johann Kaspar Schöpf, der diese Strapazen jedoch nicht einmal ein Jahr lang durchhielt.

Auch zwischen Bayreuth und Thurnau war im Jahr 1780 zunächst nur ein solcher Postdienst zu Fuß eingerichtet wor-

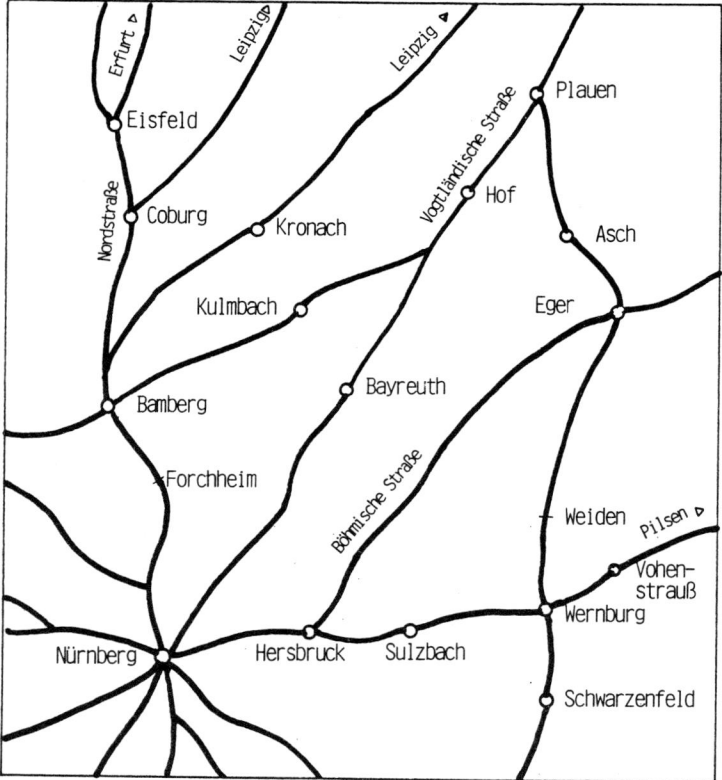

Bild 1: *Wichtige mittelalterliche Handelsstraßen im Bayreuther Gebiet (Grafik: Heinz Hacke)*

den, den zweimal in der Woche der Amtsbote Heinrich Kapp aus Thurnau und später Kunigunde Kapp, seine Witwe, übernommen hatten. Den Thurnauer „Fußbotinnen" Anna Amschler und Maria Barbara Roß waren die Botengänge nach Kulmbach und zurück genehmigt.

Freilich waren diese ausgedehnten Fußmärsche eine trotz aller Mühsal recht langsame Angelegenheit, da ja nur eine Durchschnittsgeschwindigkeit von zirka 4 km pro Stunde erreicht werden konnte. Erst mit der Postkutsche ging das endlich etwas schneller.

1.3 Reisemöglichkeiten von und nach Bayreuth*

Eine erste wirkliche Fernverbindung führte schon 1684 von Nürnberg über Streitberg – Bayreuth – Hof nach Leipzig; Markgraf Christian Ernst in Bayreuth hatte sich energisch dafür eingesetzt, daß sie eben auch Bayreuth mit einbezog. Die Mitreise war nur „unverdächtigen Personen" erlaubt; vor dem Postwagen mußte ein Postillion daherreiten.

Im Jahr 1711 waren in Bayreuth „Landkutschen etablirt von und nacher Nürnberg, Erlang, Hof und Wunsiedel". Für deren Tätigkeit erließ Markgraf Friedrich 1760 das folgende Fuhr- und Fracht-Regulativ, gewissermaßen eine frühe Postordnung.

Zur Einleitung zählt er voller hochherrschaftlichem Stolz erst einmal seine sämtlichen Titel auf:

„Von Gottes Gnaden, Wir Friederich Marggraf zu Brandenburg, in Preußen, zu Schlesien, Magdeburg, Cleve, Jülich, Berg, Stettin, Pommern, der Cassuben und Wenden, zu Mecklenburg und zu Crossen Herzog, Burggraf zu Nürnberg, Fürst zu Halberstadt, Minden, Camin, Wenden, Schwerin, Razeburg und Mörs, Graf zu Glaz, Hohenzollern, der Mark, Ravensberg und Schwerin, Herr zu Ravenstein, der Lande Rostock und Stargardt etc. Des Löblich-Fränkischen Creyses bestallter General-Feldmarschall und Obrister über drey Regimenter zu Roß und Fuß etc.

Fügen hiemit zu wissen: Nachdeme Wir mißfälligst haben vernehmen müssen, was massen die in Unserer Residenz-Stadt Bayreuth etablirte Landkutscher die ihnen gnädigst ertheilten Privilegia zum offenbaren Nachtheil Unsers Cameral-Interesse sowohl, als des Publici, insbesondere aber Unserer commercirenden Burgerschaft dergestalt mißbrauchen, daß sie nach ihren Gefallen das Fuhrlohn ungebührlich erhöhen, und alle übrige vorhin auf denen Straßen gefahrne Fuhr- und Karn-Leute, die mit einem billigen Frachtlohn sich begnüget, und unsern Zöllen nicht wenig eingetragen haben, von fernerer Befahrung derselben gänzlich abgetrieben, auch andere Unbilligkeiten mehr zu verüben kein Bedenken getragen:

Als haben Wir zu Steuerung dieses Unwesens gegenwärtiges Fracht-Regulativ entwerfen lassen, und wollen, daß künftig für jeden Centner Guth *von und Nacher Nürnberg* 36 Kreuzer fränkisch oder 12 gute Groschen und von kleinen Stücken vom halben bis zu ⅛ Centner aber 48 Kr. fränkisch oder 16 gute Groschen und von ⅛ Centner bis auf das Pfund von jedem Pfunde 3 Pfennige sollen bezahlet werden. Dann von einem Passagier mit 50 bis 60 Pfund Bagage 1 Gulden 12 Kreuzer fränkisch oder 1 Taler, was aber an Bagage mehr, auf nur gedachte Art.

Ferner *von und nacher Erlang* für jeden Centner Guth 32 Kreuzer fränkisch oder 10 gute Groschen 8 Pfennige, von kleinen Stücken hingegen dasjenige, was von und nacher Nürnberg, wie vorerwähnt, und von einem Passagier mit der obgedachten Equipage 1 Gulden fränk. oder 20 gute Groschen, was aber über 60 Pfund, ebenmäßig nach dem festgesetzten Frachtlohn entrichtet,

Weiters *von und nacher Hof,* für jeden Centner Guth 24 Kreuzer oder 8 gute Groschen, von kleinen Stücken von halben bis zu ⅛ Centner 30 Kreuzer oder 10 gute Groschen, hiernächst von einem Passagier mit der gewöhnlichen Equipage 48 Kreuzer oder 16 gute Groschen, und was darüber, nach dem regulirten Frachtlohn,

Und endlich *von und nacher Wunsiedel,* alles wie es von der Höferkutsche nur eben gesagt worden, bezahlt werden solle.

Hiernächst verordnen Wir, daß es keinen Kutscher erlaubet seyn soll, Briefe außer denen zu den Paqueten und Kaufmanns-Güthern gehörigen Addressen und Frachtbriefen anzunehmen, zu sammeln und zu bestellen, sondern solche denen Posten, bey Verlust des ihnen ertheilten Privilegii, auch befindenden Umständen nach sonst zu determinirenden Bestrafung, zu überlassen; ingleichen keinen Passagier der mit der Post gekommen und sich nicht einige Tage an den Ort seiner Abfahrt aufgehalten, an- und mitzunehmen, sondern solche so fort bey der Anlangung und weitern Reiß-Prosequirung an jedes Orts Postamt zu verweisen.

Vor die in Ladung genommenen Güther und Paquete aber sollen gemelde Kutscher bis zu ihrer Ankunft an Ort und Stelle alle gebührende Sorgfalt tragen, und wenn durch ihre Fahrlässigkeit dieselben verlohren gehen oder beschädiget werden sollten, sind sie dafür zu stehen schuldig; Wie sie denn auch gehalten, alle geladene Güther nach geschehener Ankunft, bey rechter Zeit mit denen Fracht- und Adreß-Briefen auszuliefern, geladene Weine und Essig aber sogleich nach der Ankunft und vor der Auslieferung, bey Unserer Umgelds nicht weniger die im Lande noch nicht verzollte und denen inländischen Kaufleuten gehörigen

*Zusammengestellt auf Grund bruchstückhafter Unterlagen

Waaren nach der hierunter ergangenen Verordnung der allhiesigen Zoll-Einnahm anzuzeigen; So wie hingegen die Empfänger der von besagten Kutscher mitgebrachten Güther, alsobald nach geschehener Lieferung das nach Maasgabe dieses Reglements schuldige Frachtlohn dafür zu bezahlen, oder wiedrigenfalls daß auf geschehnde Anzeige die Hülfe so fort werde vorgekehret werden, zu gewärtigen haben.

Damit nun diese Unsere Verordnung zu jedermanns Wissenschaft gelange, und sich keiner im Contraventions-Fall, welcher mit unausbleiblicher schwerer Ahndung angesehen werden soll, mit der Unwissenheit entschuldigen könne; So befehlen Wir gnädigst, daß dieses Unser Reglement behörig publicirt und zu jedermanns Wissenschaft affigiret auch einem jeden Landkutscher ein Exemplar davon zur schuldigen Nachacht zugestellet werden solle.

Urkundlich haben Wir gegenwärtiges Fuhr- und Fracht-Regulativ mit eigener Hand unterschrieben, und mit Unserm Innsiegel bekräftigen lassen. So geschehen Bayreuth, den 12. May 1760.   Friederich, M. zu B. C."

Er zeichnet noch M. (M= Markgraf) zu B. C. (= Brandenburg-Culmbach), obwohl die markgräfliche Residenz bereits 1603 von Kulmbach nach Bayreuth verlegt worden war.

Zur damaligen Währung:
1 Gulden (fl) hatte 20 Groschen oder 60 Kreuzer (Kr) oder 252 Pfennige (dl),
1 Taler hatte 2 Gulden oder 40 Groschen oder 120 Kreuzer.

Für eine gute „Biermahlzeit" bezahlte man 18 Kreuzer, für einen Mantel 20 Kreuzer, für ein Paar „gemeine Weiberschuhe, einsöhlig" ebenfalls 20 Kreuzer. Ein Handwerksmeister verdiente im Sommer 16 Kreuzer am Tag, im Winter (bei kürzerer Arbeitszeit) 12 Kreuzer; ein Handlanger im Sommer 10 Kreuzer, im Winter 8 Kreuzer.

Die Fahrt von Bayreuth nach „Erlang" kostete - wie schon erwähnt - 1 Gulden oder 60 Kreuzer; dafür konnte man einen Mantel und 2 Paar Schuhe kaufen. Im Vergleich dazu fährt man heute eigentlich zu einem Spottpreis von 27,- DM von Bayreuth nach Erlangen, denn dafür bekommt man weder Mantel noch Schuhe.

Der Erlanger Landkutscher hatte unter anderem die ehrenvolle Aufgabe, für die Bayreuther Markgräfin das „Franzbrot aus Erlang" mitzubringen, worunter man (französische) Weißbrötchen verstand. Er war, ebenso wie der Nürnberger Landkutscher, von „Ausschuß, Wach und Einquartierung", auch von Weg- und Pflasterzöllen befreit, also jedenfalls in bevorrechteter Stellung, und jedes Jahr wurde ihm eine neue Livree gestellt.

Er hatte wöchentlich bis zu einem Zentner Herrschaftsgut und alle Briefe und Pakete des Fürsten fracht- und portofrei zu befördern. Für darüber hinausgehende Frachtlasten durfte er 36 Kreuzer pro Zentner kassieren.

In der Relation Bayreuth – Kulmbach – Coburg konnte man ab 1711 zweimal in der Woche mit der „Landpost" reisen, wobei der Fahrpreis 4 Groschen für die Meile betrug und Reisegepäck bis zu ½ Zentner frei war. Ab 1751 war in Coburg Anschluß nach Leipzig und auch Hamburg möglich; 1764 aber wurde die Verbindung Kulmbach – Coburg wegen zu geringer Frequenz und schlechter Straßenverhältnisse aufgelassen.

Im Jahr 1737 gab es eine Postkutsche zwischen Bayreuth und Bamberg, die Anschluß an die „fahrende Post" Nürnberg – Bamberg – Coburg vermittelte. Am 16. 1. 1745 erließ das Kaiserliche Reichspostamt in Bamberg die in Bild 2 dargestellte Bekanntmachung über die „Post Kallesch nach Bayreuth", die Anschlüsse von und nach Würzburg – Frankfurt (Main) sowie von und nach Leipzig – Dresden bot, eine für die damalige Zeit erstaunliche Fahrplankonstruktion!

Die Akten berichten getreulich von einem Überfall auf diese Postkalesche: „Am 8. November 1769 abends 7 Uhr wurde nahe der Station Lohndorf der morgens aus Bayreuth abgefertigte Postwagen von zwei Räubern angefallen, der Postillion mißhandelt und die ganze Ladung fortgetragen. Den Wagen hatte kein Kondukteur begleitet."

Bamberg
1745 Post Kallesch nach Bayreuth
Jan. 16.

Dem Publico hat man ohnangezeigt nit laßen wollen, wie dermahlen ein Post-Callesch von hier nach Bayreuth aufgerichtet worden, welches seinen Lauf also haben soll, damit es Samstag oder Sonntag früh, nach Ankunfft des Franckfurter und Würzburger Post-Wagens, über

Lohndorff und Hollfeld

nach Bayreuth auf dem alda durchgehenden Kayl. Post-Wagen nach Leipzig und Dresden eintrifft, mithin Persohnen und Päckereyen an erstgedachte Orth mit fort kommen und besorget werden können. In Bayreuth wird die Rückfahrt nach Ankunfft des Leipzig- und Dresdner über Hof gehenden Post-Wagens seyn, also das längstens bis Mittwoch früh die Abfahrt in Bayreuth, und Abends die Ankunfft allhier seye; wo alsdann die mitgekommenen Paßagiers, gleich andern Tags wieder per Würzburg oder Franckfurt abgehen und ihre Reiß durch diese Gelegenheit ohngehindert machen können, etc. etc.

Bamberg, 16. Januar 1745.

Kayl. Reichs-Post-Ambt allhier.

NB. Ferner dient zur Nachricht, daß jetzt einiger Wochen schon eine Reitende Post von hier per Schweinfurth in Cours seye, wodurch 2. mahl über Haßfurt hin und 2. mahl die Wochen her kan correspondirt werden.

Bild 2: *Erlaß des Kaiserlichen Reichspostamts Bamberg über die Einrichtung einer Postkalesche nach Bayreuth (eine Kalesche war ein leichter viersitziger Wagen)*

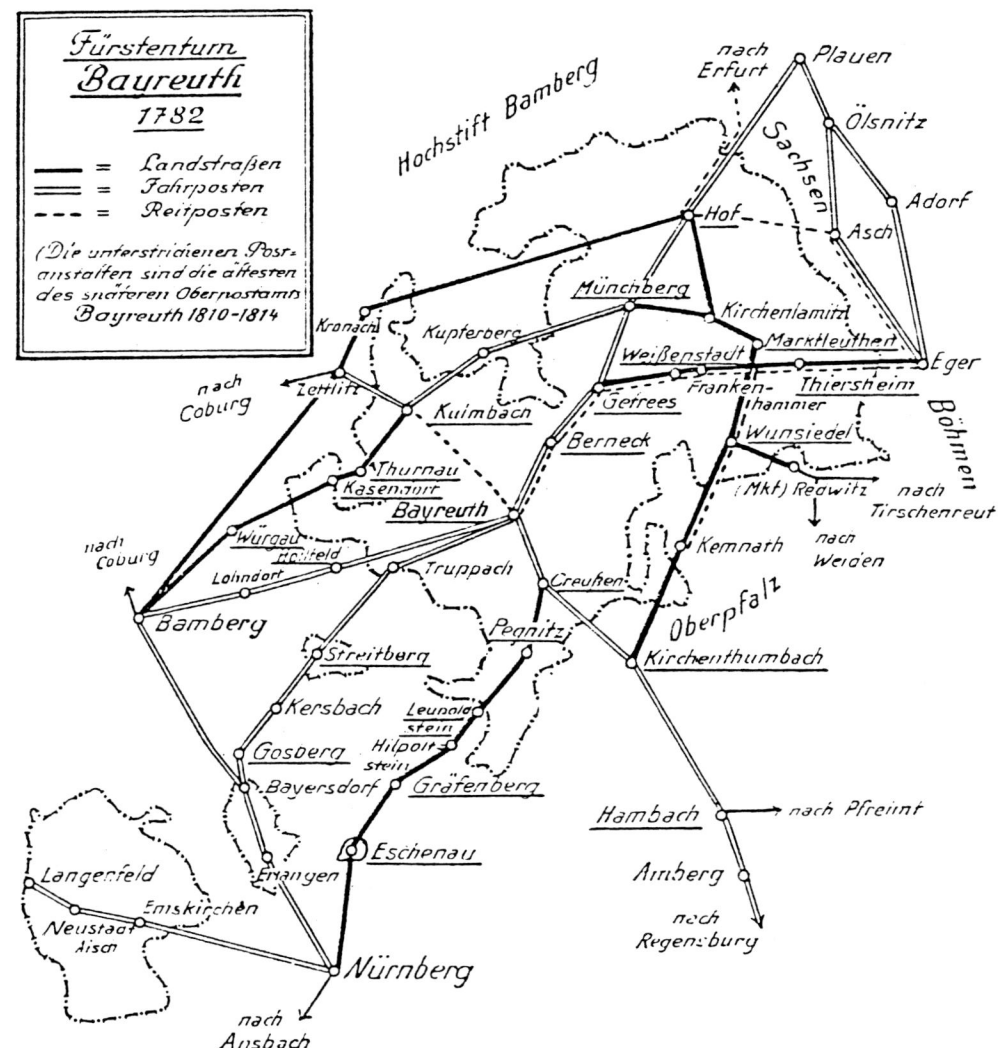

Bild 3: *Bayreuther Postkurse 1782 (aus Literaturverz. Nr. 8)*

1751 war für den Postdienst im Bayreuther Fürstentum ein bedeutsames Jahr: In der Postkonvention zwischen dem Markgrafen von Brandenburg-Bayreuth und dem Fürsten von Thurn und Taxis zu Regensburg, die beinahe einem Staatsvertrag gleichkommt, wird das bisher landesherrlich unterhaltene Postwesen z. T. dem Reichspost-Generalat übergeben, das schon seit 1595 in den Händen derer von Thurn und Taxis lag. In 25 Artikeln werden zunächst die weiterbestehenden* und die künftigen Postdienste in den verschiedenen Relationen vereinbart; dann geht es um Portofreiheit für das Markgräfliche Haus. Artikel 14 bestimmt, daß im Land (d. h. im Fürstentum Bayreuth) als Postbeamte nur Landeskinder genommen werden sollen; es folgen Bestimmungen über Zollfreiheit des „Postgeschirrs" u. dgl.

Auswirkungen zeigten sich schon im selben Jahr: Seit 1751 gab es in der Verbindung Nürnberg – Bayreuth – Hof je zwei Fahrten in der Woche. Ferner wurde 1751 eine Postkutsche eingelegt, die einmal wöchentlich von Bayreuth über Creußen – Kirchenthumbach – Amberg nach Regensburg und zurück verkehrte mit Anschluß nach und von Pilsen und Prag. Seit 1842 wurde diese Verbindung täglich mit Eilwagen bedient; sie erhielten in Bayreuth Anschluß an die Eilwagen nach Hof, Berlin, Leipzig, Dresden und Breslau.

Bild 3 bietet eine Übersicht über die Straßen und über die Postdienste im Fürstentum Bayreuth im Jahr 1782.

Dem Bayreuther Kutscher Johann Küfner ist noch 1785 erlaubt worden, zweimal in der Woche Passagiere in seiner Chaise nach Kulmbach und zurück zu befördern. Das Billett kostete 24 Kreuzer pro Fahrt, für einen Zentner Fracht verlangte er 15 Kreuzer.

Eilwagenverbindungen kennt man seit 1826. Die erste, nunmehr Königlich Bayerische Schnellpost, verkehrte auf der Linie Nürnberg – Pegnitz – Bayreuth – Hof – Leipzig, und zwar

---

* Hierauf beruht das schon eingangs erwähnte Fuhr- und Frachtregulativ für die markgräflichen „Landkutschen".

täglich. In Bayreuth hatte sie Anschluß von und nach Kulmbach.

Seit 1828 gab es auch einen Eilwagen zwischen Bayreuth – Bamberg – Würzburg. 1830 kam eine wöchentliche Diligencefahrt Bayreuth – Kemnath – Wunsiedel – Mitterteich zustande, die Anschlüsse mit Gefrees und Hof herstellte, ab 1842 eine tägliche Eilpost Würzburg – Bayreuth – Eger.

Die Bayreuther Markgrafen hatten in ihrem Fürstentum den Straßenbau nach Kräften gefördert und die Entfaltung des Postwesens ermöglicht und unterstützt. Deswegen konnte ihre eher etwas stille Residenzstadt Bayreuth zu einem beachtlichen Verkehrsmittelpunkt avancieren. Allein, das Reisen war noch recht unbequem, unsicher und vor allem langsam. Hierzu sind etwa die folgenden Notizen überliefert:

> „Im Sommer 1730 besuchte Friedrich Wilhelm I., König von Preußen, den Markgrafen Georg Friedrich Carl in Bayreuth. Der Hofsitte gemäß holte ihn dieser zu Bindlach, über das die Post nach Berneck, einen hohen Berg erklimmend führte, mit seinem ererbten alten Staatswagen ab. Die Dienerschaft hatte Mühe, den schwankenden Wagen aufrecht zu erhalten, so schlimm waren dort noch die Wege. Darüber erzürnte der König gewaltig, er fluchte und schrie öfters: ‚Donner und Wetter! Feuer her, um den Schinderkarren zu verbrennen!' Ein schweres Gewitter ging nieder. Neben dem König saß der stille, gottesfürchtige Markgraf mit gefalteten Händen."

Auch fünfzig Jahre später klagt Gotthold Ephraim Lessings Braut, die verwitwete Frau König, wie sie auf ihrer Reise nach Nürnberg mitten im Sommer grundlose Wege fand und auf manchen Poststationen „wegen Mangel an Beförderung" viele Stunden und oft Tage liegenbleiben mußte.

> „Der Nürnberger Postwagen nach Hof wurde am 2. Januar 1767 zwischen Pretzfeld und Ebermannstadt von Räubern gewaltsam ausgeplündert, wobei 1200 Gulden Verlust zu beklagen waren; ein schweres Faß mit silbernen Platten für die Münze nach Bayreuth hatten die Räuber unangetastet gelassen, es wurde aber von der Regierung in Bamberg unter dem Vorwand mit Arrest belegt, daß die Versendung von dergleichen ungemünztem Silber der Kaiserlichen Reichs-Kreisverordnung zuwider sei, ein Passierschein habe sich nicht dabei befunden, weshalb erst in Wien angefragt werden müsse."

Selbst 1850 noch, das heißt als längst die „Eilwagen" unterwegs waren, betrugen die Fahrzeiten

zwischen Bayreuth und Nürnberg 8 – 9$^1/_2$ Std.,
zwischen Bayreuth und Bamberg 6 – 7$^1/_2$ Std.,
zwischen Bayreuth und Coburg 7 – 8$^1/_2$ Std.,
zwischen Bayreuth und Hof 6$^1/_2$ – 8 Std.;

daraus ergibt sich eine Reisegeschwindigkeit von etwa 12 km pro Stunde.

Inzwischen hatte man aber von dem aufsehenerregenden englischen „Dampfwagen" vernommen, der eine ganze Reihe von Kutschen mit der sagenhaften Geschwindigkeit von mehr als 40 km/h zu ziehen vermochte. Was Wunder, daß auch die Stadt Bayreuth, die seit 1810 ja dem Königreich Bayern angehörte, darauf drängte, bald eine solche Eisenbahn zu bekommen.

Bayreuth in vorderster Linie

2. Die Erfindung der Lokomotive und die Geburt der Eisenbahn waren geradezu „bahnbrechende" Ereignisse.

In Deutschland begann das Eisenbahnzeitalter, als am 7. Dezember 1835 die Ludwigsbahn von Nürnberg nach Fürth in Betrieb genommen wurde. Sie war vom Direktor der Nürnberger Polytechnischen Schule, Johannes Scharrer, ins Leben gerufen worden. Der bayerische König Ludwig I. hatte das Privileg zum Bau der Bahn erteilt und gestattet, daß sie seinen Namen führe. Leitender Ingenieur des Unternehmens war der aus Mainz stammende Camille von Denis – die Lokomotive „ADLER" und der Lokomotivführer William Wilson allerdings mußten aus England herbeigeholt werden.

Am 11. Februar 1836 hatte ein Nürnberger Komitee die Genehmigung zum Bau einer Eisenbahn von Nürnberg/Fürth über Bamberg bis zur nördlichen Grenze des Königreichs erhalten.

In Bayreuth hatte man sofort erkannt, daß die Eisenbahn eine Revolution im Reise- und Güterverkehr bewirken und für Wirtschaft und Handel eminente Bedeutung erlangen werde. Es waren noch keine vier Monate vergangen, seit der erste Eisenbahnzug in Deutschland gefahren war, da richtete der Stadtmagistrat Bayreuth – und zwar am 18. März 1836 – ein Gesuch an den bayerischen König mit der Bitte um Anlegung einer Eisenbahn von Nürnberg über Bayreuth und Hof an die nördliche Grenze des Reichs. (Dieses Dokument ist in der Anlage wiedergegeben, allerdings nicht in der damals üblichen, heute aber nicht mehr geläufigen Handschrift, jedoch in der originalen Orthographie. Für solche Gesuche war übrigens

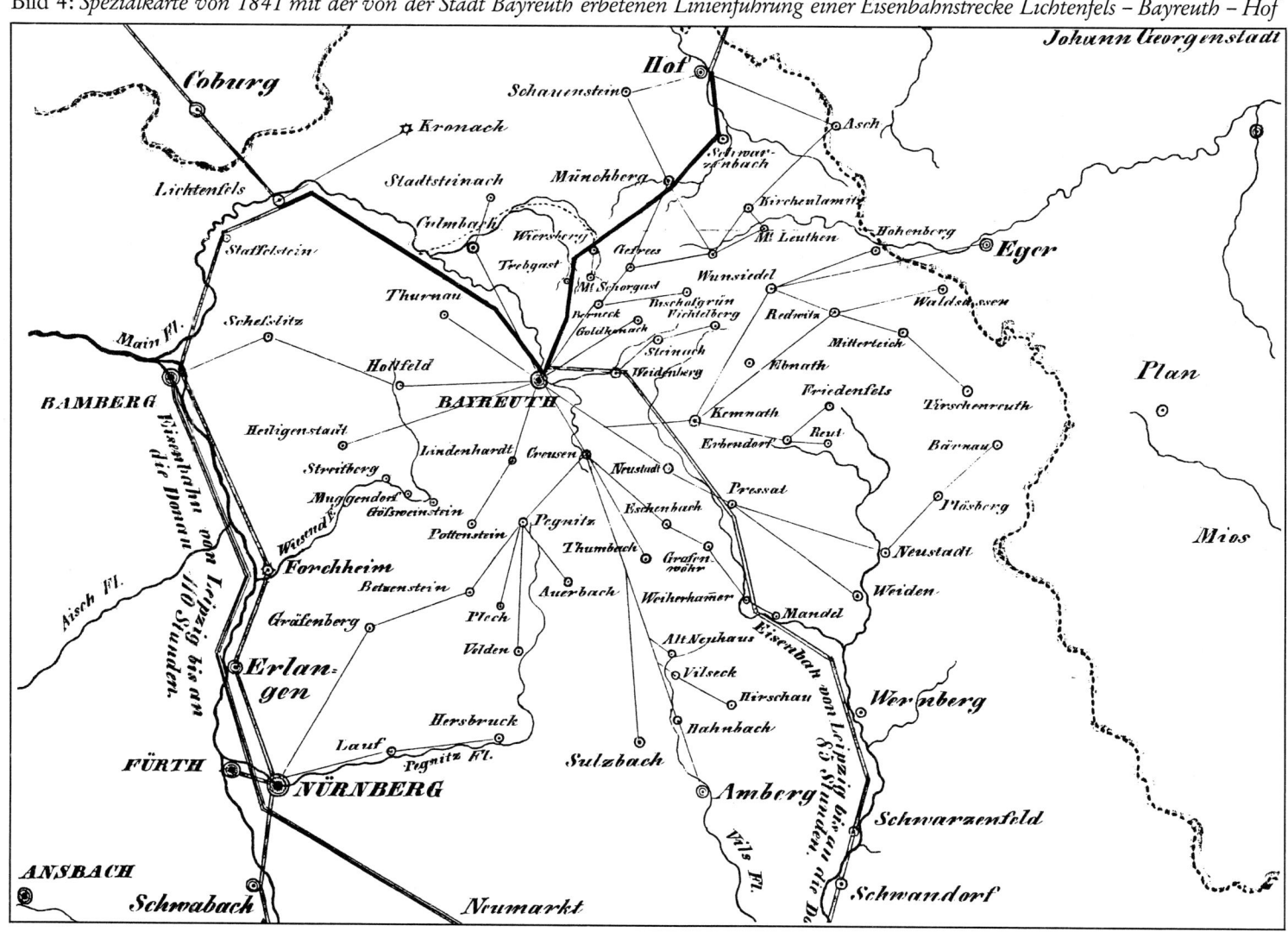

Bild 4: *Spezialkarte von 1841 mit der von der Stadt Bayreuth erbetenen Linienführung einer Eisenbahnstrecke Lichtenfels – Bayreuth – Hof*

Briefpapier mit vorgedruckter bombastischer Anrede zu verwenden, das man für 3 Kreuzer in der Buchhandlung kaufte.) Nun war es aber besagtem Nürnberger Komitee bis 1840 nicht einmal gelungen, den Bau des Abschnittes von Nürnberg/Fürth bis Bamberg zu finanzieren.

Da mittlerweile der bayerische Staat zu der Einsicht gekommen war, daß die Eisenbahn geeignet sein werde, „den gesamten kommerziellen und persönlichen Verkehr des Landes" zu beherrschen, und daß „diese Bahnen in ihren Hauptrichtungen nicht in privater Hand liegen" dürften, sprang er jetzt ein, übernahm den Bau der Eisenbahn von Nürnberg über Bamberg – Lichtenfels an die bayerische Nordgrenze bei Hof und schloß am 14. Januar 1841 einen Staatsvertrag mit dem Königreich Sachsen über ihre Weiterführung ab.

Als dies in Bayreuth bekannt wurde, ist man unverzüglich wieder aktiv geworden: Mit Schreiben vom 19. März 1841 an den bayerischen König „hegen die treuen Bewohner der Kreishauptstadt Bayreuth die zuversichtliche Hoffnung, daß diese Stadt von der Eisenbahnlinie nicht ausgeschlossen, sondern in den Eisenbahnzug (d. h. in diese Linienführung) mit aufgenommen werde".

In einem weiteren Schreiben an den bayerischen König vom 12. Juli 1841 argumentiert der Stadtmagistrat Bayreuth, daß die Führung der Strecke über Bayreuth „in technischer Hinsicht sehr gut ausführbar sei, indem das schöne, breite und anmutige Tal des Roten Mains von Steinenhausen bei Kulmbach bis Bayreuth nicht nur keine Terrainhindernisse enthält, sondern in der Nähe die brauchbarsten Baumaterialien zur Herstellung der Bahn darbietet"; dem Schreiben ist eine „Spezialkarte" beigegeben, in welcher diese Linienführung gezeigt ist (Bild 4). Sie verläuft von Lichtenfels am Main und am Roten Main (an Kulmbach vorbei) nach Bayreuth und weiter über Trebgast – Wirsberg – Münchberg – Schwarzenbach nach Hof. Ferner heißt es in dem Schreiben, Bayreuth sei „der einzige und gelegenste Stapelplatz für die gewerbetätigen Städte, für die großen Königlichen Eisenhämmer, Walz- und Gußwerke und für die zahlreichen Fabriken der Oberpfalz und der übrigen Gerichtsbezirke". Mehrere derartige Schreiben wurden auch an die Königliche Eisenbahn-Baucommission in Nürnberg gerichtet. Sie war 1842 nach Abschluß ihrer Vermessungsarbeiten zu dem Resultat gekommen, daß der Riegel des Fichtelgebirges nur durch eine „Schiefe Ebene" überwunden werden könne und daß der vorgeschlagene Umweg über Bayreuth nicht nur „sieben Wegstunden" betragen würde, sondern auch seinerseits schwieriges Terrain durchschneiden müßte, weshalb es besser sei, Bayreuth durch eine Zweigbahn an die Nordgrenz-Eisenbahn anzuschließen.

Dieser Vorschlag wurde in der Landeshauptstadt München sanktioniert und am 15. Juni 1843 von König Ludwig I. genehmigt, der aber verfügte, „von dieser Entschließung jedoch während gegenwärtigen Landtags nichts mitzuteilen".

Tatsächlich ging dieser deprimierende Bescheid der Stadt Bayreuth erst Mitte des Jahres 1844 zu. Auch die Zusage der Stadt, eine halbe Million Gulden für den Umweg über Bayreuth beizusteuern, hatte nichts gefruchtet. Die Streckenführung in den Tälern der Regnitz und des Mains und seiner Nebenflüsse bis über Kulmbach hinaus war von der Natur vorgegeben und für den Bau dieser Eisenbahn entscheidend, die Spitzkehre Steinenhausen – Bayreuth – Wirsberg zu aufwendig. Also mußte sich Bayreuth mit einer Anschlußbahn nach Neuenmarkt zufriedengeben: Ein entsprechender Antrag wurde auch sozusagen postwendend gestellt.

Bayreuth baut seine Eisenbahn selbst: Die erste bayerische „Pachtbahn"

3.1 Langwierige Verhandlungen

Schon am 30. Juli 1844 wendet sich der Stadtmagistrat Bayreuth an die Königliche Eisenbahn-Baucommission mit der Bitte, zu gestatten, „daß der Sektionsingenieur Naegele in Kulmbach die Vorarbeiten zu einer Zweigbahn von Bayreuth nach Kulmbach oder Neuenmarkt – am Fuß der Schiefen Ebene bei Himmelcron – gegen besondere Remuneration herstelle".

Die Vermessungsarbeiten wurden am 6. November 1844 im „Königlich Bayerischen Intelligenzblatt für Oberfranken" wie folgt öffentlich bekanntgemacht:

„Der unterzeichnete Stadtmagistrat beabsichtigt, die Stadt Bayreuth und ihre Umgebung mit der großen Eisenbahn (Ludwig-Süd-Nordbahn), welche von Lindau an die sächsische Grenze bei Hof geleitet wird und ungefähr in einer Entfernung von 4 Stunden an der Stadtmarkung vorbeiführt, durch eine Zweigbahn in Verbindung zu bringen.

Diese Zweigbahn soll auf der mäßigen Höhe beim Gasthof zur Goldenen Schwane vor dem Brandenburger Tor beginnen, den vormaligen St. Georgener Weiher sowie das Ramsen- und Trebgasthal durchschneiden und in die Hauptbahn selbst bei dem Dorfe Neuenmarkt unweit Himmelcron, wo ein Wechsel der Locomotive stattfindet und bedeutende Betriebslocalitäten errichtet werden, einmünden.

Mit der Besorgung der Vorarbeiten zur Herstellung dieser Zweigbahn, namentlich mit Aufnahme und Vermessung des Terrains usw. sind gegenwärtig die gewählten Techniker beschäftigt und, da zur Bezeichnung der Bahnlinie Pfähle geschlagen und Stangen aufgerichtet werden müssen, so werden nicht nur sämtliche Grundbesitzer, auf deren Felder und Wiesen dergleichen Stangen zu stehen kommen, sondern überhaupt alle, welchen die Förderung des Unternehmens am Herzen liegt, hiermit aufgefordert, zur sorgfältigen Erhaltung dieser Zeichen mitzuwirken; diejenigen aber, welche sich beigehen lassen sollten, die ausgesteckten Zeichen aus Bosheit, Muthwillen oder sonst einem Grunde zu beschädigen oder zu verrücken oder gar zu vernichten mit einer angemessenen Geld- oder Arreststrafe und nach Umständen mit einer *körperlichen Züchtigung* sowie mit dem Ersatze des gestifteten Schadens bedroht.

Der Stadtmagistrat
gez. v. Hagen"

In seinem Gutachten vom 18. Januar 1845 stellt Herr Naegele unter anderem fest, „daß die Strecke eine Länge von 73,622 Fuß oder 5³/₄ Stunden haben werde und daß sich in den horizontalen Projectionen 13 Curven und 12 gerade Linien ergeben. In der vertikalen Projektion wird die größte Steigung 1 : 100 betragen. Die Züge werden eine Fahrzeit von ³/₄ Stunden benötigen." An Baukosten veranschlagt Naegele 1 100 000 Gulden und als Aufwendungen für den Betrieb weitere 150 000 Gulden.

Am 31. Januar 1845 bittet die Stadt Bayreuth den König um die Erlaubnis zur Errichtung einer Aktiengesellschaft für den Bau der Zweigbahn nach Neuenmarkt. Aus dem Inhalt des in dem damals üblichen schwülstigen und unterwürfigen Stil gehaltenen Schreibens sei folgendes erwähnt:

„[...] Hierdurch würde unsere Stadt und die Umgegend sowie die ganze Oberpfalz in den Stand gesetzt, sich an die Hauptbahn anzuschließen und den Verkehr, welcher jetzt ganz unterbrochen zu werden droht, zum Vortheil zweier Kreise wieder anzuknüpfen. Zugleich würde dadurch auch die Aussicht eröffnet, die Hauptbahn mit Böhmen, welches bereits von Prag bis Pilsen eine Eisenbahn errichtet hat, mittelst einer Eisenbahn von Bayreuth über Amberg, Weiden und Waldmünchen in Verbindung zu setzen und dadurch den für unseren inländischen Verkehr so wichtigen Waarenzug aus Böhmen sicherzustellen. Endlich könne diese Bahn auch noch von Amberg bis Regensburg fortgeführt und dadurch die Süd-Nord-Grenzbahn mit der Donau in Verbindung gebracht werden.

Ewr. Königlichen Majestät hohes Ministerium des Innern, von der Nothwendigkeit einer solchen Zweigbahn für den innern Verkehr selbst überzeugt, hat sich bereits durch allerhöchstes Rescript vom 3. April 1841 dahin ausgesprochen, daß das Königliche Ministerium nicht anstehen werde, [...] den Plan weiterer Würdigung zu unterziehen. [...]

Von dieser Bahn müßten nämlich Gebrauch machen:

die Stadt Bayreuth mit	15 000 Einwohnern
das Landgericht Bayreuth mit	16 992 Einwohnern
das Landgericht Weidenberg mit	5 108 Einwohnern
das Landgericht Pegnitz mit	13 244 Einwohnern
das Landgericht Gräfenberg mit	14 585 Einwohnern
das Landgericht Pottenstein mit	11 988 Einwohnern

Rechnet man hiezu noch die ganze Oberpfalz und den Verkehr mit Böhmen, so ergibt sich hieraus, daß die Zweigbahn eine bedeutende Frequenz und Rentabilität verspricht und dieß umsomehr, da nach der vorliegenden Berechnung der jährliche Verkehr der Kreishauptstadt Bayreuth gegen 703 500 Centner beträgt."

Die Königliche Eisenbahn-Baucommission in Nürnberg jedoch schloß ihren Bericht vom 1. August 1845 an den König wie folgt:

„Die künftige Gestaltung der von Euer Königlichen Majestät bereits angeordneten Eisenbahnen wird es lehren, welche Zweigbahnen zweckmäßig und nothwendig für den Verkehr werden. Da nun Euer Königliche Majestät es Sich in landesväterlicher Fürsorge zum Ziel gesetzt haben, das ganze Bahnnetz in Allerhöchst derselben Landen diesseits des Rheins auf Kosten des Aerars ausführen zu lassen, so dürften die, Aktiengesellschaften ertheilten Concessionen in Zukunft leicht Inconvenienzen bei der Ausführung von nothwendig werdenden Eisenbahnen herbeiführen. Demnach können wir uns im Interesse des Aerars Euer Königlichen Majestät für die Gestattung der fraglichen Zweigbahn und für die Übernahme der Garantie der vierprozentigen Verzinsung des Baukapitals nicht aussprechen."

In der Landeshauptstadt verfügte man daraufhin am 18. Oktober 1845 „vorläufig ad acta", und die ganze Angelegenheit ruhte mehrere Jahre lang. Warum wohl? Man war anderweitig stark engagiert.

Denn als zweite Eisenbahnstrecke in Bayern war am 4. Oktober 1840 die als Privatbahn erbaute Linie München – Augsburg eröffnet worden. Sie wurde am 1. Oktober 1844 verstaatlicht, weil sie ein wichtiges Glied darstellte in dem großzügigen Plan einer bayerischen Magistrale, die das ganze Land von Süden nach Norden durchziehen sollte: die „Ludwigs-Süd-Nordbahn" von $\frac{\text{Lindau – Kempten}}{\text{München}}$ – Augsburg – *Nördlingen* – Pleinfeld – Nürnberg – Bamberg – Neuenmarkt – nach Hof und zur sächsischen Grenze.

Das erste Teilstück Nürnberg – Bamberg wurde schon ab 1. Oktober 1844 befahren, und zwischen Bamberg – Neuenmarkt – Hof wurde fleißig gebaut, so daß diese Abschnitte in folgender Reihenfolge in Betrieb genommen werden konnten:

Bamberg – Lichtenfels   am 15. Februar 1846,
Lichtenfels – Neuenmarkt am 15. Oktober 1846,
Neuenmarkt – Hof   am 1. November 1848.

(Bild 5 zeigt den Bahnhof Kulmbach um jene Zeit nach einem Aquarell von Ingenieur Karl Herrle.)

Am 12. Oktober 1853 schließlich war diese Ludwigs-Süd-Nordbahn in ihrer ganzen Ausdehnung vollendet.

Bild 5: *Bahnhof Kulmbach, Ende der 1840er Jahre nach einem Aquarell von Ingenieur Karl Herrle*

3.2 Ein Pachtvertrag auf 50 Jahre

In den Akten zur Bayreuther Eisenbahnangelegenheit findet man erst nach fünfjähriger Pause wieder etwas Greifbares, die „Königliche Entschließung" vom 25. Juli 1850: „Wir gestatten, daß in den geeigneten Fällen von den betreffenden Staatsministerien Anträge auf Pachtung des Betriebes von Privat-Eisenbahnen für Rechnung des Staates an Uns gebracht werden." Damit kam neues Leben in das Bayreuther Projekt.

Am 28. September 1850 richtet die Stadt sofort wieder ein Gesuch an den König, das wie folgt schließt:

> „Euere Königliche Majestät geruhten bei dem höchst erfreulichen Besuche unserer Stadt Allerhöchst Ihre Gewogenheit gegen uns auszusprechen und durch unseren Landtagsabgeordneten Theodor Wagner dahier uns die frohe Hoffnung zu gewähren, daß die längst ersehnte, oft erbetene, zur Lebensfrage für unsere Stadt und Gegend gewordene Bahn hergestellt werden könnte.
> Vertrauensvoll nahen wir daher Allerhöchst Ihrem Throne mit dem allerunterthänigsten Gesuche, Euere Königliche Majestät wollen allergnädigst
> a) der Stadtgemeinde Bayreuth die Erlaubniß zur Ausführung einer Eisenbahn von Bayreuth nach Neuenmarkt, in den dortigen Staatsbahnhof einmündend, nach dem zur geneigten Prüfung und Genehmigung übergebenen Plane unter Aufsicht einer Eisenbahn-Baucommission über die Bauführung ertheilen,
> b) diesem Bau das Recht der Expropriation gewähren,
> c) gegen ein schon zuvor zu bestimmendes, die Möglichkeit der Aufbringung des für den Bau erforderlichen Kapitals gewährendes Pachtgeld unmittelbar nach der Vollendung der Bahn von der Königlichen General-Verwaltung der Eisenbahnen den Betrieb und die vollständige Instandhaltung dieses Schienenweges übernehmen zu lassen und
> d) die Stadtgemeinde zu ermächtigen, das für diesen Bau nöthige Kapital mit Hülfe des vorbemerkten Pachtvertrages aufzubringen. Wir haben das vollste Vertrauen, daß Ewr. Königlichen Majestät Huld und Gnade dieses für einen großen Theil Allerhöchst Ihres gesegneten Landes gemeinnützige Unternehmen durch allergnädigste Gewährung unseres Gesuches begünstigen werden und ersterben in tiefster Ehrfurcht: Euerer Königlichen Majestät allerunterthänigst treu gehorsamste Magistrat und Gemeindebevollmächtigte der Kreishauptstadt Bayreuth."

Endlich wurde der Stadt von der Königlichen Regierung von Oberfranken die Entschließung des Königlichen Staatsministeriums des Handels und der öffentlichen Arbeiten vom 23. April 1851 mitgeteilt, „daß gegen die von der Stadt Bayreuth beabsichtigte Herstellung einer Eisenbahnverbindung mit der Ludwigs-Süd-Nordbahn bei Neuenmarkt ein Anstand nicht obwalte [...]" und daß die Angelegenheit von den zuständigen Staatsministerien beim König insofern „vertreten werden könnte, als es sich um einen Pachtvertrag wegen des Betriebes dieser Bahnstrecke [...] handeln würde".

Die Stadt Bayreuth macht sehr schnell (mit Schreiben vom 8. Mai 1851) Vorschläge für die Gestaltung eines solchen Pachtvertrages; und so wird der schließlich von der Staatsregierung ausgearbeitete Vertragsentwurf vom Bayreuther Stadtmagistrat und vom Gremium der Gemeindebevollmächtigten am 28. September 1851 einstimmig angenommen. Erst vom 6. Januar 1852 hingegen datiert der offizielle Vertragsabschluß zwischen der Königlichen Staatsregierung und der Stadtgemeinde Bayreuth. Der Vertrag lautet:

> § 1. Die Stadtgemeinde Bayreuth verpflichtet sich, die von ihr zwischen Bayreuth und Neuenmarkt samt allen Hochbauten herzustellende Eisenbahn von dem Tage an, an welchem sie nach der Bestimmung der allerhöchsten Concessions-Urkunde und dem genehmigten Bauplane vollendet seyn wird, zum Betriebe an die Königlich Bayerische Staatsregierung auf die Dauer von 50 Jahren in Pacht zu überlassen.
>
> § 2. Die Königlich Bayerische Regierung bezahlt dagegen der Stadt Bayreuth, vom Tage der Übernahme der Bahn an gerechnet, während der Dauer der Pachtzeit aus der Gesammt-Eisenbahnrente des Staats einen Pachtschilling von jährlich 55 000 fl. ./. fünfundfünfzigtausend Gulden am Schlusse eines jeden Etatjahres.
>
> § 3. Die Staatsregierung ist berechtigt, jederzeit nach vorgängiger sechsmonatlicher Kundgebung der Absicht, die Bahn selbst gegen Entrichtung des Baukapitals einzulösen, wobei ihr freisteht, die Einlösung durch Baarzahlung oder durch Erlegung bayerischer, den gleichen Kapitals- und im Zinsfuße den jährlichen Pachtrenten-Betrag repräsentierenden Staatsschuldscheinen, wenn deren cours al pari, oder darüber steht, zu vollziehen.
>
> § 4. Wenn der wirkliche Bedarf für Verzinsung des Baukapitals, insoweit es durch Anlehen aufzubringen ist, und für die zur Deckung der Lasten, welche der Commune Bayreuth bezüglich der Bahn obliegen, erforderlichen Ausgaben hinter dem jährlichen Pachtschillinge zurückbleibt, so ist die sich hierdurch ergebende Differenz zwischen der effektiven Ausgabe und dem Pachtschillinge zur successiven Tilgung des Anlehens zu verwenden, und es ist die Staatsregierung befugt, den durch diese Zinsersparnisse getilgten Kapitalsbetrag bei der Einlösung der Bahn an dem Einlösungsschillinge in Abzug zu bringen.
>
> § 5. Die Staatsregierung sorgt für die zum Betriebe erforderlichen Maschinen und sonstigen Requisite. – Dieselbe hat die Bahn während der Dauer der Pachtzeit im baulichen

Stande zu unterhalten. Die Stadt Bayreuth hat jedoch für fehlerhafte Bau-Anlage und -Ausführung, insoferne Fehler bei der Übernahme der Bahn nicht erkannt werden konnten, drei Jahre lang zu haften. Auch fallen derselben alle während der Pachtzeit durch außerordentliche Ereignisse, insbesondere Elementar-, Kriegs-, Brandschäden u. dgl. veranlaßten Baukosten zur Last.

3.3 Die Bahn wird gebaut

König Maximilian II. unterschreibt am 29. Juli 1852 in Hohenschwangau die Konzessionsurkunde:

„Wir ertheilen der Stadtgemeinde Bayreuth auf ihr allerunterthänigstes Ansuchen [...] Unsere landesherrliche Bewilligung unter nachstehenden Bestimmungen und Vorbehalten.

1. In Ansehung des Betriebs dieser Eisenbahn und aller daraus entspringenden Verhältnisse bleibt der zwischen Unserem Staatsärare einer- und der Stadtgemeinde Bayreuth unter Zustimmung der Regierung von Oberfranken, Kammer des Innern als Curatelstelle andererseits am 6. Januar 1852 abgeschlossene und von Uns unterm 25. Januar d. J. genehmigte Vertrag maßgebend.
2. Für den Fall der Betrieb dieser Eisenbahn nach Ablauf der vertragsmäßigen Pachtzeit an die Stadtgemeinde Bayreuth übergeht, bleibt der Staatsregierung die Genehmigung der Tarife und der Betriebsweise vorbehalten.
3. Die fragliche Eisenbahn hat, wenn sie nicht schon vorher auf dem Grunde des erwähnten Vertrages von dem Staate übernommen worden ist, jedenfalls nach 99 Jahren demselben unentgeltlich anheimzufallen.
4. Gegenwärtige Concession erlischt, wenn nicht längstens bis zum 1. April 1853 der Bahnbau wirklich in Angriff genommen ist und die Vollendung desselben gesichert erscheint.
5. Die Genehmigung des Bauplanes bleibt vorbehalten."

Schon nach einem Monat muß Bayreuth wieder an den „allerdurchlauchtigsten, großmächtigsten, allergnädigsten König und Herrn" herantreten. Die Stadt „erachte es für ihre heiligste Pflicht, darnach zu streben, daß der Bahnbau so schnell wie möglich zur Durchführung gelangt, namentlich daß die Pläne und Kostenvoranschläge der einzelnen Lose bald gefertigt werden, damit die Veraccordierung in naher Zeit erfolgen und hierdurch der großen Anzahl verdienstloser Personen in Oberfranken Erwerbsgelegenheit verschafft wird. Dies sei aber nur bei der angestrengtesten Tätigkeit des mit dem genannten Baue beschäftigten technischen Personals zu erzielen und nicht möglich, wenn der Königliche Bezirksingenieur Kühles, der mit der Leitung des Baus beauftragt wurde, mit Arbeiten für die Königlichen Staatsbahnen so überladen ist, daß er nur in Zwischenräumen von sechs, höchstens vier Wochen hierher kommen und nur einen halben, höchstens einen Tag dahier verweilen kann. Die Königliche Majestät wolle allerhuldvollst geruhen, es Herrn Kühles zu ermöglichen, daß er sich in den nächsten Monaten fast ausschließlich dem Bau der Pachtbahn widmen kann."

Vom 2. März 1853 datiert eine Nachricht in der „Bayreuther Zeitung", wonach mit dem Abschluß eines Darlehensvertrages mit der Königlichen Bank in Nürnberg über 800 000 Gulden „der Geldpunkt vollkommen ins reine gebracht" sei.
Die eigentlichen Bauarbeiten an der so sehr herbeigesehnten Strecke begannen im Oktober 1852; sie gingen flott voran, zumal das Gelände keine bedeutsamen Schwierigkeiten bot. Die Trasse wird so beschrieben:

Die Bahnlinie verläßt in südlicher Richtung den Bahnhof Neuenmarkt, steigt zur Wasserscheide zweier Affluenten des Weißen Maines empor, durchsetzt diese fallend und eine westliche Richtung annehmend in einer Tiefe von 5 m und senkt sich in das Thal des Laubenbaches hinab. Unweit Schlemmen [= Schlömen] überschreitet sie den Weißen Main in einer Höhe von 5 m mittels einer gewölbten Brücke von vier Öffnungen zu je 6,92 m Lichtweite, kreuzt sodann die nach Bayreuth führende Staatsstraße im Niveau und erreicht vor Trebgast die linksseitigen Niederungen des Weißen Maines. Von hier an hebt sich die Trace wieder, geht durch die Station Trebgast, in den Ausläufer eines Höhenzuges 11 m tief einschneidend, und betritt das rechtsseitige Gehänge des gleichnamigen Flusses. Dasselbe verfolgend berührt sie Harsdorf und schlägt bei Zettlitz eine südliche Richtung ein. Nach Passierung der Station Bindlach gelangt sie endlich zu ihrem höchsten Punkte bei Wundersgut. Jetzt wendet sich die Linie südwestlich, durchschneidet fallend bei St. Georgen die Wasserscheide zwischen dem Weißen und Roten Main, läßt sich schnell am Gelände des letzteren hinab und mündet in den Bahnhof Bayreuth ein. Die 20,87 km lange Bahnlinie hat eine Maximalsteigung von 1 : 100, der kleinste Kurvenradius ist 321 m. Sie bewegt sich im Keuper, Muschelkalk und Buntsandstein. Das Baukapital beträgt 1 885 714 ℳ oder per km 90 355 ℳ.

Die Bahn, um welche seit 1836, also sage und schreibe siebzehn Jahre lang gekämpft werden mußte, konnte in nur vierzehn Monaten fertiggestellt werden – eine erstaunliche Leistung.
In Neuenmarkt mußte die Lokomotivremise als Anheizhaus für die Bayreuther Maschine „aptiert" (= zurechtgemacht) und eine Torfschupfe errichtet werden; damals war vielfach auch

Torf als Energieträger für die Dampferzeugung in Gebrauch. Für die an der Strecke erforderlichen sechs Bahnwärter gab es zunächst nur hölzerne Hütten, in Trebgast und in Harsdorf wurden allerdings massive Billeteur- und Bahnwärterhäuser gebaut.

3.4 Wohin mit dem Bayreuther Bahnhof?

Für Bayreuth meldet der Baubericht vom 18. November 1853 an Hochbauten zwar

   eine Lokomotivremise samt Anheizhaus
   mit zwei Ständen,
   eine Torf- oder Kohlenschupfe,
   eine Ladehalle,
   eine Lade- und Viehrampe,
   ein Waaghäuschen und
   eine Ladeschablone,

ein repräsentatives Bahnhofsgebäude und die Einsteighalle, die auch als Wagenremise für den Personenzug zu dienen hatte, konnten in der kurzen Bauzeit nicht geschaffen werden, vor allem auch, weil man sich bis Juni 1853 nicht einig werden konnte, wo überhaupt der Bahnhof angelegt werden sollte. Zunächst mußte daher „ein ziemlich solides Provisorium" als Bahnhof gelten (es war dies wahrscheinlich eine früher in Schlömen verwendete Bauhütte). Um drei Standorte für den Bahnhof wurde heftig diskutiert, ja gestritten: in der Herrenwiese, in der Schwarzen Allee oder am Brandenburger Tor. Die Herrenwiese lag da, wo heute der sogenannte Wölfels-Häuserblock steht, die Schwarze Allee war in der Kanalstraße, etwa zwischen Graserschule und Hohenzollernring. Das Brandenburger Tor war 1752 vom Markgrafen Friedrich an dem Platz errichtet worden, den heute das Hotel „Bayerischer Hof" einnimmt; es bestand nur aus zwei mit steinernen Trophäen geschmückten Torpfeilern.

Im Zuge jener Diskussion argumentierte z. B. im Januar 1853 der Bayreuther Handelsstand in einem Brief an den „wohllöblichen" Stadtmagistrat, daß ein Bahnhof vor dem Brandenburger Tor wegen der weiten Entfernung vom Stadtkern mit der Zeit von unberechenbarem Schaden für die Stadtbewohner sein werde; nach fünfzehn bis zwanzig Jahren würde die innere Stadt durch die verlorene Frequenz gänzlich verwaist dastehen, weil sich der Handel und Wandel in die Bahnhofsgegend verziehen würde; Häuser, Gärten und Geschäfte würden außerordentlich im Wert herabkommen. Jede Berufsvereinigung reichte für sich eine Bittschrift ein mit dem Ziel, den Bahnhof in der Schwarzen Allee zu plazieren. Als Beispiel wird das Schreiben der Drechsler, Parapluie-Macher, Strumpfwirker, Glaser, Tuchmacher und Tuchscherer vom 29. Mai 1853 in Bild 6 wiedergegeben.

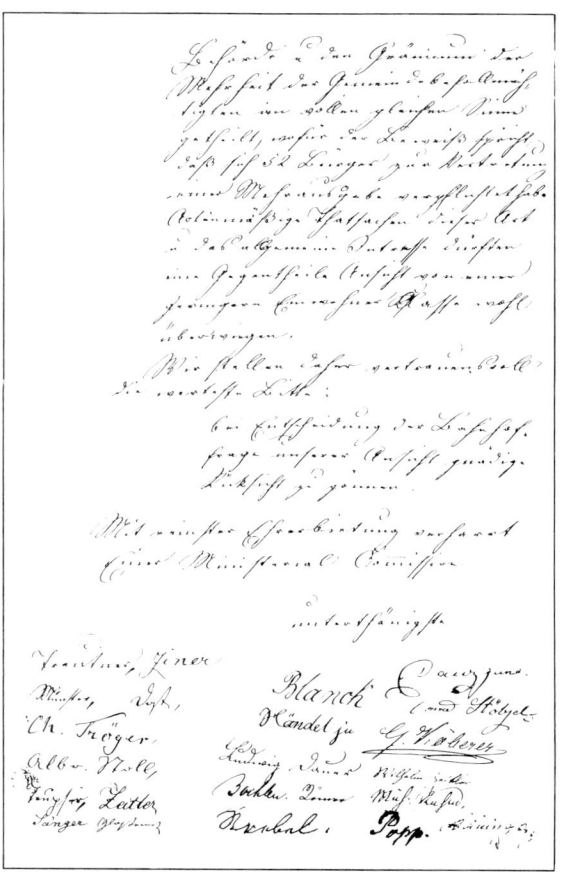

Bild 6: *Schreiben der Bayreuther Drechsler, Parapluie-Macher usw. von 1853*

Hier die Übertragung in heutige Satzschrift (allerdings in damaliger Orthographie):

Baireuth den 29 ten May 1853

Königl. Ministerial Comission

Unterthänigste Vorstellung und Bitte
der Drechsler Parapläimacher, Strumpfwirker, Glaßer, Tuchmacher, u Tuchscherer

Die Erbauung des Bahnhofes in der schwarzen Alle betr.
Die Endbescheidung der Bahnhofbau Frage ist so hochwichtig daß es nicht ohne Nutzen sein kan, wenn die zu bescheidende Comission von den Ortsverhältnißen nähere Kentniß erhält. – Wird schon im allgemeinen anerkant, daß der Bahnhof je näher er zu Stadt gebracht werden kan, je mehr den Verkehr nach innen der Stadt leitet, um so mehr erheischt es, daß Intresse der Gewerbtreibenden Klasse u jenes der Häuserbesitzer u Oeconomen. – Diese Ansicht wird von der weit überwiegenden Mehrheit der hiesigen Bürgerschaft mit der städtischen Behörde u den Grämium der Mehrheit der Gemeindebefollmächtigten im vollen gleichen Sinne getheilt, wofür der Beweiß spricht, daß sich 52 Bürger zur Vertretung einer Mehrausgabe verpflichtet haben. Actienmäßige Thatsachen dieser Art u das allgemeine Intresse dürften eine Gegentheile Ansicht von einer geringern Einwohner Klasse wohl überwiegen. Wir stellen daher vertrauensvoll die werteste Bitte: bei Entscheidung der Bahnhoffrage unserer Ansicht gnädige Rücksicht zu gönnen.
Mit reinster Ehrerbietung verharrt Einer Ministerial Comsion unterthänigste

Am 27. Mai 1853 war von München eine Ministerialkommission nach Bayreuth entsandt worden, welche die Sache vor Ort zu prüfen und zu beurteilen hatte. Ergebnis: Ohne Zweifel sei das Brandenburger Tor der zweckmäßigste Standort für den Bahnhof, gegen den eigentlich nur die Entfernung von 1 500 Schuh oder 600 Schritten spreche. Ein Standort in der Schwarzen Alle würde eine Verlängerung der Bahn und eine Überbrückung des Maintales und damit einen Mehraufwand von 200 000 Gulden bedeuten, nicht eingerechnet der höhere Personalaufwand; die verfügbare Fläche sei zu klein, die Zufahrten seien höchst beschränkt, eine seinerzeitige Fortführung der Bahn (= Weiterführung in Richtung Osten und Süden) wäre schwierig, ja fast unmöglich, die Eröffnung der Bahn würde vielleicht um ein volles Jahr verzögert, und – man höre! – es müßten viele hundert Bäume geopfert werden, „welches wahrhaft barbarische Vorgehen wohl nur durch die dringendste Notwendigkeit zu rechtfertigen sein möchte".
Die Gewerbs- und Handelsräte der Stadt hatten natürlich von dieser Bereisung und ihrem Ergebnis erfahren und die Gegenargumente schon am 14. Juni 1853 dem Königlichen Staatsministerium des Handels und der öffentlichen Arbeiten unterbreitet. Dieses Schreiben bekam nur den lakonischen Bearbeitungsvermerk: „Da die definitive Entscheidung vonseiten des Königlichen Staatsministeriums des Innern bereits erfolgt ist, ad acta!"

Die ausschlaggebenden Gesichtspunkte für die Lage des Bahnhofs am Brandenburger Tor waren freilich schon im technischen Bericht des Königlichen Bezirksingenieurs Kühles vom 15. Mai 1852 aufgezeigt worden:
1. Um die Schwarze Allee zu erreichen, müßte eine stärkere Steigung als 1 : 100 in Kauf genommen werden, und
2. die Hochwassergefahr in diesem tiefer gelegenen Stadtteil mache die Anlage eines Bahnhofs fast unmöglich – ebendiese Gründe sprächen auch gegen die Wahl der Herrenwiese als Standort.

Außerdem sei für die Lage am Brandenburger Tor bedeutsam, daß man die Bahnlinie von dort aus leicht gegen die Oberpfalz fortsetzen könne, „ohne eine für den Betrieb so mißliche Kopfstation zu erhalten".

Ein stattliches Bahnhofsgebäude konnte also bis zur Inbetriebnahme der „Neuenmarkter Bahn" gar nicht mehr geschaffen werden, mit dem Bau wurde erst im Jahr 1856 begonnen. Hierüber und über die weiteren Bahnhofsbauten soll im Abschnitt 9 im Zusammenhang berichtet werden.

3.5 Die feierliche Eröffnung der ersten Bayreuther Eisenbahn am 28. 11. 1853

Ab Mitte November fanden Probefahrten auf der fertiggestellten Strecke statt, sie fielen zur vollen Zufriedenheit aus.
Der Stadtmagistrat hatte sich schon am 20. November an die Bürgerschaft gewandt:

„Am hohen Geburtstage Seiner Majestät unseres allgeliebten Königs, den 28ten dieses Monats wird die Bayreuth - Neuenmarkter Eisenbahn von einer hohen Ministerial-Commission feierlich eröffnet werden. Die Stadt Bayreuth wird durch diese Zweigbahn nicht nur dem großen Eisenbahnnetze angeschlossen, es ist selbst Hoffnung vorhanden, daß dieselbe in nicht gar ferner Zukunft der Hauptbahn einverleibt, daß diese Zweigbahn eine der wichtigsten Hauptbahnen werden wird.
Welche große Opfer die Stadtgemeinde Bayreuth der Gnade unseres Königs Majestät und dem Wohlwollen der Königlichen Staatsministerien und der Königlichen Oberfränkischen Kreisregierung durch die Ermöglichung des Baues und durch die frühzeitige Übernahme dieser Eisenbahn in Pacht und zum Betriebe zu verdanken hat, weisen die auf

Bild 7: *Die Lokomotive BAYREUTH, die den ersten Zug nach Bayreuth brachte (Modell im Verkehrsmuseum Nürnberg – DB-Bild)*

die Summe von Gulden 80 000 alljährlich veranschlagten Unkosten für Pachtgeld, Unterhaltung und Betrieb dieser Bahn am besten nach.

Überzeugt, daß jeder Einwohner der Stadt seine Freude an diesem hochwichtigen Ereignisse gerne bezeugen wird, bitten wir dieselben durch Ausschmückung der Häuser und Straßen dem bedeutungsvollen Doppelfeste auch sichtbare Zeichen des Dankes zu geben."

Ein geschäftstüchtiger Gastronom warb per Zeitungsanzeige für ein Festessen:

„Zum hohen Geburtstagsfeste Seiner Majestät des allverehrten Königs Maximilian und bei Gelegenheit der Eröffnung der Bayreuth – Neuenmarkter Eisenbahn, welche Bayreuth nur der hohen Gnade Seiner Majestät zu verdanken hat, gebe ich gehorsamst Unterzeichneter an demselben Tage, am Montag dem 28. November, ein *Festessen* und lade hiermit dazu ergebenst ein. Da ich aber keine speziellen Einladungs-Listen circuliren lasse, so bitte ich alle diejenigen, welche an diesem Essen theilnehmen wollen, mir die Zusage bis spätestens den 21. November zukommen zu lassen. Preis des Couverts 2 fl. 30 kr. Tischzeit 1 Uhr.

Koch, zur Goldenen Sonne."

Die „Bayreuther Zeitung" brachte auf der ersten Seite ihrer Ausgabe vom 28. 11. 1853 das Bild eines dampfenden Eisenbahnzuges und folgende Notiz:

„Unsere Stadt hat heute ein winterlich festliches Aussehen. Allenthalben sind die Häuser mit Fahnen und Flaggen geschmückt, das Rathaus ist schön mit grünem Gewinde geziert und schon vom frühen Morgen an ist Leben und Bewegung auf der Straße, hauptsächlich in der Richtung zum Bahnhofe. Der Schlüssel zu diesen Festlichkeiten ist das Geburtstagsfest unseres allergnädigsten Königs und die Übernahme und Eröffnung der Bayreuth – Neuenmarkter Eisenbahn von Seiten der hohen Staatsregierung. Wenn wir über den Gang derselben genau berichten sollen, so müssen wir bei der Tagreveille beginnen. Sie hat den Reigen begonnen und wurde von den Musikchören des hier garnisonierenden Militärs, sowie von dem der Landwehr ausgeführt." Weiter wird berichtet: „Punkt 9 Uhr pfiff die Lokomotive und fort gings im raschen Fluge, die nicht ganz 6 Stunden lange Bahnstrecke war in circa 35 Minuten durchlaufen. Es war ein feierlicher Augenblick, als sich der Zug der Stadt näherte; Kanonendonner empfing ihn, und als er in den Bahnhof einfuhr, übertönte den letzteren tausendstimmiges Vivat. Die Lokomotive BAYREUTH [Bild 7], reich bekränzt, machte Halt und nachdem sich die Herren in das provisorische [!] Betriebsgebäude begeben hatten, hielt Herr Bürgermeister Dilchert eine Anrede an die hohe Ministerial-Commission, welche mit einem dreifachen Hoch dem ganzen Königlichen Hause schloß, in das sich stürmischer Jubel und Kanonendonner mischte."

Die BAYREUTH war eine Lokomotive der Gattung B IV; ihr Modell im Maßstab 1 : 10 steht im Nürnberger Verkehrsmuseum. Von ihren drei Achsen waren zwei angetrieben. Sie erreichte eine Geschwindigkeit von 70 km/h. Erst 1852 war sie von der Maschinenfabrik Eßlingen (Neckar) für die Ludwigs-Süd-Nordbahn gebaut worden. Diese B IV-Lokomotiven hatten Kessel nicht wie üblich mit kreisrundem, sondern mit birnenförmigem Querschnitt, der jedoch den statischen Anforderungen nur bedingt entsprach, so daß es mitunter zu Kesselexplosionen kam.

Zu den Feierlichkeiten, die jetzt begannen, hatte der Münchener Ministerialdirektor von Bever schon telegraphisch angeordnet, daß die Staatsbeamten in Galauniform, zum Diner jedoch im Frack zu erscheinen hätten.

Das Festessen für 170 geladene Gäste fand im prächtig geschmückten Saal des Neuen Schlosses statt, ein weiteres für 60 Personen in der bereits erwähnten „Goldenen Sonne".

v. Bever führte in seiner Festrede unter anderem aus, daß die Stadt Bayreuth sich diese Bahn trotz aller Hindernisse selbst geschaffen habe und daß Seine Majestät der König im Zweifel war (!), ob er sie nicht selbst eröffnen solle; er lasse den Bayreuthern durch den Redner Glück wünschen.

Bürgermeister Dilchert erwiderte, daß Bayreuth nun dem großen Eisenbahnnetz einverleibt sei, das ganz Europa durchkreuze und an dessen Ende Schiffahrtslinien in ferne Länder anschlössen. Bayreuth sei nun durch die Eisenbahn vor „Verkümmerung und Verdorfung bewahrt".

Der festliche Tag endete mit einem Lustspiel im Markgräflichen Opernhaus in durchaus würdiger Weise.

Die Akten melden schließlich noch präzise, was das ganze Gepränge gekostet hat: Insgesamt 5 192 Gulden und 59 Kreuzer für Streu, Blumen, Nägel, Bretter, Stangen, Fuhrlohn etc.; für Champagner, Burgunder, Austern und Konfitüren; für den Druck von Einladungskarten, Frei- und Speisekarten; für polizeiliche Aufsicht; für Pulver und einen Kanonenwischer sowie das Kanonieren; für entwendete und zerbrochene Gläser; für das Anzünden und Auslöschen der Lampen im Opernhaus; für das Dekorieren des Schloßsaales; für die Musik; für das Festessen auf dem Bahnhof; für die Festvorstellung und für 24 Vasen.

Bild 8: *Bayerische Eisenbahnen im Jahre 1853*

Bild 9: *Aushangfahrplan von 1852. Man beachte die Zuggattungen: Eilzüge, Personenzüge, Güterzüge mit Personenbeförderung. Es gab noch keine 24-Stunden-Zählung; lies links oben bei Nürnberg z. B. statt 5.10/6.10: 17.10/18.10; statt 1.35/2.10: 13.35/14.10; statt 7.–/7.30: 19.00/19.30.*

Königlich Bayerische Eisenbahnen.

Abfahrt und Ankunft der Dampfwagenzüge vom 1. August 1852 angefangen.

Station	Güterzug mit Pers.	Eilzug	Güterzug mit Personenbeförderung	Güterzug mit Personenbeförderung	Personenzug
München	4 30 Früh.	6 — Morg.	11 — Vorm.	— —	6 15 Abds.
Nürnberg Ankunft	5 10	1 35	7 —	— —	4 50
Nürnberg Abgang	6 10	2 10	7 30	7 15 Früh.	5 35 Morg.
Kreuzung bei Fürth	6 32	2 21	7 41	7 37	5 46
Poppenreuth	6 39	2 26	7 46	7 44	5 51
Eltersdorf	6 59	2 40	8 —	8 4	6 5
Erlangen	7 19	2 51	8 11	8 24	6 16
Baiersdorf	7 41	3 7	8 27	8 46	6 32
Forchheim	8 3	3 21	8 41	9 8	6 46
Eggolsheim	8 18	3 33	8 53	9 23	6 58
Hirschaid	8 38	3 45	9 5	9 43	7 10
Bamberg Ankunft	9 — Abds.	4 2	9 22	10 5	7 27
Bamberg Abgang	— —	4 10	10 — Abds.	10 40	7 40
Breitengüßbach	— —	4 24	10 23	11 4	7 54
Zapfendorf	— —	4 36	10 42	11 23	8 6
Ebensfeld	— —	4 48	11 1	11 43	8 18
Staffelstein	— —	4 59	11 20	12 5	8 29
Lichtenfels Ankunft	— —	5 9	11 35	12 20	8 39
Lichtenfels Abgang	— —	5 15	12 1	12 35	8 44
Hochstadt	— —	5 30	12 28	1 6	8 59
Burgkundstadt	— —	5 41	12 48	1 30	9 10
Mainleus	— —	5 59	1 18	2 —	9 28
Culmbach Ankunft	— —	6 8	1 31	2 13	9 37
Culmbach Abgang	— —	6 13	1 39	2 25	9 45
Untersteinach	— —	6 25	1 59	2 49	9 57
Neuenmarkt Ank.	— —	6 35	2 14	3 4	10 7
Neuenmarkt Abg.	— —	6 40	2 22	3 15	10 12
Markt Schorgast	— —	7 8	2 53	3 48	10 40
Stambach	— —	7 37	3 26	4 25	11 9
Münchberg	— —	8 8	4 2	5 6	11 40
Schwarzenbach	— —	8 38	4 40	5 51	12 10
Oberkotzau	— —	8 51	4 56	6 9	12 23
Hof: Ankunft	— —	9 10 Abds.	5 22 Früh.	6 35 Abds.	12 42 Mittg.

Post-Anschlüsse.

Mit den neben bezeichneten Eisenbahnfahrten stehen in Verbindung:

In Bamberg.
ein Eilwagen von Heidelberg, Würzburg, Kitzingen, Ank. gegen 4¾ Uhr früh.
" " nach Kitzingen, Würzburg, Heidelberg, Abg. um 10 U. Nachts.

In Kulmbach.
ein Eilwagen von Bayreuth, Ank. gegen 10 Uhr Nachts.
ein Postomnib. von Bayreuth, Kemnath, Ank. gegen 8½ Uhr Morgens.
" " von Regensburg, Amberg, Bayreuth, Ank. gegen 3¾ U. Nachm.
ein Eilwagen nach Bayreuth, Abg. um 2 Uhr früh.
ein Postomnib. nach Bayreuth, Amberg, Regensburg, Abg. um 10 U. Vorm.
" " nach Bayreuth, Kemnath, Abg. um 6½ U. Abends.

In Markt-Schorgast.
ein Eilwagen von Eger, Wunsiedel, Ank. gegen 6 U. Morgens.
ein Postomnib. von Bayreuth, Kemnath, Ank. gegen 10¼ U. Morgens.
" " von Regensburg, Amberg, Bayreuth, Ank. gegen 6½ U. Abds.
" " nach Bayreuth, Amberg, Regensburg, Abg. um 8 U. Mgs.
" " nach Bayreuth, Kemnath, Abg. um 4 U. Nachm.
ein Eilwagen nach Wunsiedel, Eger, Carlsbad, Marienbad, Abg. um 7½ U. Abds.

In Hof.
ein Eilwagen von Weißenfels, Zeitz, Schleiz, Ank. gegen 4½ U. früh.
" " von Carlsbad, Marienbad, Eger, Ank. gegen 4 Uhr früh.
" " nach Eger, Marienbad, Pilsen, um 7 Uhr Morgens.
" " nach Schleiz, Zeitz, Weißenfels, Abg. um 2 U. Nachmittags.

Station	Personenzug	Eilzug	Güterzug mit Personenbeförderung	Personenzug	Güterzug mit Personenbeförderung
Hof	— —	5 35 Früh.	6 — Früh.	1 20 Nach.	6 40 Abds.
Oberkotzau	— —	5 55	6 27	1 40	7 7
Schwarzenbach	— —	6 10	6 52	1 55	7 27
Münchberg	— —	6 42	7 37	2 :7	8 6
Stambach	— —	7 9	8 11	2 54	8 37
Markt Schorgast	— —	7 40	8 52	3 25	9 13
Neuenmarkt Anf.	— —	8 5	9 20	3 50	9 40
Neuenmarkt Abg.	— —	8 12	9 35	3 55	9 48
Untersteinach	— —	8 24	9 58	4 7	10 8
Culmbach Ankunft	— —	8 34	10 14	4 17	10 23
Culmbach Abgang	— —	8 39	10 30	4 22	10 31
Mainleus	— —	8 49	10 44	4 32	10 45
Burgkundstadt	— —	9 8	11 23	4 51	11 20
Hochstadt	— —	9 19	11 47	5 2	11 40
Lichtenfels Ankunft	— —	9 32	12 8	5 15	12 1
Lichtenfels Abgang	— —	9 37	12 30	5 23	12 15
Staffelstein	— —	9 49	12 53	5 35	12 35
Ebensfeld	— —	10 —	1 13	5 46	12 54
Zapfendorf	— —	10 11	1 29	5 57	1 10
Breitengüßbach	— —	10 23	1 51	6 9	1 31
Bamberg Ankunft	— —	10 36	2 10	6 22	1 50
Bamberg Abgang	5 — Morg.	10 46	3 15	6 35	2 20
Hirschaid	5 19	11 5	3 44	6 54	2 49
Eggolsheim	5 30	11 16	3 58	7 5	3 3
Forchheim	5 43	11 29	4 19	7 18	3 24
Baiersdorf	5 59	11 45	4 41	7 34	3 46
Erlangen	6 14	12 —	5 6	7 49	4 11
Eltersdorf	6 23	12 9	5 19	7 58	4 24
Poppenreuth	6 37	12 23	5 37	8 12	4 42
Kreuzung bei Fürth	6 43	12 29	5 53	8 18	4 58
Nürnberg Ankunft	6 52	12 38	6 5 Abds.	8 27	5 10 Früh.
Nürnberg Abgang	7 15	1 35	— —	9 — Abds.	7 30
München: Ankunft	3 10 Nchm.	9 15 Abds.	— —	8 — Morg.	8 40 Abds.

3.6 Bayreuth hatte Premiere

Zum einen hatte es sich aus eigener Kraft *die erste bayerische Pachtbahn* gebaut. Nach ihrem Vorbild wurden als weitere Pachtbahnen geschaffen und in Betrieb genommen:

München – Starnberg	eröffnet am 28. 11. 1854
Gunzenhausen – Ansbach	eröffnet am 1. 7. 1859
Holzkirchen – Miesbach	eröffnet am 23. 11. 1861
Hochstadt-Marktzeuln – Stockheim	eröffnet am 1. 3. 1863
Neu-Ulm – Memmingen – Kempten	eröffnet am 1. 6. 1863
Starnberg – Tutzing – Penzberg	eröffnet am 16. 10. 1865
Oberkotzau – Asch – Eger	eröffnet am 1. 11. 1865
Tutzing – Weilheim – Peißenberg	eröffnet am 1. 2. 1866

(Es sei hier schon vermerkt, daß die Pachtbahn Bayreuth – Neuenmarkt zum 1. Januar 1905 verstaatlicht worden ist.)

Im übrigen war *Bayreuth auch in anderer Hinsicht echt vorne dran,* denn wie aus Bild 8 ersichtlich, waren 1853 noch der ganze Osten Bayerns und Städte wie Amberg, Regensburg, Passau, Landshut, Ingolstadt, aber auch Ansbach, Würzburg, Aschaffenburg ohne Eisenbahn.

3.7 Ein ganz neuer Reisestil

Schon vor der Eröffnung der Pachtbahn nach Neuenmarkt konnte man Anschluß an die Eisenbahn finden: Im Mai 1849 wurde der Fahrplan der Postkutsche von Bayreuth nach Kulmbach derart geändert, daß „der zweite Personenzug Nürnberg – Hof" erreicht wurde. Ab 1850 stellte ein „Privatomnibus" in der Verbindung Bayreuth – Berneck – Marktschorgast günstige Anschlüsse an die Eisenbahnzüge der Ludwigs-Süd-Nord-bahn her. Der Fahrplan vom 1. August 1852 (Bild 9) zeigt zum Beispiel folgende Reisemöglichkeiten (es gab noch keine 24-Stunden-Zählung):

A. KOENIGLICH BAYERISCHE STAATS-EISENBAHNEN. 6.
Fahrdienst vom 15. Oktober 1858 an täglich:

1) Von München nach Frankfurt. 70,22 Meilen.

Entfernung: Meilen	Stationen		I. Eilzug	II. Postzüge	III.	IV. Güterzüge mit Personen-Beförderung	V.	VI.	Preise der Plätze I. fl.|kr.	II. fl.|kr.	III. fl.|kr.
—	München	Abg.	5 —	11 —	5 30	6 5	1 20				
8,27	Augsburg	„	6 40	1 20	8 20	9 45	5 5	— —	2 30	1 39	1 6
13,73	Donauwörth	„	7 43	2 35	9 55	11 50	7 15		4 9	2 45	1 51
17,82	Nördlingen	„	8 33	3 35	11 10	2 30	3 45		5 21	3 33	2 24
31,29	Nürnberg	„	11 10	7 5	3 25	5 30	1 30	5 —	9 24	6 15	4 12
39,29	Bamberg	„	1 50	9 — Ank.	6 —	6 45	3 35	8 — Ank.	11 48	7 51	5 15
52,75	Würzburg	„	4 44	—	9 30	2 5	3 —		15 51	10 33	7 3
64,97	Aschaffenburg	„	7 10		12 40	8 10	8 5		19 30	13 —	7 45
70,22	Frankfurt	Ank.	8 13	—	1 50	9 56	9 50		20 6	13 15	7 45

In Donauwörth Anschluss der Dampfboote nach Regensburg, Linz und Wien: Im Monat Oktober jeden Tag geraden Datums um 8 Uhr Morgens, so lange Wasser und Witterung es gestatten.

2) Von Bamberg nach Hof. 17,49 Meilen.

Entfernung: Meilen	Stationen		I. Eilzug	II. Postzüge	III.	IV. Güterzüge mit Personen-Beförderung	V.	VI.	VII.	Preise d. Plätze I.	II.	III.
—	Bamberg	Abg.	1 15	9 30	6 20	10 5	5 25	1 40				
10,04	Neuenmkt	„	3 10	12 15	10 35	3 45	4 40	6 30	5 10	3 —	2 —	1 21
17,49	Hof	Ank.	4 45	2 30	1 35	7 15	8 10	10 —	8 50	5 15	3 30	2 21

3) Von Augsburg nach Lindau. 26,18 Meilen.

Entfernung: Meilen	Stationen		I. Eilzug	II. Postzug	III. Güterzüge mit Person. Beförd.	IV.	Preise der Plätze I. fl.|kr.	II. fl.|kr.	III. fl.|kr.
—	Augsburg	Abg.	6 35	1 35	9 40	5 30			
8,09	Kaufbeuern	„	8 15	4 5	12 15	8 5	2 24	1 36	1 6
13,81	Kempten	„	9 37	6 10	3 15	4 45	4 9	2 45	1 51
26,18	Lindau	Ank.	12 15	9 55	7 55	8 50	7 48	5 12	3 30

4) Von Neuenmarkt nach Bayreuth. 2,81 Meilen.

Entfernung: Meilen	Stationen		I.	II.	III. Gemischte Züge	IV.	Preise der Plätze I. fl.|kr.	II. fl.|kr.	III. fl.|kr.
—	Neuenmarkt	Abg.	5 10	11 10	3 30	—			
2,81	Bayreuth	Ank.	6 —	12 —	4 20		— 51	— 33	— 24

5) Von Augsburg nach Ulm. 11,09 Meilen.

Entfernung: Meilen	Stationen		I. Eilzug	II. Postzug	III. Güterzüge mit Person. Beförd.	IV.	Preise der Plätze I. fl.|kr.	II. fl.|kr.	III. fl.|kr.
—	Augsburg	Abg.	6 35	1 40	9 —	6 15			
11,09	Ulm	Ank.	8 30	5 —	1 30	10 45	3 27	2 18	1 33

Bemerkung. Die schattirten Ziffern bedeuten die Zeit von 6 Uhr Abends bis 6 Uhr Morgens. — Handgepäck bis 10 Pfd. frei.

B. KOENIGLICH BAYERISCHE STAATS-EISENBAHNEN. 6.
Fahrdienst vom 15. Oktober 1858 an täglich:

1) Von Frankfurt nach München. 70,22 Meilen.

Entfernung: Meilen	Stationen		I. Eilzug	II. Postzüge	III.	IV. Güterzüge mit Personen-Beförderung	V.	VI.	Preise der Plätze I. fl.|kr.	II. fl.|kr.	III. fl.|kr.
—	Frankfurt	Abg.	6 30	—	12 30	9 5	4 55				
5,25	Aschaffenburg	„	7 35	—	2 15	3 30	7 5		1 39	1 6	— 45
17,47	Würzburg	„	10 10	—	5 30	12 55	4 20		5 21	3 33	2 24
30,92	Bamberg	„	1 40	5 35	9 —	5 40	10 15	7 30	9 24	6 15	4 12
38,93	Nürnberg	„	3 20	7 45	11 50	5 30	3 —	10 50 Ank.	11 48	7 51	5 15
52,39	Nördlingen	„	6 —	10 55	3 40	1 15	6 —				
56,48	Donauwörth	„	6 55	11 55	4 50	2 55	7 38				
61,94	Augsburg	„	8 20	1 40	6 50	5 45	10 35		17 36	11 36	6 39
70,22	München	Ank.	9 45	3 40	9 10	8 30	1 20		20 6	13 15	7 45

In Donauwörth Anschluss der Dampfboote nach Regensburg, Linz und Wien: Im Monat Oktober jeden Tag geraden Datums um 8 Uhr Morgens, so lange Wasser und Witterung es gestatten.

2) Von Hof nach Bamberg. 17,49 Meilen.

Entfernung: Meilen	Stationen		I. Eilzug	II. Postzüge	III.	IV. Güterzüge mit Personen-Beförderung	V.	VI.	VII.	Preise d. Plätze I.	II.	III.
—	Hof	Abg.	9 30	12 30	1 45	5 25	6 20	4 40	12 —			
7,45	Neuenmkt	„	11 7	2 50	4 55	5 —	11 10	8 25	3 10	2 15	1 30	1 —
17,49	Bamberg	Ank.	1 —	5 15	8 30	9 20	4 15	12 35		5 15	3 30	2 21

3) Von Lindau nach Augsburg. 26,18 Meilen.

Entfernung: Meilen	Stationen		I. Eilzug	II. Postzug	III. Güterzüge mit Person. Beförd.	IV.	Preise der Plätze I. fl.|kr.	II. fl.|kr.	III. fl.|kr.
—	Lindau	Abg.	2 40	5 —	6 30	5 45			
12,37	Kempten	„	5 15	8 55	12 20	4 30	3 36	2 24	1 36
18,09	Kaufbeuern	„	6 35	10 40	2 20	6 50	5 21	3 33	2 24
26,18	Augsburg	Ank.	8 10	12 50	4 55	9 20	7 48	5 12	3 30

4) Von Bayreuth nach Neuenmarkt. 2,81 Meilen.

Entfernung: Meilen	Stationen		I.	II.	III. Gemischte Züge	IV.	Preise der Plätze I. fl.|kr.	II. fl.|kr.	III. fl.|kr.
—	Bayreuth	Abg.		9 40	2 —	8 —			
2,81	Neuenmarkt	Ank.		10 30	2 50	8 50	— 51	— 33	— 24

5) Von Ulm nach Augsburg. 11,09 Meilen.

Entfernung: Meilen	Stationen		I. Eilzug	II. Postzug	III. Güterzüge mit Person. Beförd.	IV.	Preise der Plätze I. fl.|kr.	II. fl.|kr.	III. fl.|kr.
—	Ulm	Abg.	6 15	9 40	4 —	3 20			
11,09	Augsburg	Ank.	8 10	1 —	8 30	7 40	3 27	2 18	1 33

Bemerkung. Die schattirten Ziffern bedeuten die Zeit von 6 Uhr Abends bis 6 Uhr Morgens. — Handgepäck bis 10 Pfd. frei.

Bild 10/Bild 11: *Kursbuch vom 15. Oktober 1858. Fast alle Verbindungen in Bayern konnten noch auf diesen zwei Blättern untergebracht werden; es gab nur noch ein Zusatzblatt mit den Strecken München – Starnberg und München – Kufstein. Die Entfernung wurde nach Meilen gemessen. Die Züge führten 3 Wagenklassen; Währung: 1 Gulden (fl) = 60 Kreuzer (kr.). Die Personenzüge hießen Postzüge. In Donauwörth hatte man an „Tagen mit geradem Datum im Oktober" früh um 8 Uhr Anschluß an das Dampfboot nach Regensburg – Linz – Wien.*

Ab Bayreuth mit Postomnibus (= Postkutsche) nach Kulmbach, Ankunft gegen 8.15, ab 8.39 mit Zug, Bamberg an 10.36, Nürnberg an 12.38, München an 21.15.

Ab Bayreuth mit Postomnibus nach Kulmbach, Ankunft gegen 15.45, ab 16.22 mit Zug, Bamberg an 18.22, Nürnberg an 20.27.

Ab Bayreuth mit Postomnibus nach Marktschorgast, Ankunft gegen 10.15, ab 10.40 mit Zug, Hof an 12.42 oder

ab Bayreuth mit Postomnibus nach Marktschorgast, Ankunft gegen 18.30, ab 19.08 mit Zug, Hof an 21.10.

Seit man aber schon ab Bayreuth mit der Eisenbahn fahren konnte, ergaben sich natürlich wesentlich kürzere Reisezeiten, etwa nach dem „Fahrdienst vom 15. Oktober 1858 an" (Bilder 10, 11). Er bot zwischen Bayreuth und Neuenmarkt drei Zugpaare und eröffnete beispielsweise folgende Möglichkeit: Bayreuth ab 9.40, Neuenmarkt an 10.30, ab 10.35, Hof an 13.35. Hieraus resultiert eine Reisezeit von knapp vier Stunden; die Postkutsche brauchte damals 6½ bis 8 Stunden.

Eine Fahrt von Bayreuth nach München war allerdings noch eine Tagesreise: Bayreuth ab 9.40, Neuenmarkt 10.30/11.07, Bamberg 13.00/13.40, Nürnberg ab 15.20, München an 21.45.

Auch nach Frankfurt (Main) konnte man 1858 mit der Eisenbahn gelangen: Bayreuth ab 9.40, Neuenmarkt 10.30/11.07, Bamberg 13.00/13.50, Würzburg ab 16.44, Frankfurt (Main) an 20.13.

Was den innerstädtischen Verkehr betrifft, so hatten zwei rührige Bayreuther Stellwagenbesitzer die famose Idee, einen regelmäßigen „Taxi-Dienst" zum und vom Bahnhof einzurichten. Zu jedem nach Neuenmarkt abgehenden Zug fuhr ein Stellwagen vom „Deutschen Haus" – einem heute noch vorhandenen Gasthaus in der Kulmbacher Straße Nr. 12 – zum Bahnhof; unterwegs bimmelte er mit einer Glocke und nahm Reisende mit. Er stand auch bei ankommenden Zügen für diesen Dienst bereit, und im „Goldenen Anker" in der Opernstraße war hierfür ein Warteraum vorgehalten worden. Der Fahrpreis betrug 6 Kreuzer; mit Koffer 12 Kreuzer.

3.8 Die Post muß sich anpassen

Postdienst und Eisenbahndienst waren damals und noch für lange Zeit vereinigt. Der Postmeister Friedrich Ludwig Edler von Braun wurde nun ganz automatisch zugleich der erste Bayreuther Bahnvorstand. Er war 1790 in Nürnberg geboren worden und dort sowie in Regensburg und Erlangen tätig gewesen, bevor er 1848 nach Bayreuth versetzt wurde. Infolge der Übernahme auch des Eisenbahndienstes wurde er 1858 zum Postrat befördert und 1862 mit dem Ludwigsorden ausgezeichnet. Bild 12 zeigt ihn in der Galauniform der bayerischen Staatsbeamten.

Im Jahr 1858 ist der Postdienst von der Stadtpost in der Fried-

Bild 12: *Der erste Bayreuther Bahnhofsvorstand. „Außer 1100 Gulden Gehalt und 100 Gulden für Getreideabfindung erhielt er 150 Gulden Mietzinsbeitrag."*

richstraße Nr. 15 nach dem Bahnhof verlegt worden. Wo die Eisenbahn Fuß gefaßt hatte, war der langsame Postkutschendienst nun nicht mehr gefragt. So konnte die Eilwagenverbindung Nürnberg – Pegnitz – Bayreuth – Hof – Leipzig nur noch bis zum Jahr 1849 bestehen, und nach Eröffnung der Strecke Bayreuth – Neuenmarkt mußten die Eilwagen Bayreuth – Kulmbach und die Postkutschen Bayreuth – Neuenmarkt eingestellt werden.

Andererseits wurden aber noch neue Linien, hauptsächlich Zubringer zur Eisenbahn, eingerichtet:

    1850 etwa die für Bayreuth sehr günstige tägliche Eilwagenverbindung Regensburg – Bayreuth – Berneck – Gefrees – Eger,

1857 der Postomnibus zwischen Bayreuth und Weiden,

1864 der Postomnibus zwischen Bayreuth und Thurnau,

1865 ein Postomnibus zwischen Bayreuth und Gräfenberg.

3.9 Unterwegs nach Neuenmarkt und zur „Schiefen Ebene"

Bild 13 bietet eine schematische Übersicht nach dem Stand von etwa 1950. Auf eingleisiger Strecke müssen Bahnhöfe vorhanden sein, wo Züge, die in verschiedener Richtung fahren, einander ausweichen können; solche „Kreuzungsbahnhöfe" sind Bindlach, Harsdorf und Trebgast. Sie verfügen außer diesen Kreuzungsgleisen über Ladegleise, wo Güterwagen abgesetzt werden können.

Harsdorf (Bild 14) und *Trebgast* (Bild 15) sind schon in den ersten Fahrplänen als Haltbahnhöfe aufgeführt. *Bindlach* (Bild 16) erscheint erst 1871. Der Haltepunkt *Ramsenthal* (Bild 17) ist im Fahrplan von 1896 erstmals genannt. *Schlömen* (Bild 18) ist 1896 beim Bau der Lokalbahn Neuenmarkt–Bischofsgrün als Abzweigstelle geschaffen worden.

Neuenmarkt-Wirsberg (Bilder 19, 20) hat als Talstation der „Schiefen Ebene" und durch den Anschluß der Strecken nach Bayreuth und nach Bischofsgrün große Bedeutung erlangt; der Ort ist zum typischen Eisenbahnerdorf geworden. Die Gleisanlage besteht aus neun Zugsgleisen, vier Ladegleisen, acht Gleisstutzen für den Stückgut-Umladedienst und für Güterzugsbildung und aus zahlreichen Gleisen für das Bahnbetriebswerk, bei welchem beispielsweise im Jahr 1914 fünfundvierzig Dampflokomotiven stationiert waren. Seit 1977 dient der große Rundschuppen allerdings dem Deutschen Dampflokomotivmuseum Neuenmarkt als Domizil für rund zwanzig dieser schwarzen Giganten der Schiene (Bild 21).

Nach dem Physikbuch zählt eine *schiefe Ebene* zu den „einfachen Maschinen" (wie etwa auch der Hebel, der Leitbalken, die Rolle, das Wellrad, der Keil und die Schraube). Sie ist ein Mittel, um eine Last leichter emporzubefördern; in der Gegenrichtung bewirkt der „Hangabtrieb" das Heruntergleiten oder Herabrollen.

Es wird immer behauptet, der damalige König Ludwig I. wollte außer dem Erlanger Tunnel, der an sich nicht notwendig gewesen wäre, nur aus Renommiergründen auch noch die erste Steilrampe Deutschlands haben. Aber wenn man vom Maintal an die sächsische Grenze bei Hof kommen wollte, mußte die Schwelle des Fichtelgebirges überstiegen werden. Von Neuenmarkt-Wirsberg bis Marktschorgast (= 7,461 km) ist ein Höhenunterschied von 156 m zu bewältigen; das geschieht durch verschieden starke Steigungen, 5,3 km lang,

Bild 13: *Gleisanlagen Bayreuth – Neuenmarkt-W – Marktschorgast (schematisch/Grafik: Heinz Hacke)*

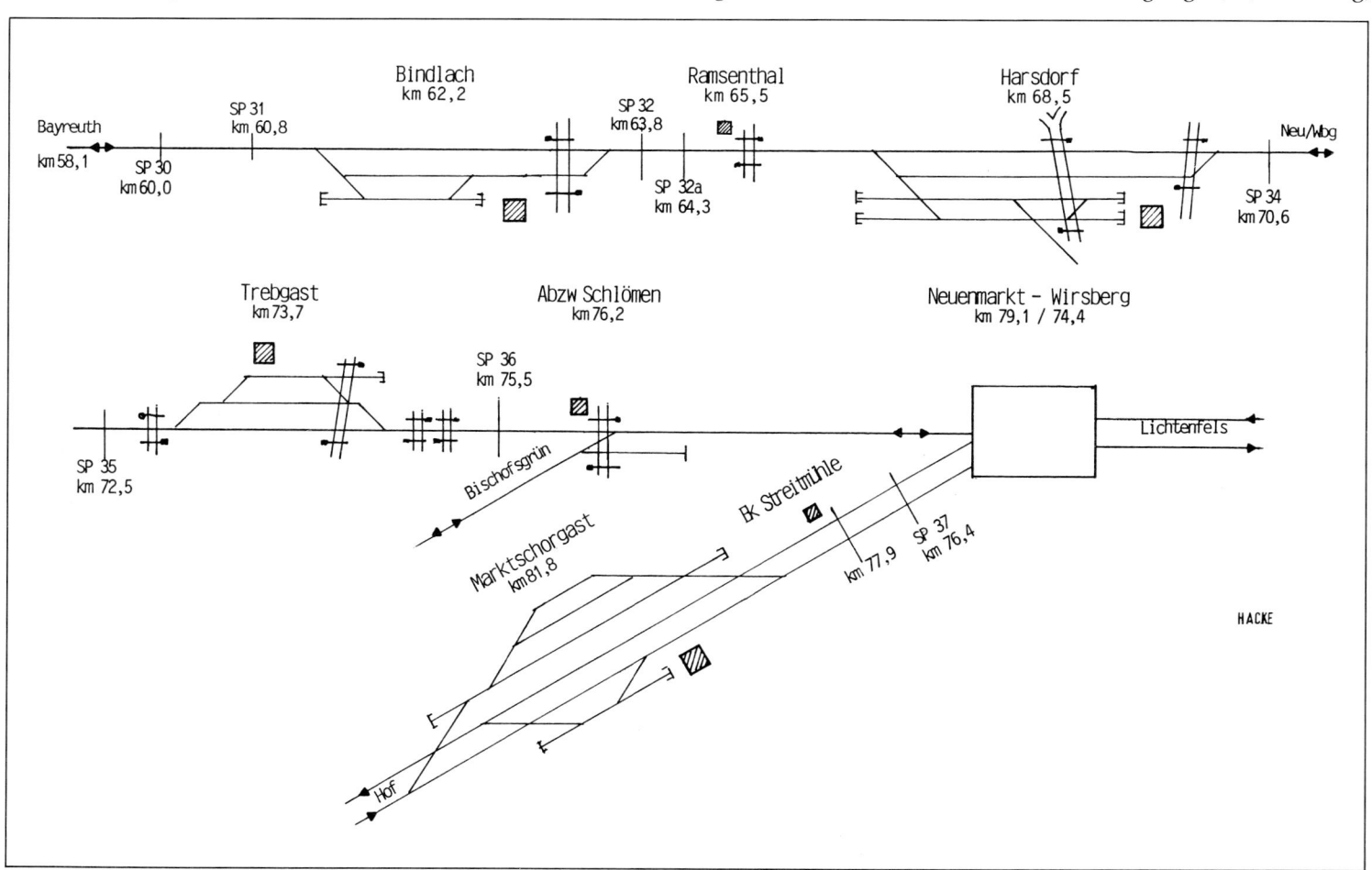

Bild 14: *Bahnhof Harsdorf 1988*

Bild 15: *Bahnhof Trebgast 1988*

Bild 16: *Bahnhof Bindlach 1988*

Bild 17: *Haltepunkt Ramsenthal 1988*

Bild 18: *Abzweigstelle Schlömen 1988, im Vordergrund das Gleis der Lokalbahn Neuenmarkt-W – Bischofsgrün*

Bild 19: *Bahnhof Neuenmarkt-Wirsberg 1988*

Bild 20: *Bahnhof Neuenmarkt-Wirsberg, Straßenseite, im Jahre 1902. Das gerade anwesende Personal und einige Frauen aus den Dienstwohnungen durften mit auf das Bild.*

Bild 21: *Das Deutsche Dampflokomotivmuseum Neuenmarkt hat Besuch bekommen vom Verkehrsmuseum Nürnberg: Dessen Lok 50 622 und die Schwester-Lok 50 975 des DDM geben sich ein Stelldichein (DDM-Bild, Sommer 1986).*

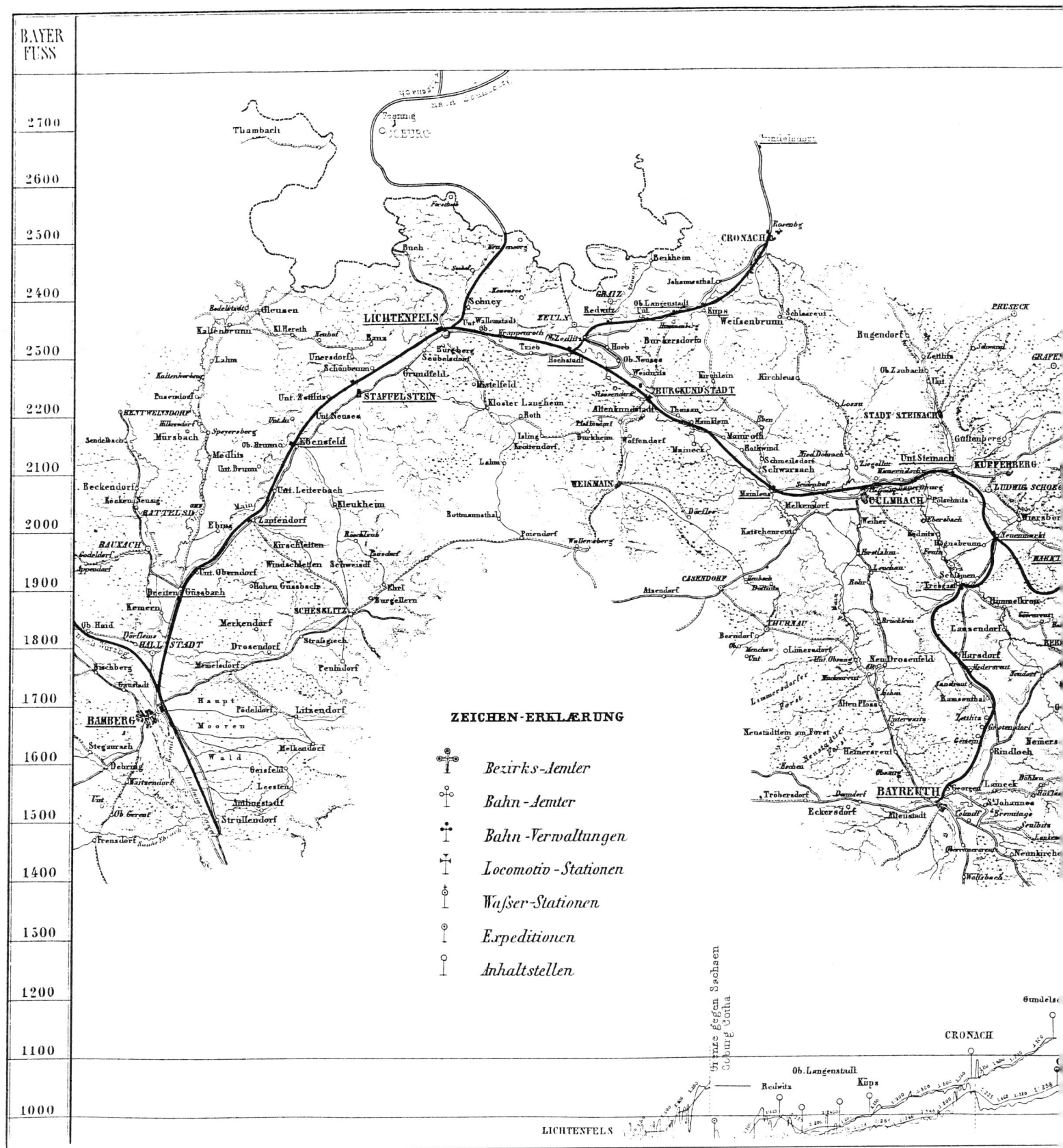

Bild 22: *Verlauf der Strecken Bamberg – Hof und Neuenmarkt – Bayreuth sowie Höhenplan der Schiefen Ebene*

aber im Verhältnis 1 : 40 = 25 ‰ (Bild 22). Zur Überquerung kleiner Gräben und Täler mußten gewaltige Stützmauern errichtet werden, insgesamt über 1800 lfd. m; die größte ist 760 m lang und bis zu 32 m hoch. Diese Ausmaße geben den Bauwerken ein geradezu gigantisches Aussehen, das fast an die Kolossalbauten der alten Ägypter denken läßt (Bilder 23, 24). Da die starken und langen Steigungen mit den vorhandenen Lokomotiven nicht geschafft werden konnten, wurde 1847 eigens für die Inbetriebnahme der „Schiefen Ebene" eine kräftige Güterzug- und Schiebelok konstruiert, bei der erstmalig in Bayern drei Achsen angetrieben worden sind, die Gattung C I; man hat sie als Remorquer (= Schlepper) bezeichnet. Zur Erhöhung der Reibung zwischen Rad und Schiene hat man sie mit einem Ballastbehälter auf dem Kessel versehen, der mit Sand oder auch mit Wasser gefüllt wurde. (Ein Modell dieser interessanten Maschine im Maßstab 1 : 10 ist im Nürnberger Verkehrsmuseum ausgestellt.)

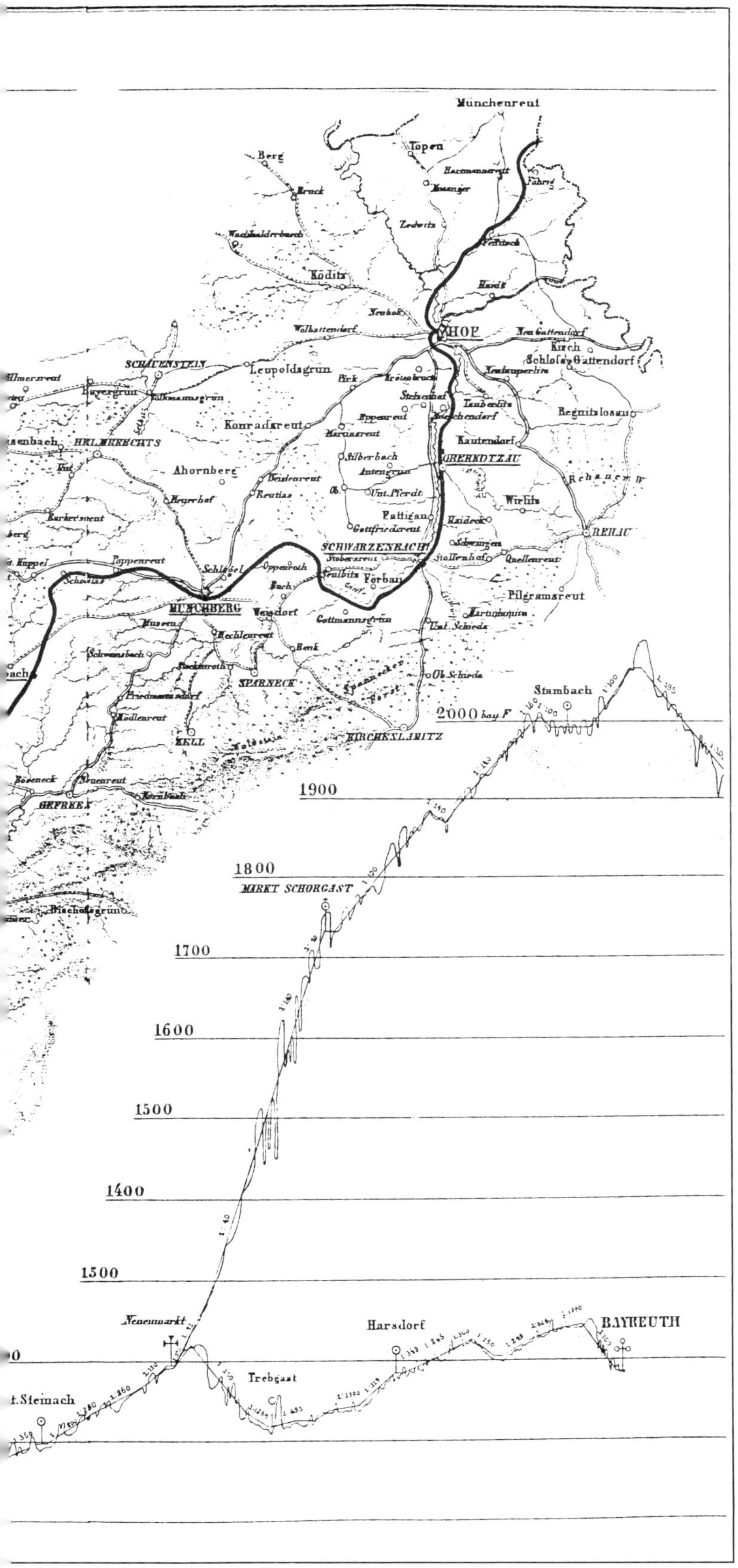

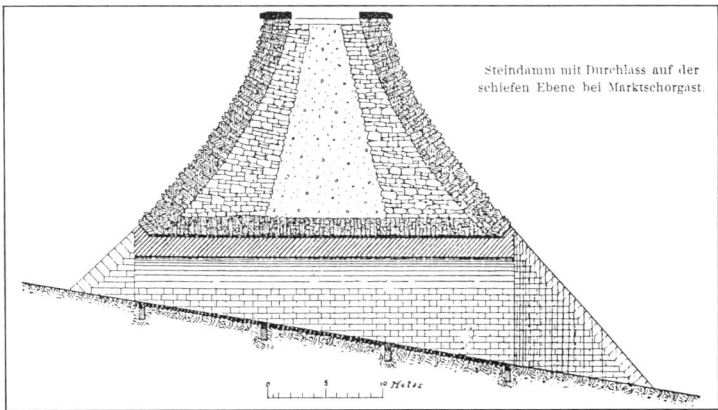

Bild 23: *Schnitt durch einen Damm mit Stützmauern und Durchlaß auf der Schiefen Ebene*

Bild 24: *Eine Lok der Baureihe 42 schiebt einen Güterzug nach; an der großen Stützmauer der Schiefen Ebene im August 1949.*

Bild 25: *Schnellzug mit Lok 01 234 und Schiebelok auf der Schiefen Ebene beim Einfahrsignal von Marktschorgast im Januar 1953*

Auch in späteren Zeiten mußten die Dampfzüge normalerweise von Neuenmarkt-Wirsberg bis Marktschorgast durch eine Schiebelok nachgeschoben werden (Bild 25), nur leichte Züge kamen ohne diese Unterstützung aus.

Als in der 1970er Jahren der Dampfbetrieb immer mehr zurückgegangen war, ist die „Schiefe Ebene", auf der die letzten Schnellzuglokomotiven der Baureihe 01 donnerten, zu einer wahren Oase und zur Augenweide für Eisenbahnfreunde aus dem In- und Ausland geworden. Für sie veranstaltet die Deutsche Bundesbahn übrigens seit 1985 wieder Dampfsonderzüge (Bild 26), seit 1987 auch über die „Schiefe Ebene", und wieder haben dann jene Fans an allen zugänglichen Stellen zwi-

Bild 26: *1985 – zum Jubiläum 150 Jahre deutsche Eisenbahnen – gab es wieder Dampfsonderzüge von Nürnberg nach Bayreuth und zurück: hier der Ansturm der Eisenbahnfreunde; Lok 50 622, Juli 1985 (Foto: Gerd Jahreis).*

schen Neuenmarkt-Wirsberg und Marktschorgast Kamera und Filmgerät in Position gebracht.

Die Blockstelle *Streitmühle* (Bild 27) unterteilt den Streckenabschnitt Neuenmarkt-Wirsberg – Marktschorgast – auf dem die bergwärts fahrenden Züge nur langsam vorankommen –, damit ein weiterer Zug schon folgen kann, wenn der vorausfahrende Streitmühle verlassen hat.

Die Bergstation *Marktschorgast* (Bilder 28, 29, 30) ging schon gleich mit der Eröffnung der Strecke Neuenmarkt – Hof in Betrieb. Dieser Bahnhof weist außer dem Ladegleis und den beiden Hinterstellgleisen auch ein Überholungsgleis auf, wo Güterzüge warten können, bis schneller fahrende Züge sie überholt haben. Dieses Überholungsgleis reichte allerdings für die im Laufe der Zeit immer länger gewordenen Güterzüge nicht mehr aus; sie mußten in die angefügten Stumpfgleise vorziehen, damit die durchgehenden Hauptgleise frei wurden – und nach der Überholung wieder zurückdrücken.

In der jüngsten Zeit sind im Zuge der Rationalisierung da und dort Nebengleise, die nicht mehr gebraucht wurden, abgebrochen worden. Andererseits ist 1983 zwischen Bayreuth und Bindlach ein ausgedehntes System von Anschlußgleisen angelegt worden. Mehrere Schrankenposten sind weggefallen, weil automatische Sicherungen geschaffen oder Bahnübergänge gänzlich beseitigt werden konnten.

Bild 27: *Blockstelle Streitmühle mit bergwärts fahrendem Güterzug im Jahre 1951; Lok P 8*

Bild 28: *Das Einfahrsignal von Marktschorgast aus Richtung Neuenmarkt-W im Jahre 1935; man beachte das Gestänge der Freileitungen links und rechts der Gleise (Foto: Ernst Köditz).*

Bild 29: *Bahnhof Marktschorgast im Jahre 1902 mit Lok C IV 1459 und Personal; der Hund gehört natürlich dem Stationsvorstand (vierter von rechts, der den linken Fuß auf die Schiene setzt); aus den Fenstern der Dienstwohnungen blicken die Damen.*

Bild 30: *Ausfahrsignale von Marktschorgast nach Falls und Läutebude, gesehen durch das Stellwerksfenster, im Jahr 1950*

Die Königlich Bayerische Ostbahn erreicht Bayreuth

4.1 Das Eisenbahnnetz wächst

Es wurde schon gesagt: In München hatte man sich dem Staatsbahnprinzip verschrieben. Außer der staatlichen Ludwigs-Süd-Nordbahn $\frac{\text{München}}{\text{Lindau}}$ – Hof waren bis 1854 die Ludwigs-Westbahn Bamberg – Schweinfurt – Würzburg – Aschaffenburg und bis 1860 die Maximiliansbahn Ulm – Augsburg – München – Holzkirchen – Aibling – Rosenheim – $\frac{\text{Salzburg}}{\text{Kufstein}}$ entstanden.

Aber die Oberpfalz, ganz Niederbayern und das östliche Oberbayern waren bis 1859 überhaupt noch nicht von der Eisenbahn berührt worden. Da die Wirtschaftsmittel des Staates durch andere Bahnbauten stark in Anspruch genommen waren, überließ er die Erschließung dieses Gebietes wieder einer Privatbahn, der 1856 gegründeten Königlich Privilegierten Aktiengesellschaft der Bayerischen Ostbahnen. Sie wurde geleitet von Josef Anton von Maffei, der seit 1841 in München die – heute noch bestehende – Lokomotivfabrik betrieb. Als Baudirektor fungierte der geniale Eisenbahningenieur Paul Camille von Denis, der schon die Ludwigseisenbahn von Nürnberg nach Fürth, dann die München – Augsburger Bahn und weitere in Deutschland gebaut hatte.

Am 12. Dezember 1859 hatte die Ostbahn ihre erste große Strecke fertiggestellt: München – Landshut – Geiselhöring – Regensburg – Schwandorf – Amberg – Nürnberg; am 20. September 1860 war die Ostbahnstrecke Geiselhöring – Straubing – Passau und am 20. September 1861 Schwandorf – Cham – Furth im Wald eröffnet worden.

Nun sollte auch die nördliche Oberpfalz ihre Eisenbahn bekommen (Bild 31).

Bild 31: *Bayerische Eisenbahnen im Jahr 1861*

4.2 Bayreuth sucht Verbindung mit der Oberpfalz

Auch die zweite Bayreuther Eisenbahn war keine „leichte Geburt". Als der Antrag der Stadt Bayreuth vom 31. Januar 1845 zur Errichtung einer Aktiengesellschaft für die Zweigbahn Bayreuth – Neuenmarkt ad acta genommen wurde (b. z. vgl. Abschnitt 3.1), war der Stadtmagistrat am 12. September 1845 an das Königliche Ministerium des Innern herangetreten mit der Bitte um eine Eisenbahn von der Werra- und Weserbahn über Lichtenfels – Kulmbach oder Neuenmarkt nach Bayreuth und weiter über Grafenwöhr nach Amberg – Regensburg sowie – in Grafenwöhr anschließend – über Waidhaus nach Pilsen und Prag.

Der Stadtmagistrat hatte auch bereits den Königlichen Bezirksingenieur Naegele engagiert, im Sommer 1845 das Terrain zu untersuchen. Nach dessen Gutachten sollte diese Strecke ab Bayreuth wie folgt verlaufen: Eremitenhof – Aichig – Neunkirchen – im Tal der Ölschnitz – Lehen – Unterölschnitz – Eichhammer – Birk – Oberschwarzach – Vorbach – Menzlas – im Tal der Creußen – Tremmersdorf – Grafenwöhr – Gmünd – Kaltenbrunn – Rothhaar – Gressenwöhr – Vilseck – im Tal der Vils – Schönlind – Hahnbach – Altmannshof – Amberg (Bild 32); das Gelände biete keine wesentlichen Schwierigkeiten.

Das Schreiben des Stadtmagistrats endete wie folgt: „Von der unmittelbaren Verbindung mit der Ludwigs-Süd-Nord-Grenzbahn ausgeschlossen und seiner alten Handelsstraße nach Sachsen entbehrend, kann die Kreishauptstadt Bayreuth nur durch diese Bahn von Verderben und Untergang gerettet und zu neuem Wohlstand und Blüte emporgehoben werden." Das Staatsministerium entschied aber, daß „die Erbauung einer Eisenbahn von Bayreuth nach Amberg, welche vorerst distriktiven Zwecken dienen würde, zur Zeit und so lange nicht in Frage kommen dürfte, bis die großen Verkehrslinien in Bayern vollendet sind".

Am 23. Juli 1858 erneuert Bayreuth seine Bitte um diese Eisenbahnverbindung nach Amberg. Als weitere Begründung wird angeführt, daß es dann wohl nicht nötig sein werde, die Strecke Hof – Nürnberg zweigleisig auszubauen, weil die beantragte Strecke einen Teil des Nord-Süd-Verkehrs an sich ziehen werde. Der König setzt auf dieses Schreiben den Vermerk: „An das Königliche Handelsministerium zur gutachtlichen Äußerung über dieses Gesuch, dessen Gewährung der Rentabilität unserer Staatsbahnen, wie Mir scheint, bedeutenden Eintrag thun möchte. Berchtesgaden, den 1ten August 1858 Max."

Am 2. September 1858 wurde dann verfügt, „daß die Allerhöchste Beschlußfassung über den Antrag [...] erst dann erfolgen könne, wenn die Hauptlinien des bayerischen Eisenbahnnetzes vollendet sind und ermessen werden kann, ob die Nachteile der durch eine Schienenverbindung Bayreuths mit Amberg entstehenden Konkurrenzbahn der Bayerischen Staatsbahnen durch anderweitige Vorteile derselben aufgewogen werden".

Die Städte Bayreuth und Amberg bitten nunmehr in einem gemeinsamen Gesuch vom 15. Oktober 1859 wieder um ihre Eisenbahn, die beide Städte verbinden soll. Da die neue Ostbahnstrecke Schwandorf – Amberg – Nürnberg erst kurz zuvor eröffnet worden war (nämlich am 9. Mai 1859), sollte die Bayreuth – Amberger Bahn jetzt bei Altmannshof in sie einmünden. Auch auf dieses Gesuch ergeht am 28. Januar 1860 ein negativer Bescheid, „[...] daß mit dem Baue jener Eisenbahn wegen der Konkurrenz mit der Staatsbahn mehrfache Bedenken entgegenstehen [...]", (denn man hatte schon mit dem Gedanken gespielt, diese Strecke Bayreuth – Amberg über Beilngries – Ingolstadt nach München weiterzuführen).

Im Februar 1860 schaltet sich die Stadt Weiden in das Problem ein und schlägt eine Linie Schwarzenbach (Saale) – Kirchenlamitz – Wunsiedel – Marktredwitz und weiter im Tal der Naab nach Schwandorf – Regensburg vor, an welche Bayreuth über Kemnath – Erbendorf und Eger über Arzberg anzuschließen seien. Damit bekommt die Angelegenheit eine neue Wendung, und diesem Projekt wird mehr Beachtung geschenkt. Die Generaldirektion der Königlichen Verkehrsanstalten berichtet am 22. Oktober 1860 an Seine Majestät den König: „Eine Bahnführung von Bayreuth nach Amberg über Vilseck ist ein reines Spekulationsobjekt, weder zugunsten des Landes, noch der Provinzen, noch der Stadt Bayreuth, sondern zugunsten der Ostbahn und einiger Bayreuther Industrieller, dabei zum entschiedensten Nachteil der Bayerischen Staatsbahnen." Eine weitere, respektive östliche Bahnverbindung des oberfränkischen Regierungsbezirks mit jenem der Oberpfalz wird für wünschenswert gehalten, wenn sie von Bayreuth über Kemnath – Erbendorf – Weiden entweder durch das Naabtal nach Schwandorf oder über Hirschau nach Amberg geführt wird. Der Verwaltungsrat der Ostbahn beantragt daraufhin am 6. November 1860 bei Seiner Königlichen Majestät die Konzession zur Projektierung einer Zweigbahn von Schwandorf über Weiden – Kemnath nach Bayreuth mit einer Abzweigung bei Erbendorf gegen Eger, meldet aber kurz danach, daß die Linie über Erbendorf – Kemnath große Terrainschwierigkeiten biete und daß die Strecke am zweckmäßigsten über Pressath – Kirchenlaibach zu legen sei.

Für diesen Vorschlag waren auch finanzielle Gründe maßgebend; weil gespart werden mußte, bezog man Erbendorf nicht ein, und von Kemnath hat man heute noch eine Stunde zum Bahnhof, der übrigens den Namen Kemnath-Neustadt bekam, weil auch Neustadt weit von ihm entfernt ist. (Die Fassade seiner Güterhalle hat, nebenbei bemerkt, geradezu sakralen Charakter – Bild 33.)

Die Planungskonzession wird am 1. Februar 1861 erteilt, und am 3. Januar 1862 folgt die „Allerhöchste Konzession zum Baue und Betriebe". Hier ein Auszug:

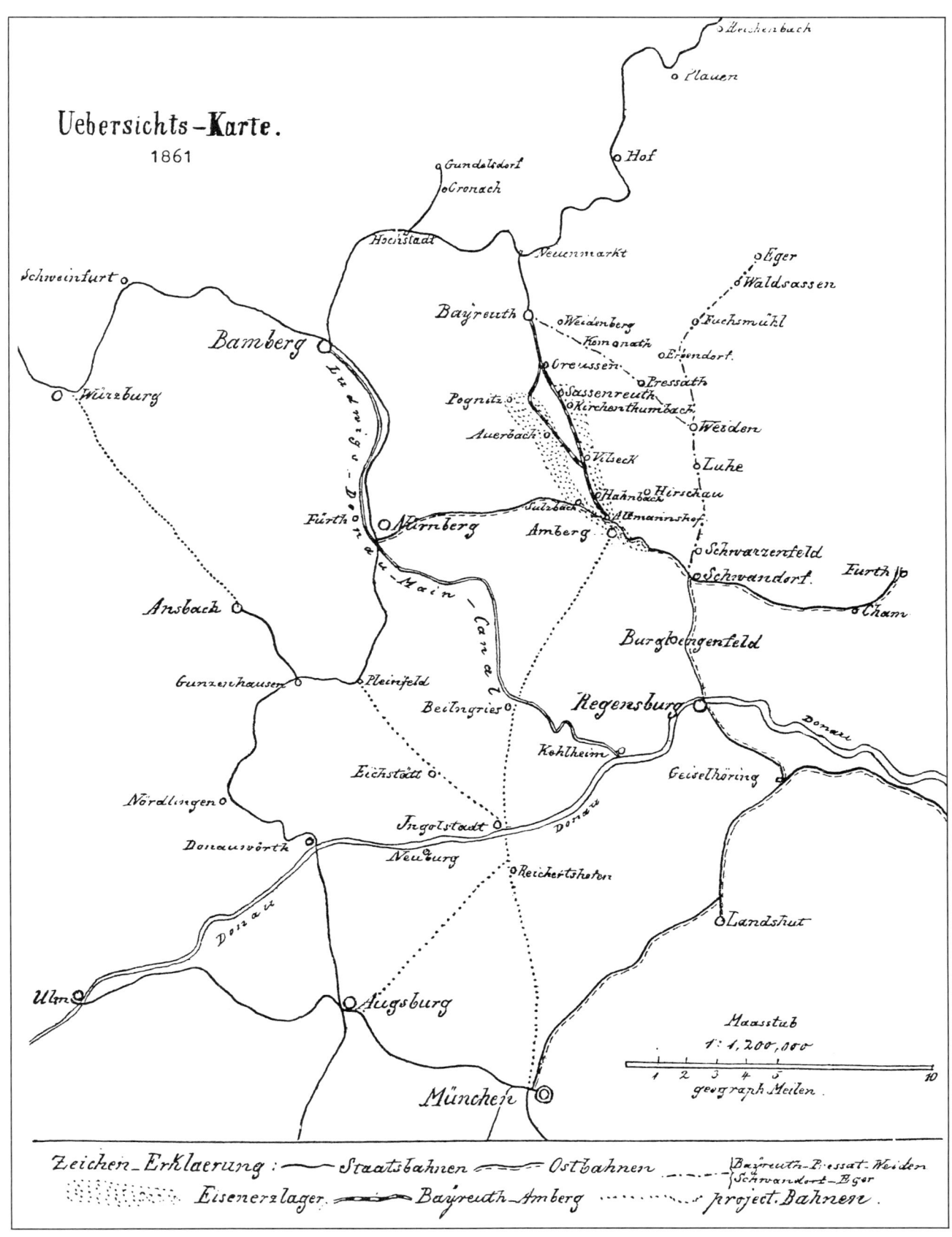

Bild 32: *Bahnprojekte 1861*

Bild 33: *Fassade der Güterhalle Kemnath-Neustadt im Jahr 1953*

„Maximilian II., von Gottes Gnaden König von Bayern, Pfalzgraf bei Rhein, Herzog von Bayern, Franken und in Schwaben etc. etc.

Wir erteilen der von Uns privilegierten Aktiengesellschaft der bayerischen Ostbahnen auf Ansuchen ihres Verwaltungsrates in Gemäßheit des Gesetzes vom 29. Oktober v. J., die Verlängerung der Ostbahnen in der Oberpfalz und Oberfranken betr., die Konzession zum Baue und Betriebe einer Eisenbahn von Schwandorf über Weiden nach Bayreuth und von Weiden bis an die Landesgrenze gegen Eger unter nachstehenden Bestimmungen und Vorbehalten:

[…] gestatten Wir der Ostbahngesellschaft, die vorhandenen Erübrigungen an ihrem Aktienkapitale zur Herstellung dieser neuen Eisenbahnen zu verwenden und bewilligen die Ausdehnung der Zinsengewährschaft des Staates von viereinhalb vom Hundert, wie solche für die bisher gebauten Ostbahnlinien eingeräumt worden ist, auch auf das Bau- und Einrichtungskapital dieser neuen Bahnstrecken in der Art, daß die Zinsengewährschaft für diese neuen Bahnstrecken erst mit dem Tage der Betriebseröffnung derselben beginnt, jedoch gleichzeitig mit der auf fünfunddreißig Jahre festgesetzten Zinsengewährschaft für die im Gesetze vom 19. März 1856 bezeichneten Bahnlinien zu erlöschen hat und daß das Bau- und Einrichtungskapital für sämtliche im Gesetze vom 19. März 1856 und im Gesetze vom 29. Oktober v. J. aufgeführten Bahnlinien den Gesamtbetrag von sechzig Millionen Gulden nicht übersteigen darf. […]

Die Gesellschaft ist ermächtigt und kann nötigenfalls angehalten werden, eine Telegraphenleitung für die Zwecke ihres Betriebes und Dienstes herzustellen. Die Gesellschaft ist verpflichtet, ihre Bahntelegraphen zur unentgeltlichen Beförderung von Staatsdepeschen insoweit benutzen zu lassen, als dieselben nicht für den Bahndienst in Anspruch genommen sind. Die Gesellschaft ist nicht befugt, Privatdepeschen durch ihre Bahntelegraphen zu befördern. Die Gesellschaft hat ihre neuen Telegraphenleitungen bezüglich der Tragstangen so herzustellen, daß dieselben, wenn es von der Staatsregierung für erforderlich erachtet werden sollte, auch zur Anlegung von Drähten für den Staatstelegraphen benutzt werden können. […]

Der Staatsregierung bleibt behufs der Wahrung der Staatsinteressen die Beaufsichtigung und Überwachung des Ostbahnbetriebes vorbehalten. Insbesondere unterliegen alle Tarife der Genehmigung des Staatsministeriums des Handels und der öffentlichen Arbeiten, ohne dessen Zustimmung keine Änderung an den genehmigten Tarifnormen und Sätzen eintreten darf. Im Falle außerordentlicher Teuerung der Nahrungsmittel ist die Staatsregierung berechtigt, die zeitweilige Herabsetzung der Frachtpreise für Nahrungsgegenstände zu verlangen. […]

Schüblinge aller Art nebst der nötigen Begleitmannschaft müssen von der Gesellschaft in derselben Weise und zu denselben Tarifsätzen befördert werden, wie auf den Staatsbahnen. […]

Der Fahrtenplan wird zwischen der Generaldirektion der kgl. Verkehrsanstalten und der Direktion der bayer. Ostbahnen vereinbart und unterliegt der Genehmigung des kgl. Staatsministeriums des Handels und der öffentlichen Arbeiten. […]

Die Gesellschaft hat sich aller Transporte auf der Eisenbahn zu enthalten, die nach den dermalen geltenden Bestimmungen durch das Postregale der Postanstalt ausschließlich vorbehalten sind. Der kgl. Postanstalt ist die unbeschränkte Benutzung der Bahnen für den Postverkehr bei allen Fahrten vorbehalten. Die Ostbahngesellschaft ist verpflichtet, zu diesem Zwecke auf sämtlichen im Betrieb befindlichen Bahnlinien zu täglich drei von der Postverwaltung zu bestimmenden Zügen eigene für den Dienst nach Angabe der Postverwaltung eingerichtete Bahnpostwagen, sodann bei den übrigen Zügen auf Verlangen gut verschließbare Gepäckwagen nach Bedarf zur Verfügung zu stellen. Das zur Besorgung des Postdienstes erforderliche Personal, sowie zur Inspektion abgeordnete Beamte genießen in diesen Wägen die freie Fahrt für die Zeit und die Fahrstrecke, auf welche sich ihr Dienst und resp. ihr Kommissorium erstreckt. Einzelne Briefpakete, welche die Postanstalt zwischen gewissen Stationen an der Eisenbahn ohne eigene Begleitung versenden zu lassen zweckdienlich findet, hat die Gesellschaft an den betreffenden Stationen durch ihre eigenen Bediensteten gegen Bescheinigung übernehmen und abgeben zu lassen und für die richtige Ablieferung und den unversehrten Zustand und Verschluß jedes solchen Paketes zu haften. Die Gesellschaft ist verpflichtet, an jeder Eisenbahnstation für die Ausübung des Postdienstes auf Verlangen ein eigenes, zureichendes, entsprechend gelegenes, heizbares und gut versichertes Lokal an die Postanstalt gegen einen jährlichen Mietzins von 12 kr. per Quadratschuh zu überlassen und zu unterhalten. [...]

Die Aktiengesellschaft ist verpflichtet, für alle von der Staatsregierung künftig für wünschenswert erachteten Eisenbahnverbindungen den freien Anschluß an ihre Bahnen bei den von der Staatsregierung bestimmten Punkten und die Herstellung eines direkten Verkehrs zu gestatten. [...]

Die Gesellschaft ist verpflichtet, mit der Ausführung des Unternehmens längstens binnen drei Monaten zu beginnen, die neuen Bahnlinien innerhalb drei Jahren vom Tage der Ausfertigung der gegenwärtigen Konzessionsurkunde an gerechnet zu vollenden und dieselben sofort in Betrieb zu setzen. [...]

München, den 3. Januar 1862   M a x "

Diese Konzession befaßt sich ausführlich auch mit den Telegraphenleitungen, weil der Telegraph (zu deutsch: Fernschreiber) für Bahn und Post *das* Nachrichtenmittel der damaligen Zeit gewesen ist. Die Königlich Bayerischen Staatseisenbahnen hatten schon ab 1849 Zeigertelegraphen verwendet. Bei diesen drehte sich ein Zeiger über einer runden Scheibe, auf welcher die Buchstaben und die Ziffern aufgemalt waren. Damit wurde das Telegramm zwar angezeigt, aber nicht festgehalten. Dieses Nachteils wegen sind die Zeigertelegraphen zwischen 1855

Bild 34: *Morsefernschreiber, wie er bei den Kgl. Bayer. Sts. B. in Gebrauch war: rechts vorne der Taster, daneben das Relais, daneben die Blitzschutzplatte, links oben das Schreibwerk*

und 1865 nach und nach durch Morse-Schreibapparate ersetzt worden, denn die einwandfreie Verständigung der benachbarten Fahrdienstleiter über die Benutzung der Streckengleise mußte nachprüfbar sein und deshalb aufgezeichnet werden (Bild 34).

Übrigens hatte der Markt Weidenberg am 22. Mai 1861 gefordert, diese Bahn nicht über Seybothenreuth, sondern über Weidenberg – den industriell wichtigsten Punkt der Umgebung – zu leiten. Man verwies auf die Mechanische Flachsspinnerei in Laineck und auf die Gipslager mit Gipsmühle bei Döhlau, auf die sechzehn Bierbrauer und die zwei Ziegel- und Kalkbrennereien in Weidenberg sowie auf die acht Spiegelglasschleifen und drei Hammerwerke im Steinachtal und die drei Paterl-Hütten*, welche seit Jahren bedeutende Absätze nach Nordamerika, England, Afrika und Australien boten; ferner auf die Königlichen Hüttenwerke in Fichtelberg. Dieses Gesuch hatte damals keinen Erfolg – Weidenberg mußte noch fünfunddreißig Jahre auf seine Eisenbahn warten.

4.3 Ein Bahnbau ohne nennenswerte Schwierigkeiten

Man begann im April 1862, und schon im Herbst 1863 war man fix und fertig. Der Bahnkörper wurde in vorausschauender Weise für den späteren Bau eines zweiten Streckengleises bemessen (das freilich bis heute nicht notwendig geworden ist). Es sei aus den Bauakten ein Schriftstück herausgegriffen,

---

* *Paterl, Paterlein* sind Glasperlen, wie zum Beispiel am Rosenkranz, der beim Beten des *Pater*nosters, des Vaterunsers, gebraucht wird.

das zeigt, daß man auch damals schon die natürliche Landschaft nicht rücksichtslos vergewaltigt hat (Bild 35; man beachte den Vermerk des Königs und Allerhöchst – desselben schwungvolle Unterschrift!).

Die Streckenbeschreibung lautet:

> Von Weiden wendet sich die Linie mittels einer strengen Kurve nach Westen, steigt im Tale der Schweinnaab zur Höhe im Manteler Walde auf und senkt sich dann, Parksteinhütten passierend, zur Heidenaab hinunter, welche sie bei der Station Schwarzenbach erreicht. Nunmehr entwickelt sich die Trasse nach dreimaliger Überschreitung der Heidenaab zuerst an deren linker, dann an deren rechter Seite, betritt bei der Station Kemnath-Neustadt, sich nordwestlich wendend, das Tal des Flernitzbaches und gelangt endlich zur Wasserscheide zwischen Naab und Main, die sie in einer Tiefe von zwei Metern durchbricht und auf welcher sich die Station Kirchenlaibach befindet. Von hier weg fällt die Bahn im Leimbach- und Seidwitzbachtale ab zur Station Seybothenreuth und von dort weiter in koupiertem Terrain zum Tal des Roten Mains, in welches sie bei Neunkirchen gelangt. Nach zweimaliger Überschreitung des Roten Mains mündet die Linie in den Ostbahnhof Bayreuth, welcher mit dem Bahnhof der Neuenmarkt – Bayreuther Pachtbahn in unmittelbarer Gleisverbindung steht.

Die Maximalsteigung der Linie ist 1 : 100, welche jedoch nur einmal zwischen Stockau und Bayreuth angewendet wurde, sonst beträgt die größte Steigung 1 : 110. Der kleinste Kurvenhalbmesser auf freier Bahn hat eine Länge von 484 m. Die Länge der Linie beträgt 58,05 km.

An größeren Kunstbauten sind eine Anzahl Blechbalkenbrücken erwähnenswert, dann die gewölbte 15 m hohe, 25,83 m weite Bahnbrücke über den Roten Main bei Aichig und die im Übergang über das Rote Maintal vor dem Bahnhofe Bayreuth befindliche massive Brücke mit zwei gewölbten Öffnungen von je 19,85 m Lichtweite (Bild 36).

Die Bahnlinie durchschneidet bis Schwarzenbach nur quar-

Bild 35: *Ein früher Beitrag zum Schutz der Umwelt aus dem Jahr 1862*

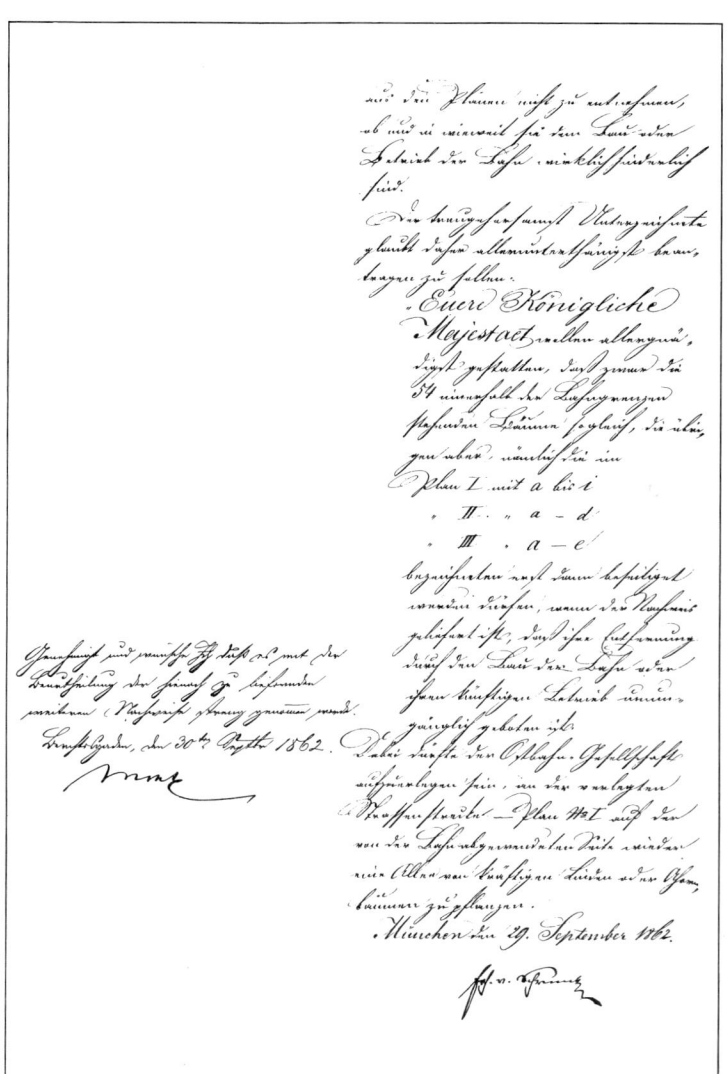

Bild 36: *Die Mainbrücke bei der Einfahrt in den Bayreuther Hauptbahnhof, 1955; Lok D XI*

täre Ablagerungen und durchzieht dann bis Bayreuth das gesamte Hauptkeuperstockwerk.

Aus Bild 37 ist die Einführung der Strecke in den Bayreuther Ostbahnhof ersichtlich und aus Bild 38 seine schon recht beachtliche Gleisanlage und seine Verbindung mit dem Staatsbahnhof, also mit dem Bahnhof der Pachtbahn Neuenmarkt – Bayreuth. Zwischen diesen beiden Bahnhöfen führte die Staatsstraße von Bayreuth nach St. Georgen – Berneck über die sechs Verbindungsgleise.

4.4 Bei der Eröffnungsfeier am 1. Dezember 1863

waren 288 illustre Persönlichkeiten zu einem riesigen Festessen geladen, unter anderen:

> 6 Minister, 2 Reichsratspräsidenten, 7 Abgeordnete des Bayerischen Landtags, 2 Regierungspräsidenten (von Oberfranken und der Oberpfalz), 1 Oberappellationsgerichtspräsident, 3 Generalstaatsanwälte, 2 Präsidenten des Obersten Rechnungshofes, 2 Direktoren der Steuerkatasterkommission und der Generalzolladministration, 1 Präsident der Generalbergwerksalinenadministration;
> die Landrichter von Amberg, Bayreuth, Eschenbach, Kemnath, Nabburg, Neustadt (Waldnaab), Schwandorf, Weiden und Weidenberg;
> die Bezirksamtmänner von Amberg, Bayreuth, Burglengenfeld, Eschenbach, Kemnath, Nabburg und Neustadt (Waldnaab),
> die Forstmeister von Amberg, Bayreuth und Weiden;
> die Bürgermeister von Bayreuth, Regensburg, München und Weiden;
> die Vorstände der Gemeindekollegien von Bayreuth, Regensburg, München und Weiden;
> die Vorstände des Handelsrates von Bayreuth, Regensburg und Weiden,
> der Präsident des Protestantischen Consistoriums, der

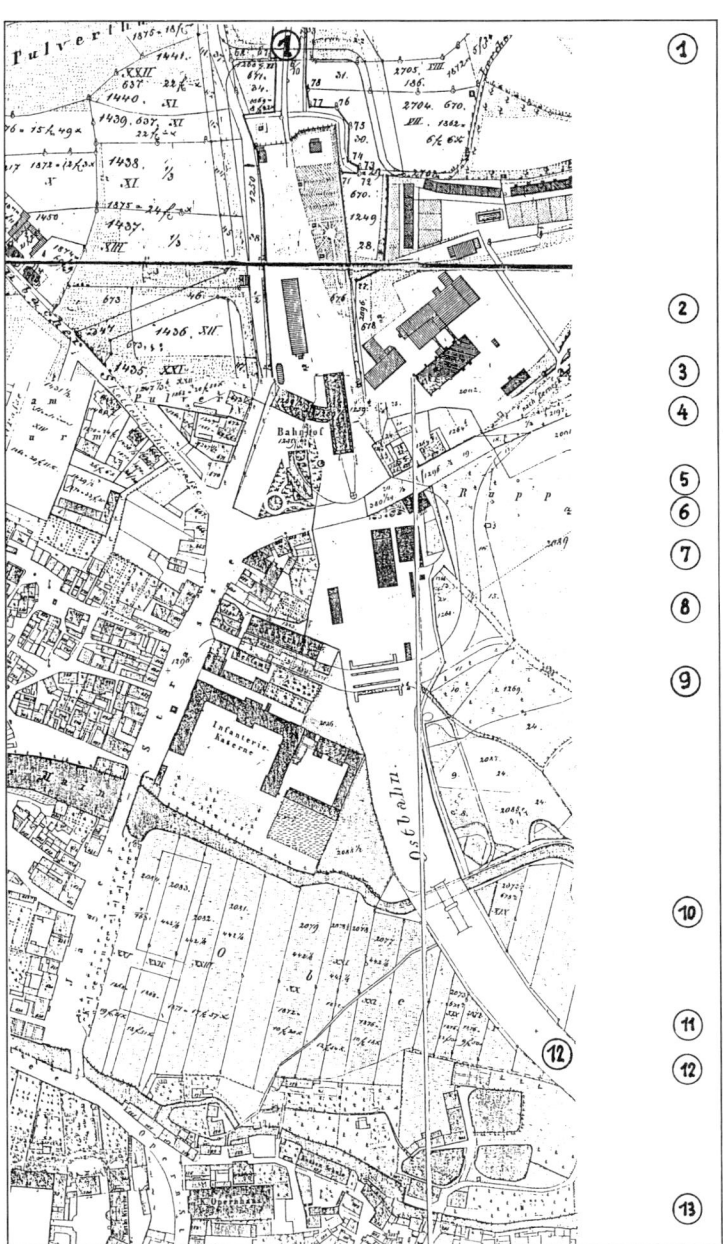

Bild 37: *Einführung der Ostbahn in den Bayreuther Bahnhof. Die Jägerstraße wurde erst 1889 in „Bahnhofstraße" umgetauft. 1 = Pachtbahn nach Neuenmarkt; 2 = Güterhalle; 3 = Spinnerei; 4 = Bahnhofsgebäude der Pachtbahn mit Einsteighalle; 5 = Kontur des jetzigen Bahnhofsgebäudes; 6 = schienengleicher Bahnübergang nach St. Georgen; 7 = alte und neue Ostbahn-Lok- und Wagenremise; 8 = Ostbahn-Güterhalle; 9 = Tunnelstraße und Tunnel vom Ende der 1870er Jahre; 10 = Ostbahnbrücke über den Roten Main; 11 = Herrenwiese (siehe Abschnitt 3.4); 12 = Ostbahn nach Weiden; 13 = Kath. Kirche und Opernhaus.*

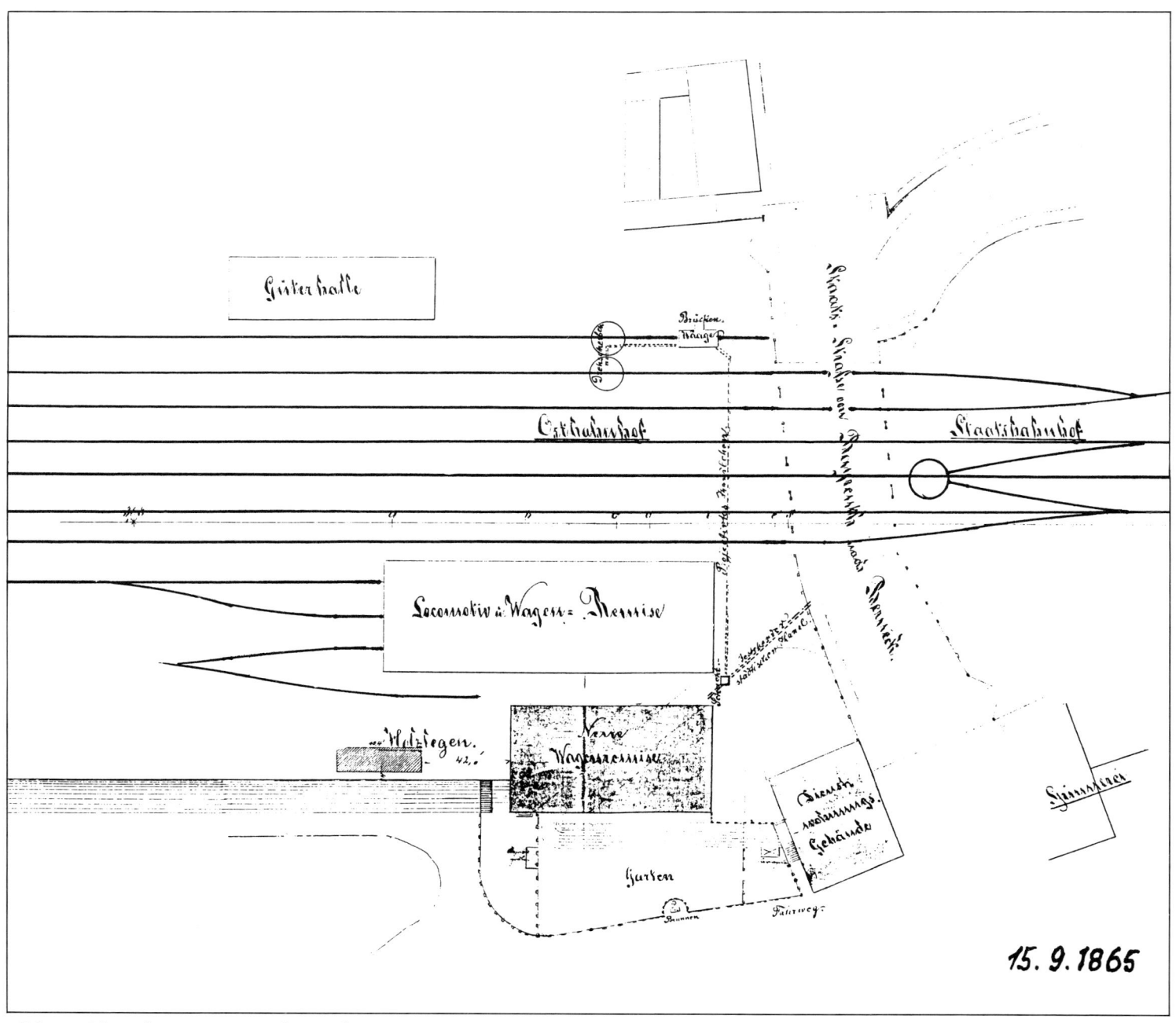

Bild 38: *Gleisanlagen in Bayreuth im Jahr 1865*

Oberconsistorialrat, die Erzbischöfe von München und von Bamberg, der Bischof von Regensburg, der Rabbiner in Bayreuth, der Gerichtsarzt in Bayreuth;
der Adjutant des Kriegsministers, ein General, 3 Regimentskommandeure, der Stadtkommandant in Bayreuth, ein Landwehroberst in Bayreuth;
der Generaldirektor der Königlich Bayerischen Verkehrsanstalten, Ostbahndirektor von Maffei, Baudirektor von Denis, die Oberpostmeister in Bamberg, Regensburg und München, die Sektionsingenieure in Bayreuth, Eger, Kemnath, Mitterteich, Nabburg, Neustadt (Waldnaab), Pressath, Reuth, Waldsassen und Weiden, der Post- und Bahnamtsvorstand in Bayreuth.

4.5 Bayreuth war nur zehn Jahre lang Sackbahnstation

Mit der Inbetriebnahme der neuen Ostbahnstrecke war die Stadt einbezogen in die große Magistrale Hof – Bayreuth – Weiden – Regensburg – $\frac{\text{München-Kufstein}}{\text{Passau}}$; Bayreuth war Durchgangsbahnhof mit beachtlicher Netzwirkung geworden.

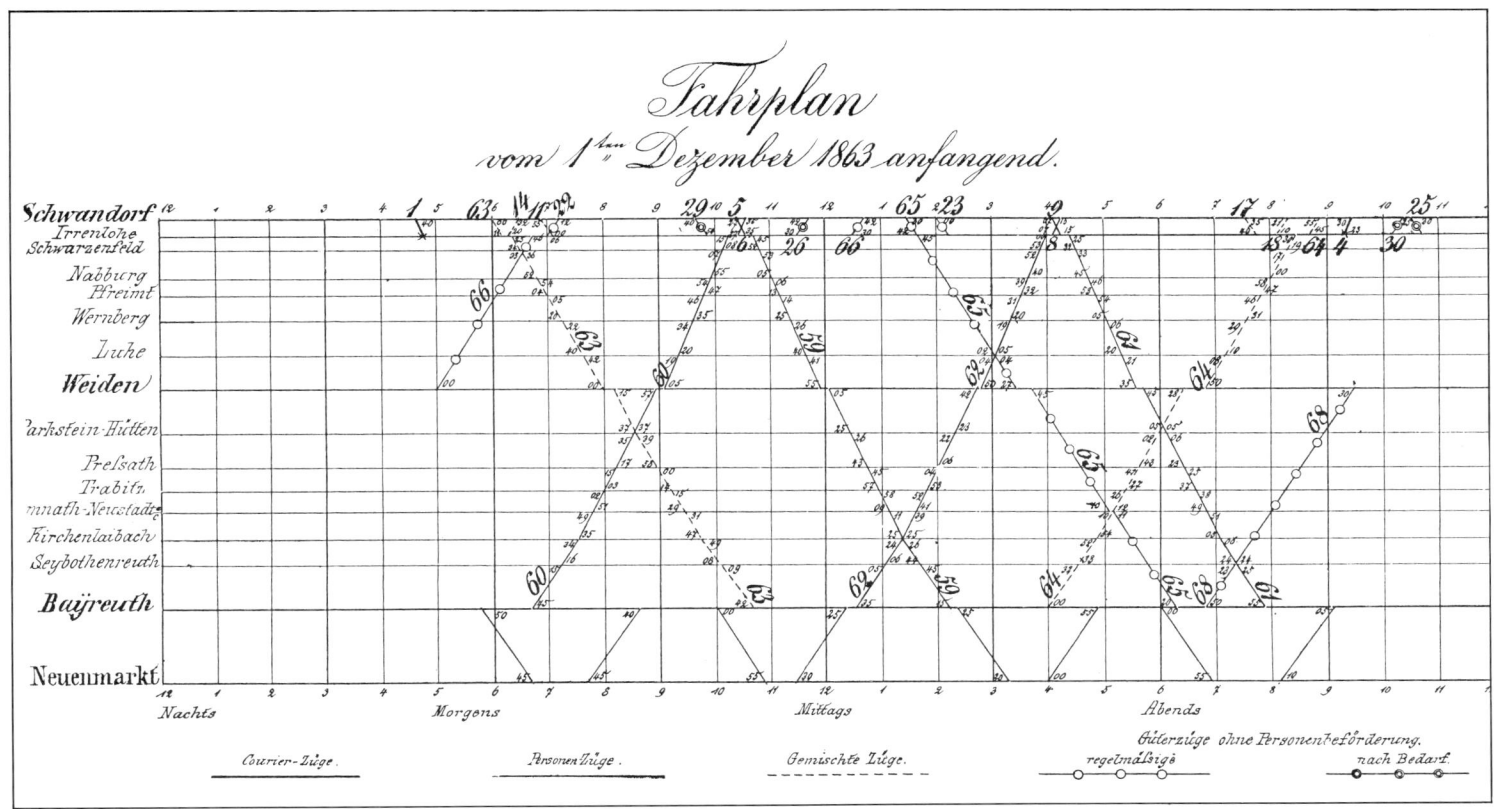

Bild 39: *Bildlicher Fahrplan vom 1. Dezember 1863, d. i. bei der Eröffnung der Ostbahnstrecke Weiden – Bayreuth*

Eine Gegenüberstellung aus jener Zeit veranschaulicht, wie die Entfernungen nach dem Süden durch den Weg über Regensburg verkürzt wurden gegenüber dem Weg über Bamberg – Nürnberg – Nördlingen – Augsburg:

Von Bayreuth
nach München   über Augsburg 52,5 Meilen, über Regensburg 40   Meilen = 24 % weniger
     Salzburg   über Augsburg 74   Meilen, über Regensburg 62   Meilen = 16 % weniger
     Rosenheim   über Augsburg 62   Meilen, über Regensburg 50   Meilen = 20 % weniger
     Kufstein   über Augsburg 67   Meilen, über Regensburg 54,5 Meilen = 19 % weniger
     Holzkirchen über Augsburg 57   Meilen, über Regensburg 45   Meilen = 21 % weniger

Da der Fahrpreis und die Fracht nach der tatsächlichen Entfernung berechnet wurden, ergaben sich nicht nur zeitliche, sondern auch fühlbare finanzielle Einsparungen für die Kunden der Eisenbahn.
Der erste Fahrplan der neuen Strecke liegt vor als „Graphikon", wie man damals sagte, in bildlicher Darstellung also (Bild 39).

Von Bayreuth fuhren ab
um   6.45 der Personenzug Nr. 60   nach Schwandorf
um 12.35 der Personenzug Nr. 62   nach Schwandorf
um 16.00 der Gemischte Zug Nr. 64 nach Schwandorf
um 18.50 der Güterzug Nr. 68   nach Weiden
in Bayreuth kamen an
um 10.42 der Gemischte Zug Nr. 63 von Schwandorf
um 14.15 der Personenzug Nr. 59   von Schwandorf
um 18.20 der Güterzug Nr. 65   von Schwandorf
um 19.55 der Personenzug Nr. 61   von Schwandorf

Auf Anschlüsse in Bayreuth hatte man noch wenig Wert gelegt; von Neuenmarkt her gab es bei den vorhandenen vier Zugpaaren nur mittags zum Zug Nr. 62
einen günstigen Übergang:
Bayreuth an 12.25 von Neuenmarkt,
Bayreuth ab 12.35 nach Schwandorf,
und in der Gegenrichtung nur bei Zug Nr. 59
Bayreuth an 14.15 von Schwandorf,
Bayreuth ab 14.25 nach Neuenmarkt.
Zugkreuzungen waren zwischen Weiden und Bayreuth vorgesehen in Parksteinhütten, Kemnath-Neustadt, Kirchenlaibach und Seybothenreuth.

Bayreuth—Weiden—Irrenlohe.

Preise der Plätze. I. | II. | III. Wagenklasse.			Stationen.	Eilzug I. II. III. Cl. No. 48	Personen-Zug I. II. & III. Classe No. 50	Güterzug mit Personen-Beförderung II. und III. Classe No. 52
fl.|kr.	fl.|kr.	fl.|kr.		Mittg	Abends	Morg.
— | —	— | —	— | —	Bayreuth . . ab	12 5	5 —	6 —
— |36	—|24	—|18	Seybothenreuth		5 23	6 27
—|45	—|30	—|21	Kirchenlaibach . .	12 33	5 37	6 46
1| 3	—|42	—|30	Kemnath-Neustadt	12 46	5 51	7 5
1|21	—|54	—|36	Trabitz		6 3	7 21
1|30	1|—	—|42	Pressath . . .	1 3	6 16	7 38
1|57	1|18	—|54	Parkstein-Hütten .	1 18	6 32	8 5
2|24	1|36	1| 6	Weiden . . an / ab	1 35 / 1 45	6 50 / 6 56	8 28 / 8 45
2|42	1|48	1|12	Luhe	2 —	7 11	9 5
3| 9	2| 6	1|24	Wernberg . . .	2 16	7 26	9 27
3|18	2|12	1|30	Pfreimt . . .	2 28	7 38	9 44
3|36	2|24	1|36	Nabburg . . .	2 37	7 46	9 58
3|54	2|36	1|45	Schwarzenfeld . .	2 50	7 59	10 17
4| 3	2|42	1|48	Irrenlohe . an	2 57 Nachm.	8 6 Abends	10 28 Vorm.

Fahrplan ab 1. Aug. 1864

Irrenlohe—Weiden—Bayreuth.

Preise der Plätze. I. | II. | III. Wagenklasse.			Stationen.	Eilzug I. II. III. Cl. No. 47	Personen-Zug I. II. & III. Classe No. 49	Güterzug mit Personen-Beförderung II. und III. Classe No. 51
fl.|kr.	fl.|kr.	fl.|kr.		Vorm.	Morg.	Nachm.
— | —	— | —	— | —	Irrenlohe . . ab	11 45	6 30	4 45
—|12	—| 9	—| 6	Schwarzenfeld . .	11 53	6 38	4 57
—|27	—|18	—|12	Nabburg . . .	12 6	6 51	5 17
—|45	—|30	—|21	Pfreimt . . .	12 14	6 59	5 30
—|54	—|36	—|24	Wernberg . . .	12 26	7 11	5 48
1|21	—|54	—|36	Luhe	12 40	7 25	6 9
1|39	1| 6	—|45	Weiden . . an / ab	12 53 / 1 —	7 38 / 7 44	6 27 / 6 50
2| 6	1|24	—|57	Parkstein-Hütten .	1 17	8 3	7 15
2|33	1|42	1| 9	Pressath . . .	1 32	8 20	7 37
2|42	1|48	1|12	Trabitz . . .		8 32	7 53
3|—	2|—	1|21	Kemnath-Neustadt.	1 50	8 45	8 10
3|18	2|12	1|30	Kirchenlaibach . .	2 2	8 58	8 29
3|27	2|18	1|33	Seybothenreuth		9 12	8 46
4| 3	2|42	1|48	Bayreuth . . an	2 20 Nachm.	9 35 Vorm.	9 15 Abends

Bild 40: Aus dem Kursbuch vom 1. August 1864: Die Ostbahnstrecke Bayreuth – Weiden – Irrenlohe

Nach dem Kursbuch vom 1. August 1864 (Bild 40) aber hatten schon zwei von den drei Weidener Zugpaaren in Bayreuth günstige Anschlüsse von und nach Neuenmarkt.

Nun bot sich zum Beispiel folgende Fernverbindung von Bayreuth nach München:

Bayreuth ab	6.00
Weiden	8.28/45
Irrenlohe	10.28/45
Schwandorf	10.53/11.00
Regensburg	12.10/35
Geiselhöring	13.28/45 Anschluß nach Straubing (an 14.11), Passau (an 16.42)
Landshut	15.05/15
München an	17.30

Man mußte nur in Irrenlohe umsteigen.

Eine Fahrt von München nach Bayreuth gestaltete sich wie folgt:

München ab	5.45
Landshut	7.53/8.02
Geiselhöring	9.09/14 Anschluß von Passau (ab 5.00), Straubing (ab 8.22)
Regensburg	10.08/18
Schwandorf	11.23/30
Irrenlohe	11.38/45
Weiden	12.53/13.00
Bayreuth an	14.30

Man brauchte auch in dieser Verbindung nur in Irrenlohe umzusteigen.

Die Reise von München nach Bayreuth dauerte demnach 8 Stunden 45 Minuten, das ergibt eine Reisegeschwindigkeit

(= unter Einrechnung der Aufenthalte) von 32 km/h. Als Höchstgeschwindigkeit waren damals für Eilzüge 59 km/h zugelassen.

Zum Vergleich heute
von München auf dieser Strecke mit D 2067
München ab 14.47 umsteigen in
Weiden 17.20/26
Bayreuth an 18.21

Hieraus resultiert eine Reisedauer von 3 Stunden 34 Minuten und eine Reisegeschwindigkeit von 80 km/h.

In Richtung Neuenmarkt bietet dieses frühe Kursbuch vom 1. August 1864 zum Beispiel folgende beachtliche Fernverbindungen an:

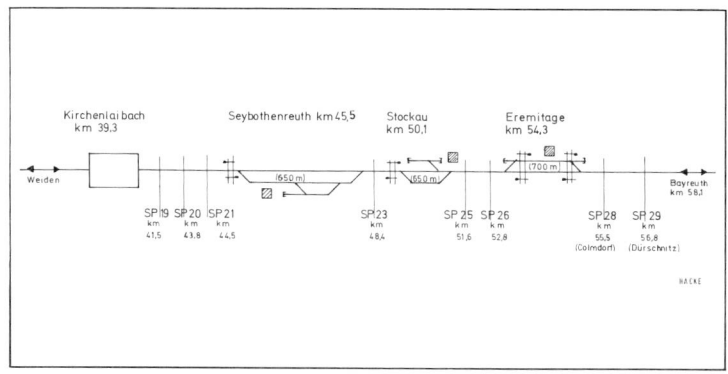

Bild 41: *Gleisanlagen Bayreuth – Kirchenlaibach (schematisch/Grafik: Heinz Hacke)*

Bayreuth ab	5.50	9.50	14.40	18.00
Hof an	9.50	14.50	17.00	22.30
Leipzig an	16.25	Cassel an 22.00	Leipzig an 21.30	
Dresden an	22.00	Coburg an 15.12		Coburg an 22.10
Berlin an	21.45	Erfurt an 21.09		

Im internationalen Verkehr gab es zwischen Cöln und Wien schon Courierzüge ohne Wagenwechsel.

Die Ostbahn machte darauf aufmerksam, daß mit den Courierzügen Passagiere nur in der I. und II. Klasse befördert würden, mit den Personenzügen in der I., II. und III. Klasse, mit den Güterzügen nur in der II. und III. Klasse.

In Bayreuth wurden bereits „direkte Personenbillette" verkauft nach Taus, Pilsen, Prag und nach den Bahnhöfen Beraun und Rotzikan an der Strecke Pilsen – Prag.

4.6 Der Reisedienst der Post

versorgte nur mehr die von der Eisenbahn noch nicht berührten Gebiete; der Postomnibus zwischen Bayreuth und Weiden ist gleichzeitig mit der Inbetriebnahme dieser Ostbahnstrecke eingestellt worden.

In Bayreuth kamen in den Morgenstunden noch folgende Postkutschen an:
8.00 Uhr von Weidenberg
8.30 von Thurnau
9.00 von Hollfeld
9.00 von Berneck
9.30 von Pegnitz – Creußen
Sie hatten Anschluß zu dem Zug um 9.50 Uhr nach Neuenmarkt.
Abends fuhren die Postkutschen in Bayreuth ab:
17.15 Uhr nach Weidenberg
17.15 nach Hollfeld
17.15 nach Berneck
17.15 nach Creußen – Pegnitz
17.30 nach Thurnau
Sie nahmen Anschluß von dem Zug aus Neuenmarkt auf, Bayreuth an 16.55 Uhr.

Der Postomnibus nach Waischenfeld – Streitberg fiel etwas aus der Reihe: Er fuhr in der Frühe um 5.00 Uhr in Bayreuth ab und kam abends um 20.05 Uhr zurück. Zu diesen Zeiten gab es keine Zuganschlüsse.

4.7 Unterwegs bis Kirchenlaibach

(Bild 41). Noch innerhalb des Bayreuther Stadtgebiets, an der Dürschnitz, überquert die Bahn die Richard-Wagner-Straße in Schienenhöhe beim Schrankenposten 29 (Bild 42).

Auch die alten Ostbahnbrücken haben ihren eigenen Stil; man ließ die Wölbung nicht korbbogenartig in die senkrechten Wände übergehen: Bild 43 zeigt die Überführung der Wunaustraße bei Eremitage, Bild 44 die Bahnbrücke über die Ortsstraße in Seybothenreuth.

Eremitage ist erst am 1. Dezember 1910 als Haltepunkt eingerichtet worden (Bild 45); 1939 wurde ein Kreuzungsgleis angelegt und ein kleines Stellwerk dazu, die beide 1971 wieder verschwanden. Seit 1973 halten auch keine Züge mehr in Eremitage.

Stockau wird um 1876 erstmals im Fahrplan genannt. Dieser Bahnhof hat ein Kreuzungsgleis und hatte ein Ladegleis; das Bahnhofsgebäude stammt von 1883 (Bild 46).

Seybothenreuth (Bild 47) ist schon im ersten Fahrplan aufgeführt. Das Kreuzungsgleis und das Ladegleis sind 1977 ent-

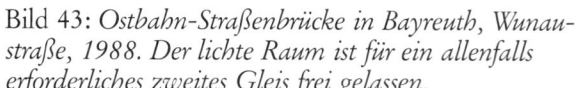

Bild 42: *Schienengleicher Bahnübergang an der Dürschnitz in Bayreuth um 1960 (Foto: R. Adler)*

Bild 43: *Ostbahn-Straßenbrücke in Bayreuth, Wunaustraße, 1988. Der lichte Raum ist für ein allenfalls erforderliches zweites Gleis frei gelassen.*

Bild 44: *Ostbahnbrücke in Seybothenreuth, 1954; daneben das Weichenwärterhäuschen und die Ausfahrsignale nach Kirchenlaibach*

Bild 45: *Haltepunkt Eremitage, Mitte der 1930er Jahre (aus Sammlung D. Härtl)*

Bild 46: *Bahnhof Stockau 1988; die Gebäude sind verkauft, offenbar sind Bauarbeiten im Gange.*

Bild 47: *Bahnhof Seybothenreuth in seiner besten Zeit: 1954; links das Eisenbahnerwohnhaus*

Bild 48: *Der idyllische Schrankenposten 23 zwischen Stockau und Seybothenreuth, 1949. Es ist alles da: das bayerische „Schmetterling"-Vorsignal, das Wärterhaus mit der großen 23 und die Wellblechbude, die Läutebude, die Schranke, die Schrankenwärterin und der Kinderwagen. Lok 42 538*
– Bild 49: *Schrankenposten 21 zwischen Seybothenreuth und Kirchenlaibach, 1949. Vor dem Wohnhaus die Läutebude und die Fernsprechbude, unten der Dienstraum, die Schrankenkurbel und die Schranke*

Bild 50: *Bahnhof Kirchenlaibach im Jahre 1902 mit Lok BV LANDSHUT und Personal; noch keine Bahnsteigunterführung; Außenbeleuchtung durch Petroleumlampen*

fernt worden; seitdem gilt Seybothenreuth als Haltepunkt. Zwei idyllische Schrankenposten in der Nähe von Seybothenreuth sieht man auf den Bildern 48 und 49: die einstigen Posten 23 zwischen Stockau und Seybothenreuth und 21 zwischen Seybothenreuth und Kirchenlaibach. Man beachte die Läutebuden: Bei ihnen löste ein elektrischer Impuls ein Laufwerk aus, das durch ein schweres Gewicht angetrieben wurde. Es setzte die Hämmer in Gang, die an die Glockenschalen schlugen. Ihr melodischer Klang unterrichtete den Schrankenwärter, daß und aus welcher Richtung ein Zug auf ihn zukam: wenn *einmal* 5 Glockenschläge ertönten, war ein Zug von Kirchenlaibach zu erwarten, bei *zweimal* 5 Glockenschlägen dagegen einer von Bayreuth. Vor Einführung der Läutewerke, das ist bis zum Jahr 1870, konnten die Bahn- und Schrankenwärter nur durch Signale mit Fahnen, Laternen und „Trompeten" verständigt werden, die von Posten zu Posten weitergegeben wurden. Man benötigte daher viele derartige Signalposten, sie durften nur auf Sicht- und Hörweite voneinander entfernt sein. – Die Läutewerke sind um das Jahr 1960 herum abgeschafft worden; in der Schweiz gibt es sie heute noch.

Der Bahnhof *Kirchenlaibach* ist erst 1877/78 großzügig ausgestaltet worden, weil er mit Eröffnung der im folgenden Abschnitt beschriebenen Fichtelgebirgsbahn zu einem bedeutenden Knotenbahnhof von zwei sich schneidenden Strecken geworden ist. Es entstand hier eine ausgedehnte Gleisanlage mit elf Hauptgleisen (für die Ein- und Ausfahrten der Züge), davon sieben mit Bahnsteigen; in südlicher Richtung folgen vier Nebengleise, dann die Zuführungs- und Hinterstellgleise des Bahnbetriebswerks. Zu ihm gelangt man über einen langen Steg, der die ganze Anlage überspannt. Der große Lokschuppen hatte 21 Stände, die über eine Drehscheibe erreicht wurden. An der Nordseite sind einige Ladegleise.

In dem stattlichen Bahnhofsgebäude (Bild 50) reiht sich Raum an Raum, ursprünglich mit folgender Zweckbestimmung: an der Gleisseite von links nach rechts das Telegraphenzimmer, das Jourzimmer (= Fahrdienstleiter), das Bureau des Bahnhofvorstands, das Billett- und Gepäcklokal, der Wartesaal III. Klasse, das Buffet und der Wartesaal I. und II. Klasse; an der Straßenseite gegenüber dem Telegraphenzimmer der Raum für das Stationspersonal, dann für die Stations- und Wagenmeister, der für den Portier, das Treppenhaus, die Eingangshalle (Bild 51), das Transitbureau, die Wagenkontrolle, die Toiletten. Heute werden die umfänglichen Gleisanlagen – soweit überhaupt noch vorhanden – und das riesige Bahnhofsgebäude kaum mehr genutzt; auch das Gelände des Bahnbetriebswerks ist verwaist (Bild 52).

Bild 51: *Bahnhofsgebäude Kirchenlaibach, 1988. In der „Eingangshalle" von der Straße her ist schöner Stuck aus der Gründerzeit erhalten geblieben.*

Bild 52: *Das verwaiste Gelände des ehemaligen Bahnbetriebswerks Kirchenlaibach, 1989; nur der hohe Wasserturm erinnert noch an die einstige Zweckbestimmung der ausgedehnten Anlage.*

Bayreuth und die Fichtelgebirgsbahn

5.1 Ein alter Bayreuther Wunsch: Die direkte Anbindung an Nürnberg

Eine Bahn von Nürnberg über Baiersdorf oder Forchheim und über die Höhen der Fränkischen Alb nach Bayreuth, weiter über das Fichtelgebirge nach Hof – das war schon seit 1836 (!) ein ständiges Sinnen und Trachten der Stadt Bayreuth gewesen (siehe Kapitel „Bayreuth in vorderster Linie"), aber die Eisenbahningenieure scheuen beharrlich vor der Übersteigung der Gebirge zurück.

Im Jahr 1863 sind erneut zwei solche Projekte bearbeitet worden, das erste: Von der Ludwigs-Süd-Nordbahn abzweigend in Nürnberg-Doos oder in Erlangen über Eschenau – Gräfenberg – Pegnitz – Creußen nach Bayreuth; das zweite: Von der Ludwigs-Süd-Nordbahn abzweigend in Baiersdorf oder Forchheim über Ebermannstadt – Muggendorf nach Bayreuth. Schließlich wurde noch eine dritte Variante untersucht: Von Nürnberg längs der Ostbahnstrecke nach Hersbruck und durch das Pegnitztal über Velden – Neuhaus – Pegnitz – Schnabelwaid und das Rotmaintal nach Bayreuth.

Nach der Beurteilung durch die Generaldirektion der Königlich Bayerischen Verkehrsanstalten vom 23. Oktober 1867 erwiesen sich nur die Linie über Muggendorf und die über Hersbruck als technisch ausführbar, „da sie das kleinste Kapital für Bau und Betrieb beanspruchen". Da aber die Bahn über Muggendorf „einen sehr schwierigen Betrieb in Aussicht stellt, welcher außer den Kosten auch Gefahren und eine geringe Leistungsfähigkeit zur Folge hätte, und da wegen Durchbrechung eines 7 770 Fuß (= 2,3 km) langen Tunnels bei Muggendorf eine sehr hinausgezogene Bautätigkeit" erforderlich würde, entschied man sich für die Linie über Hersbruck. Das ist einigermaßen erstaunlich, denn auch bei dieser Trasse wurden sieben Tunnels mit einer Gesamtlänge von 1 502 m nötig, und parallel zur Ostbahnstrecke Nürnberg – Hersbruck (links Pegnitz) – Amberg mußte auf dem rechtsseitigen Pegnitzufer eine weitere gelegt werden, da die Staatsbahn dieses Privatbahn-Zwischenstück nicht zu akzeptieren bereit war.

Die Städte Bayreuth, Creußen und Pegnitz bekunden in einem gemeinsamen Schreiben vom 9. Februar 1868 an den König, daß die Freude hierüber groß sei und daß man dem Gefühl Ausdruck gebe, für die wohlwollende Berücksichtigung auch des Oberfränkischen Kreises den innigsten Dank auszusprechen. „Die Klagen, daß gerade der große Teil Oberfrankens teils von der Benutzung der Schienenwege ganz ausgeschlossen war, teils doppelten Umweg zu überwinden hatte, werden endlich verstummen."

Mit Gesetz vom 29. April 1869, „die Ausdehnung und Vervollständigung der Bayerischen Staatsbahnen […] betreffend", beschließt König Ludwig II. den Bau von zweiundzwanzig mehr oder weniger langen Strecken, von denen elf „zunächst zur Ausführung kommen" sollen, darunter Nürnberg – Hersbruck – Bayreuth, wofür ein Bauaufwand von 15,73 Millionen Gulden festgesetzt wird.

Während des Deutsch-Französischen Krieges 1870/71 scheint die Sache geruht zu haben; die Akten schweigen sich für diese Zeit ziemlich aus. Aber mit Schreiben vom 20. Januar 1872 drängt das Bayreuther Eisenbahnkomitee, die Grunderwerbungen und „Veraccordierungen" der Bahnbauten unverweilt anzuordnen.

Vom 28. Januar 1872 datiert die Bitte der Generaldirektion der Königlich Bayerischen Staatseisenbahnen, der König möge nunmehr auch die Baugenehmigung für den Abschnitt Hersbruck – Bayreuth erteilen, in welchem vierzehn Pegnitzbrücken von 20–36 m Lichtweite, sieben Tunnels und fünf Pegnitzkorrekturen notwendig würden.

5.2 Ein Intermezzo

Am 8. August 1872 gehen Banquier Friedrich Feustel und Spinnereidirektor Carl Kolb aus Bayreuth in die vollen: Sie möchten ein Konsortium gründen zum Bau und Betrieb folgender (Privat-)Bahnen:

> von Bayreuth nach Forchheim,
> von Bayreuth nach Mainleus,
> von Bayreuth über Weidenberg – Berneck – Gefrees nach Eger,
> von Gefrees über Münchberg nach Naila bzw. Eichicht.

Sie bitten das Staatsministerium des Königlichen Hauses und des Äußeren um die Konzession für diese Strecken.
Dieses Ansinnen wird sozusagen postwendend abgelehnt.

5.3 Die Fichtelgebirgsbahn endet (zunächst) in Bayreuth

Am 27. Oktober 1874 verordnet König Ludwig II. in Vorderriß die Errichtung einer Bausektion Bayreuth.
Die Bauarbeiten im Abschnitt Schnabelwaid – Bayreuth begannen im Spätsommer 1875; über sie enthalten die Akten wenig Nennenswertes, auch nicht über die Eröffnung der

Strecke am 15. Juli 1877, die ohne großes Zeremoniell stattfand. Für den 18,2 km langen Abschnitt Schnabelwaid – Bayreuth wurden aufgewendet:

für den Bahnkörper	3,1 Mio Mark
für Gebäude samt Einrichtungen	1,0 Mio Mark
für Aufsicht und Verwaltung	0,3 Mio Mark
für Fahrzeuge	0,7 Mio Mark
zusammen	5,1 Mio Mark,
pro km also	280 000 Mark.

5.4 Aus der (damaligen) amtlichen Beschreibung

Die romantische Strecke Nürnberg – Bayreuth, die die Hersbrucker Schweiz im Tal der Pegnitz durchquert und zu den schönsten in Nordbayern zählt, geht vom Bahnhofe Nürnberg in östlicher Richtung ab und zieht sich, von der früheren Ostbahnlinie Nürnberg – Amberg links abzweigend, an der sog. Tullnau vorüber und kurz darauf, indem sie die Pegnitz überschreitet, nach St. Jobst. Von da bleibt dieselbe unter Berührung der Städte Lauf und Hersbruck bis über Hohenstadt am rechtsseitigen Gehänge des Pegnitztales im Keupergebiete. Kurz nach Hohenstadt überschreitet sie abermals die Pegnitz und wechselt dann rasch und oft, die kurzen Windungen des Flusses abschneidend und dabei wiederholt Flußkorrektionen und Überbrückungen veranlassend, die beiden Talseiten bis in die Nähe der Stadt Pegnitz, woselbst sie sodann den Fluß für immer verläßt, nachdem sie ihn von Nürnberg aus im ganzen 29mal überschritten hat.

Auf diesem beschriebenen Wege durchbricht die Bahn, zwischen den Orten Hohenstadt und Pegnitz größtenteils schwach steigend, die innerhalb der Flußkrümmungen vorgeschobenen Felsenköpfe, anfangs der Keuper-, dann der Juraformation angehörend, teils mittels bedeutender Einschnitte, teils, und zwar speziell zwischen Vorra und Neuhaus, mittels sieben Tunnels.

Von Pegnitz steigt die Bahn in nördlicher Richtung an und führt, indem sie bei Buchau den Zipserberg mittels eines tiefen Einschnittes durchbricht, im braunen Jura bis Schnabelwaid, dann weiter in nördlicher Richtung mit Gefälle gegen Creußen hin, führt an diesem Orte, welcher links liegen bleibt, vorüber, senkt sich am Gehänge des rechtsseitigen Mainufers bis an die Eimersmühle und überschreitet hier auf einem hohen Damme und einer in demselben liegenden Brücke das Tal des Roten Mains. Von hier aus zieht sie sich so ziemlich in der Richtung der von Creußen nach Bayreuth führenden Staatsstraße an den Ortschaften Neuenreuth und Thiergarten vorüber, kreuzt sodann bei Oberkonnersreuth die genannte Staatsstraße und trifft in kurzer Entfernung hiervon mit der Weiden – Bayreuther Bahn zusammen, mit welcher sie sodann in paralleler Richtung bis in den Bahnhof Bayreuth sich fortsetzt.

Die Länge der im Keuper liegenden Bahn beträgt von der Mitte der Station Schnabelwaid bis Mitte Bahnhof Bayreuth 18,2 km. Der Gesamthöhenunterschied der Endpunkte Schnabelwaid und Bayreuth beträgt 127,66 m mit nur einer geringen verlorenen Steigung am Eingang in den Bahnhof Bayreuth. Es sind Steigungen bis zu 1 : 90 oder 11,11 ‰ und Kurvenradien bis zu 470 m in Anwendung gebracht, wodurch derselbe Zugs-Maximalwiderstand entsteht, wie auf der als Fortsetzung dienenden Strecke Bayreuth – Neuenmarkt.

Wie bereits bemerkt, erforderte die Fichtelgebirgsbahn sehr bedeutende Bauanlagen. Hiervon sind nachstehende hervorzuheben, welche zum größten Teile schon kurz erwähnt wurden:

a) 29 Brücken über die Pegnitz oder deren Hochwassergebiet zwischen Nürnberg und Stadt Pegnitz. Drei dieser Brücken sind gewölbt bis zu 12 m Spannweite, die übrigen 26 mit steinernem Unterbau und eiserner Fahrbahn von 20–36 m Stützweite konstruiert. Die bedeutendste dieser Brücken ist die zwischen Nürnberg und St. Jobst befindliche Flutbrücke, welche bis zur Bahnplanie 9,2 m hoch ist und drei mit Fachwerksträgern überspannte Öffnungen von je 36 m Stützweite hat;

b) die Brücke über das Bitterbachtal vor der Station Lauf in einem 14 m hohen Damme, gewölbt, mit fünf Öffnungen von je 8 m Spannweite;

c) der Viadukt unmittelbar vor der Station Hersbruck bei dem Orte Altensittenbach in einem 9 m hohen Damme mit acht gewölbten Öffnungen von je 8,5 m Spannweite;

d) drei bedeutende Einschnitte bei teilweise hartem Gestein und großem Wasserandrange kurz vor der Station Pegnitz bei Hainbronn, bei Pegnitz selbst und kurz nach Pegnitz bei Buchau. Der ersterwähnte Einschnitt hat bei 200 m Länge 17 m größte Tiefe; der zweite bei 250 m Länge 12 m größte Tiefe; der dritte bei 300 m Länge 27,5 m größte Tiefe;

e) die sieben Tunnels zwischen den Stationen Vorra und Neuhaus, und zwar zwei davon vor, die anderen fünf nach der Station Rupprechtstegen, sämtlich durch Kalk- und Dolomitgestein gebrochen, und mit Ausnahme des einen durch die Sonnenburg bei Velden, sämtlich ausgemauert. Der Reihenfolge nach durchbrechen diese Tunnels

den „Vogelherd" bei 50 m Berghöhe und 256 m Rohrlänge,
die „Platte" bei 67 m Bergh. und 268 m Rohrl.,
den „Rothenfels" bei 68 m Bergh. und 218 m Rohrl.,
(Bild 53)
die „Hufstätte" bei 33 m Bergh. und 80 m Rohrl.,
die „Sonnenburg" bei 40 m Bergh. und 190 m Rohrl.,
den „Gotthardsberg" bei 52 m Bergh. und 320 m Rohrl.
und endlich
den „Haidenhübel" bei 30 m Bergh. und 170 m Rohrl.;

Bild 53: *Tunnel Rothenfels bei Rupprechtstegen entläßt einen Schnellzug mit Lok S 3/6 18 472 im Jahr 1938 (Foto: Ernst Köditz).*

Bild 54: *Beschleunigter Personenzug 861 mit Lok S 3/5 auf der Eimersmühlbrücke in Neuenreuth b. Creußen, 1928 (Foto: Ernst Köditz)*

f) die Brücke über den Roten Main bei der Eimersmühle (Bild 54). Dieselbe in einer Kurve von 600 m Radius liegend hat zwei Öffnungen bei einer Höhe von 18 m über dem Wasserspiegel. Widerlager und Pfeiler sind gemauert.

Die Weiterführung der Fichtelgebirgsbahn war nicht von vornherein klar. Zunächst wollte man in der Nähe von Neuhaus ausscheren und über Auerbach – Kirchenthumbach – Kirchenlaibach weiter nach Marktredwitz – $\frac{\text{Eger}}{\text{Hof}}$.

Als man sich schließlich zu der Abzweigung in Schnabelwaid direkt nach Kirchenlaibach durchgerungen hatte, wurde von Bayreuther Seite deutlich darauf hingewiesen, daß diese Trasse in geringer Entfernung südöstlich der Stadt durch eine dünnbevölkerte und industriearme Gegend führe …

Am 15. August 1877 wurde der Abschnitt Oberkotzau – Holenbrunn und am 15. Mai 1878 der restliche Abschnitt Holenbrunn – Schnabelwaid in Betrieb genommen.

5.5 Das bayerische Eisenbahnnetz

hatte sich inzwischen wesentlich verdichtet (Bild 55). Zum 1. Januar 1876 war die private Ostbahn vom Staate angekauft worden, hauptsächlich um die gegenseitige Konkurrenz auf dem Gebiet der Personen- und Gütertarife zu beenden. Bayreuth hatte durch die Fichtelgebirgsbahn die gewünschte direkte Verbindung mit Nürnberg erhalten und über Kirchen-

Bild 55: *Bayerische Eisenbahnen im Jahr 1876*

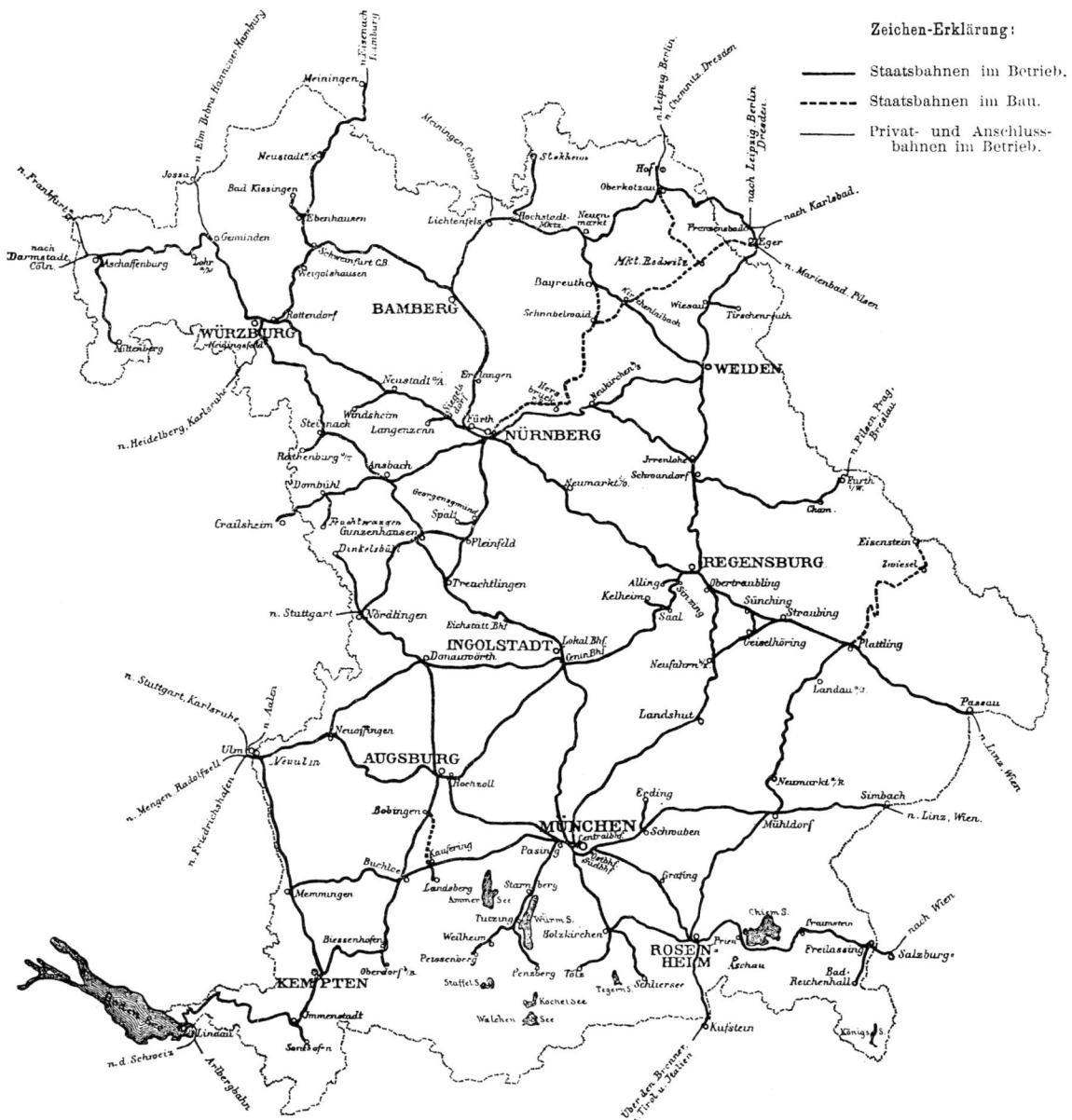

№ 72. Nürnberg—Schnabelwaid—Bayreuth.

Entfernung	Billetpreise I. Cl.	II. Cl.	III. Cl.	Stationen.	931 Gem. Zug	585 Pers. Zug	933 Gem. Zug
Kil.	Markpfennige ab Nürnberg			Nürnberg⁴ . . . . . ab	5 00	1 40	8 00
4	35	25	15	St. Jobst . . . . . „	5 11	1 50	8 09
10	80	55	35	Behringersdorf . . . „	5 26	2 03	8 21
13	105	70	45	Rückersdorf . . . . „	5 33	2 09	8 27
17	140	95	60	Lauf r/Pg. . . . . . „	5 45	2 19	8 37
20	160	110	70	Schnaittach¹⁸ . . . „	5 54	2 27	8 44
25	200	135	85	Reichenschwand . . „	6 05	2 37	8 53
28	225	150	100	Hersbruck r/Pg.⁵ . . „	6 17	2 45	9 01
34	275	185	120	Hohenstadt . . . . . „	6 31	2 58	9 14
40	320	215	140	Vorra . . . . „	6 46	3 11	9 30
45	360	240	155	Rupprechtstegen¹³ . „	7 00	3 22	9 44
51	410	275	175	Neuhaus¹⁴ . . . . . „	7 19	3 39	10 03
55	440	295	190	Ranna . . . . „	7 28	3 47	10 11
61	490	325	210	Michelfeld¹⁵ . . . . „	7 44	4 01	10 32
67	540	360	230	Pegnitz¹⁶ . . . . . „	8 01	4 14	10 49
75	600	400	255	Schnabelwaid . . . „	8 23	4 32	11 12
81	650	430	280	Creußen¹⁶ᵃ . . . . . „	8 39	4 45	11 28
85	680	455	290	Neuenreuth . . . . „	8 50	4 54	11 40
94	755	500	320	Bayreuth¹⁷ . . . an	9 10	5 10	12 00

№ 73. Bayreuth—Schnabelwaid—Nürnberg.

Entfernung	Billetpreise I. Cl.	II. Cl.	III. Cl.	Stationen.	930 Gem. Zug	584 Pers. Zug	932 Gem. Zug
Kil.	Markpfennige ab Bayreuth			Bayreuth¹⁷ . . . . . ab	4 45	2 00	6 20
9	75	50	35	Neuenreuth . . . . „	5 05	2 17	6 42
13	105	70	45	Creußen¹⁶ᵃ . . . . . „	5 18	2 27	6 57
19	155	105	65	Schnabelwaid . . . „	5 34	2 40	7 15
27	220	145	95	Pegnitz¹⁶ . . . . . „	5 56	2 57	7 38
33	265	175	115	Michelfeld¹⁵ . . . . „	6 12	3 10	7 55
39	315	210	135	Ranna . . . . „	6 27	3 24	8 11
43	345	230	150	Neuhaus¹⁴ . . . . . „	6 40	3 36	8 24
49	395	260	170	Rupprechtstegen¹³ . „	6 57	3 49	8 41
54	435	290	185	Vorra . . . . „	7 09	4 00	8 54
60	480	320	205	Hohenstadt . . . . . „	7 24	4 13	9 12
66	530	350	225	Hersbruck r/Pg.⁵ . . „	7 42	4 27	9 28
69	555	370	235	Reichenschwand . . „	7 50	4 34	9 37
74	595	395	255	Schnaittach¹⁸ . . . „	8 03	4 44	9 51
77	620	410	265	Lauf r/Pg. . . . . . „	8 13	4 53	10 03
81	650	430	280	Rückersdorf . . . . „	8 23	5 02	10 11
84	675	450	290	Behringersdorf . . . „	8 30	5 08	10 22
90	720	480	310	St. Jobst . . . . . „	8 46	5 22	10 39
94	755	500	320	Nürnberg⁴ . . . . . an	8 55	5 30	10 50

Bild 56: *Aus dem Kursbuch vom 15. Oktober 1877: die Züge der neuen Strecke Nürnberg – Bayreuth*

laibach – Eger mit dem in der heutigen ČSFR gelegenen Böhmen.
Aber die Mobilität und das Reisebedürfnis der Bevölkerung sind wohl noch nicht gerade überwältigend gewesen: Nach dem ersten Fahrplan vom *15. Oktober 1877* (Bild 56) genügten zwischen Bayreuth und Nürnberg sechs durchgehende Züge (also ohne Umsteigen):

    Bayreuth ab 4.45, Nürnberg an 8.55
    Bayreuth ab 14.00, Nürnberg an 17.30
    Bayreuth ab 18.20, Nürnberg an 22.50
    Nürnberg ab 5.00, Bayreuth an 9.10
    Nürnberg ab 13.40, Bayreuth an 17.10
    Nürnberg ab 20.00, Bayreuth an 24.00.

Es handelte sich um vier Gemischte Züge (d. h. für Personen- und Güterbeförderung) morgens und abends mit einer Fahrzeit von 4 – 4½ Stunden und um die zwei nachmittags verkehrenden Personenzüge mit einer Fahrzeit von 3½ Stunden. Für letztere errechnet sich eine Reisegeschwindigkeit von 27 km/h – heute fährt die Regionalschnellbahn von Nürnberg nach Bayreuth 57 Minuten bei einer Reisegeschwindigkeit von 99 km/h.
Ein Billett von Bayreuth nach Nürnberg kostete
    in der I. Klasse 7,55 ℳ,
    in der II. Klasse 5,– ℳ,
    in der III. Klasse 3,20 ℳ.
Bei einzelnen Zügen bestanden in Bayreuth Eisenbahnanschlüsse von und nach Neuenmarkt bzw. Weiden. Auch die Postkutsche war in Bayreuth noch dienstbereit:
von und nach Waischenfeld – Muggendorf, Berneck – Bischofsgrün, Hollfeld und Thurnau.

Im Fahrplan vom *Mai 1880* laufen die Züge von Nürnberg über Schnabelwaid – Marktredwitz nach Hof durch und umgekehrt, so daß in *dieser* Relation nicht umgestiegen zu werden braucht, während in Schnabelwaid von und zu jedem dieser Züge kurze Anschlüsse nach und von Bayreuth eingerichtet sind; zwischen Schnabelwaid und Bayreuth gibt es hierfür fünf Zugpaare.
Im Fahrplan vom *1. Juni 1890* erscheint schon ein zuschlagpflichtiges Schnellzugpaar:
Stuttgart (ab 7.20) – Crailsheim (ab 10.05) – Nürnberg (ab 12.14) – Kirchenlaibach (ab 14.14, mit Anschluß von und nach Bayreuth) – Marktredwitz (ab 14.50) – Eger (an 15.23) – Carlsbad (an 17.20) – Prag (an 21.50)
  und in der Gegenrichtung
Prag (ab 7.00) – Carlsbad (ab 11.28) – Eger (ab 13.00) – Marktredwitz (ab 13.34) – Kirchenlaibach (ab 14.10, mit Anschluß von und nach Bayreuth) – Nürnberg (an 16.05) – Stuttgart (an 20.55).

Der Fahrplan vermerkt jeweils: „Im Zuge befindet sich ein Restaurationswagen."
In Schnabelwaid bzw. in Kirchenlaibach brauchte von und nach Bayreuth nicht immer umgestiegen zu werden, es gab auch durchlaufende Züge, zum Beispiel Pegnitz – Bayreuth und umgekehrt, Nürnberg – Bayreuth und umgekehrt, Carlsbad – Eger – Bayreuth und umgekehrt. Die Fahrzeit von Nürnberg nach Bayreuth war auf drei Stunden zurückgegangen. Zwischen Neuenmarkt und Bayreuth, zwischen Weiden und Bayreuth und zwischen Schnabelwaid und Bayreuth verkehrten je fünf Zugpaare.

Bild 57: *Abzweigstelle Kreuzstein in den 1970er Jahren. Diesel-Lok 245 005 (Foto: R. Adler)*

5.6 Unterwegs bis Pegnitz

Bei der *Abzweigstelle Kreuzstein* (Bild 57) scherte die Lokalbahn nach Hollfeld/Thurnau aus (vgl. Abschnitte 7 und 8). Die in Bild 58 dargestellten Bahnhöfe werden schon im ersten Fahrplan genannt. *Neuenreuth b. Creußen* (Bilder 59, 60) ist reiner Kreuzungsbahnhof – ohne Ladegleis. *Creußen (Oberfr.)* ist Kreuzungsbahnhof mit Ladegleis (Bilder 61, 62).

Schnabelwaid (Bilder 63 – 66) hatte als Knotenbahnhof eine größere Gleisanlage erhalten, weil hier Züge beginnen und enden, und wegen des Umsteigeverkehrs, nämlich fünf Hauptgleise für die Ein- und Ausfahrten der Züge, ein Ladegleis und einige Gleise, wo Wagen hinterstellt werden konnten.

Pegnitz (Bild 67) bekam zunächst drei Hauptgleise für Zugfahrten, später ein viertes, im übrigen Hinterstell- und Ladegleise sowie Privatgleisanschlüsse.

Der Streckenabschnitt zwischen Schnabelwaid und Pegnitz war zur Beschleunigung der Zugfolge zeitweise durch die *Blockstelle Zips* (Bild 68) unterteilt worden, so daß in Schnabelwaid bzw. in Pegnitz ein weiterer Zug abgelassen werden konnte, wenn der vorige in Zips durchgefahren war.

Auch in Schnabelwaid und in Pegnitz bestehen nicht mehr alle einst vorhandenen Gleise.

Bild 69 zeigt den einstigen Schrankenposten 5 zwischen Bayreuth und Neuenreuth; er hatte sich im Laufe der Zeit zu einem Ensemble von insgesamt sieben Hütten entwickelt.

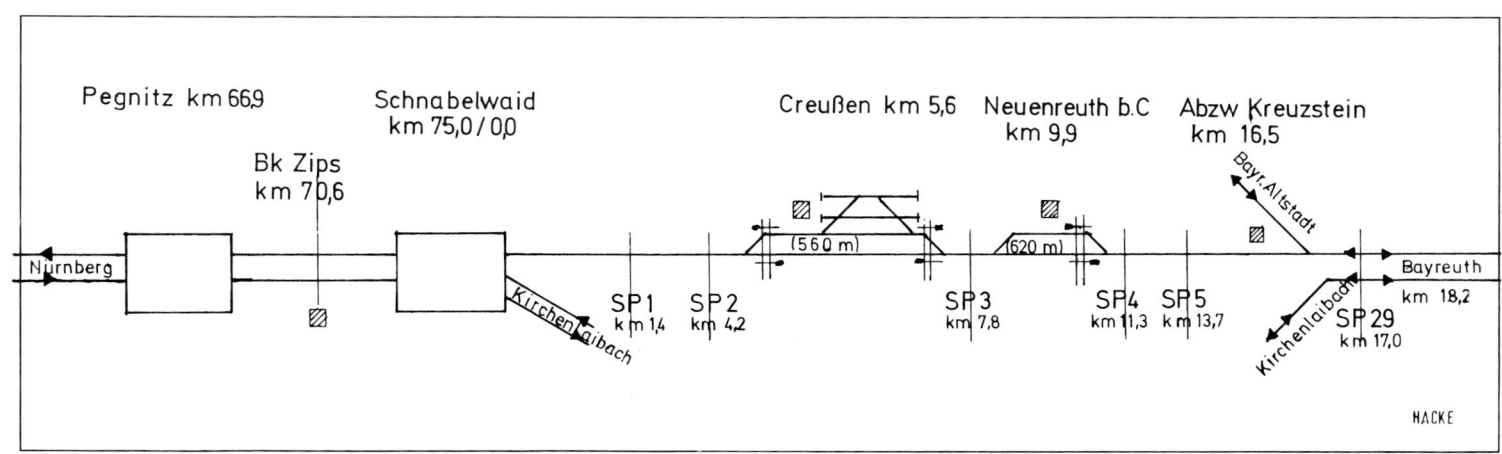

Bild 58: *Gleisanlagen Bayreuth – Pegnitz (schematisch/Grafik Heinz Hacke)*

Bild 60: *Neuenreuth b. Creußen 1988; das Bahnhofsgebäude ist schon in fremde Hände übergegangen, ein örtlicher Fahrdienstleiter ist nicht mehr nötig, Weichen und Signale werden von Bayreuth Hbf ferngesteuert (rechts oben).*

Bild 59 (unten): *Im Bahnhof Neuenreuth b. Creußen, 1928. Eine Petroleumlampe beleuchtet das kleine Kurbelstellwerk, der Fahrdienstleiter steht mit dem Befehlsstab an den Läutewerken (Foto: Ernst Köditz).*

Bild 61 (rechts Mitte): *Bahnhof Creußen (Oberfr.) Ende der 1920er Jahre (Foto: Ernst Köditz)*

Bild 62: *Creußen vom Bahnkörper aus gesehen (rechts unten)*

Bild 63: *Bahnhof Schnabelwaid im Jahre 1902 mit Lok BV HEIDINGSFELD und Personal*

Bild 64: *Bahnhof Schnabelwaid im Jahre 1951 mit Lok D XI 98 524; links ein Eisenbahnerwohnhaus*

Bild 66: *Wasserkran und Ausfahrsignale in Schnabelwaid 1949*

Bild 65: *Gleisanlagen in Schnabelwaid 1930; links das Stellwerk für Richtung Bayreuth und Kirchenlaibach (Foto: Ernst Köditz)*

Bild 67: *Bahnhof Pegnitz im Jahr 1902 mit Personal. Vor dem Gebäude ein altes Bahnsteigsignal für beide Fahrrichtungen*

Bild 68: *Die verlassene Blockstelle Zips 1989, umfunktioniert in ein Wochenendhaus; die Streckenfernsprechbude ist noch in Betrieb.*

Bild 69: *Der Schrankenposten 5 zwischen Bayreuth und Neuenreuth b. Cr. 1927 mit Wohnhaus, Dienstbude und Nebengebäuden (Foto: Ernst Köditz)*

Eine Bahn von Bayreuth in das Fichtelgebirge

6.1 Lokalbahnen – typisch bayerisch!

Anfang der 1880er Jahre war man der Ansicht, daß das Grundnetz der bayerischen Eisenbahnen vollständig sei und daß weitere Projekte sich auf seine Ergänzung erstrecken sollten. Zur Erschließung des flachen Landes waren auch schon fünfzehn sogenannte Vizinalbahnen entstanden (lat. vicinus = benachbart = Bahnen für den Nahverkehr), in unserer Gegend etwa die von Wiesau nach Tirschenreuth; später taucht für sie der Name Sekundärbahnen auf (lat. secundus = der zweite = Bahnen zweiter Ordnung), und am 21. April 1884 wurde das bayerische Lokalbahngesetz verkündet (lat. locus = der Ort = Bahnen für den örtlichen Bereich).

Hiernach konnten „Bahnen von lokaler Bedeutung nur dann durch den Staat zur Ausführung kommen, wenn die Interessenten mindestens den für den Bahnbau und dessen Zugehör nötigen Grund und Boden kostenlos zur Verfügung stellen [...]".

Völliges Anpassen an die örtlichen Verhältnisse, möglichste Vereinfachung in Bau und Betrieb hatten für den Lokalbahnbau maßgebend zu sein. Es sollten nur Linien in Betracht kommen, die einem tatsächlichen wirtschaftlichen Bedürfnis lokaler Natur entsprechen, die im Verhältnis zu ihrer Länge ein möglichst großes Verkehrsgebiet aufschließen, der Hauptbahn neuen Verkehr zuzuführen imstande sind und deren Einnahmen nicht nur eine Deckung der Betriebskosten, sondern dazu eine, wenn auch nur mäßige Verzinsung des aufzuwendenden Baukapitals in Aussicht stellen. Da der Durchgangsverkehr auf Lokalbahnen untunlich ist, sollten vorzugsweise Sackbahnen gebaut werden.

Die Kunstbauten waren in „einfachster, aber solider und dauerhafter Weise herzustellen, desgleichen die Stationsanlagen".

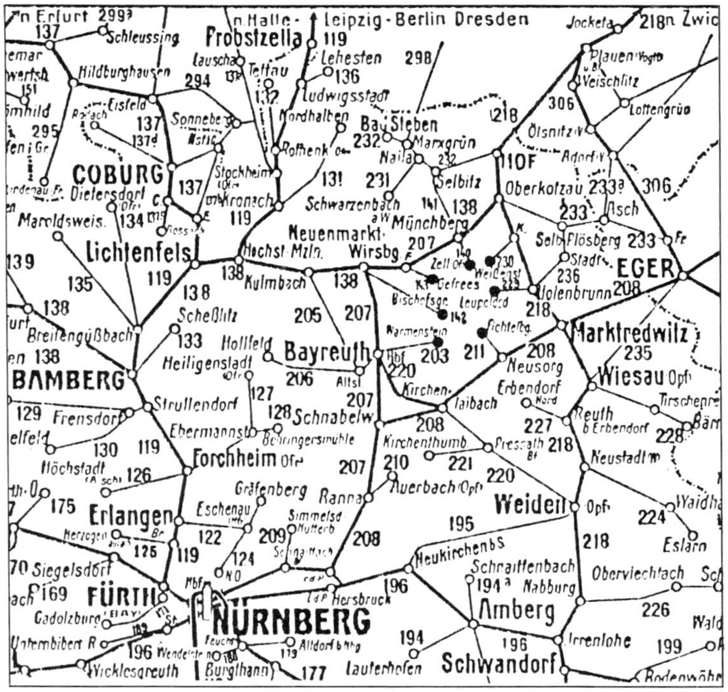

Um die Jahrhundertwende herrschte Hochkonjunktur: Mehr als die Hälfte der bayerischen Lokalbahnen ist von 1894 bis 1910 eröffnet worden. Ins Herz des Fichtelgebirges drangen von allen Seiten strahlenförmig sieben Stichbahnen vor (Bild 70), als erste die von Neusorg nach Fichtelberg (im Jahr 1890), als nächste die von Bayreuth nach Warmensteinach (Bild 71).

6.2 Die Lokalbahn Bayreuth – Warmensteinach, eine leichte Geburt

Ihre Realisierung ging im Gegensatz zu den bisherigen Bayreuther Eisenbahnstrecken vergleichsweise geräuschlos über die Bühne:

Vom 18. Januar 1888 stammt die „Vorstellung" des Stadtmagistrats Bayreuth, das Königliche Staatsministerium des Königlichen Hauses und des Äußeren möge eine entsprechende „Terrain-Recognoscierung" auf Kosten der Stadt Bayreuth gestatten. Auf seiten des Königlichen Staatsministeriums „bestand keine Erinnerung", das heißt, es war einverstanden und ließ diese im Frühjahr 1889 durch die zuständige Königliche Eisenbahn-Bausektion Erlangen vornehmen.

Am 26. Juni 1889 wird berichtet, daß die Untersuchungen günstig ausgefallen seien. Die durch das sehr gekrümmte Steinachtal zu führende Strecke werde 22,4 km lang bei einem kleinsten Krümmungshalbmesser von 180 m und bei einer Höchststeigung von 1:40. Die Baukosten kämen auf schätzungsweise 1 130 000 ℳ, davon entfielen 77 000 ℳ auf den Grunderwerb. Die vom Stadtmagistrat Bayreuth vorgeschlagene Fortsetzung der Bahn von Warmensteinach nach Bischofsgrün würde eine „Schiefe Ebene" mit einer Steigung von 1:25 und damit zu hohe Bau- und Betriebskosten erfordern; sie müsse abgelehnt werden.

Am 12. April 1890 bewilligt der Distriktsrat Weidenberg (Bild 72) einen Zuschuß von 5 500 ℳ zu den Grunderwerbskosten; am 16. Dezember 1890 sieht das Königlich Bayerische Finanzministerium einen derartigen Zuschuß von 10 000 ℳ vor, weil

Bild 70: *Die sieben Stichbahnen ins Fichtelgebirge*

die Bahn den Verkauf von Nutzholz aus den staatlichen Wäldern fördern werde. Die Stadt Bayreuth hatte inzwischen einen Zuschuß von 30 000 ℳ zu den Grunderwerbskosten zugesagt.

Am 25. September 1891 kamen drei Herren von der Münchner Generaldirektion der Königlich Bayerischen Verkehrsanstalten nach Bayreuth, um die projektierte Strecke zu begehen und um „in Verhandlungen mit den betreffenden Interessenten behufs Sicherstellung der Erfüllung der gesetzlichen Vorbedingungen einzutreten".

Die „Interessenten" waren die Stadtgemeinde Bayreuth, die Mechanische Flachsspinnerei Laineck, die Distriktsgemeinde Weidenberg und die Marktgemeinde Warmensteinach; „gesetzliche Vorbedingung" waren kostenlose Grundstücke. Mit der vorgeschlagenen Trassierung war man im allgemeinen einverstanden, machte aber den Gemeinden klar, daß sie die Zufahrten zu den Bahnhöfen und Haltestellen sowie die Ladestraßen in eigener Regie zu bauen und zu unterhalten hätten. Bayreuth verlangte eine Haltestelle in St. Georgen. Die Gemeinde Weidenberg gestattet seinem Bahnhof unentgeltlich die Trinkwasserentnahme aus der Gemeinde-Wasserleitung, die Gemeinden Friedrichsthal und Görschnitz gestatten, daß Steinmaterial für den Bahnbau aus Gemeindeflächen kostenlos entnommen wird. Weitere Zuschüsse zu den Grunderwerbskosten werden bewilligt und einzelne Grundstücke ohne Bezahlung abgetreten.

Die Grunderwerbskosten verteilen sich schließlich wie folgt:

Zugesagte Zuschüsse von Gemeinden und Privaten	12 600 ℳ
Zuschuß vom Finanzministerium (seitens des Forstärars)	10 000 ℳ
Präcipualleistung der Stadt Bayreuth	35 000 ℳ
Präcipualleistung der Distriktsgemeinde Weidenberg	5 500 ℳ
Zuschuß der Marktgemeinde Weidenberg	3 000 ℳ
Zuschuß der Mechanischen Flachsspinnerei Laineck	7 000 ℳ
	73 100 ℳ

Der ungedeckte Rest soll von den Interessenten anteilig getragen werden.

Ende November 1891 erscheinen diese finanziellen Bedingungen erfüllt, so daß das Projekt für das Lokalbahngesetz angemeldet werden kann. Als Grundlage hierfür wird folgende amtliche Streckenbeschreibung verfaßt:

Die Lokalbahnlinie verläßt den Bahnhof Bayreuth an seinem Nordende gemeinsam mit der Hauptbahnlinie Bayreuth – Neuenmarkt, aus deren Gleis sie unmittelbar vor dem Bahnhofe abzweigt, legt sich etwa 900 m weit neben das bestehende Gleis in gleicher Höhe mit demselben und benützt dann den vorhandenen Einschnitt der Hauptbahn, um an dessen rechtsseitiger Böschung, stärker als die Hauptbahn steigend, und unter Benützung einer Seitenöffnung der vorhandenen über den Bahneinschnitt führenden Wegbrücke den Einschnittrand und hiemit das natürliche Terrain zu gewinnen, worauf sie in einer Entfernung von 1600 m vom Betriebshauptgebäude Bayreuth gegen Osten abbiegend, in das Steinachtal vordringt.

Bild 71: *Motiv aus Warmensteinach*

Bild 72: *Motiv aus Weidenberg*

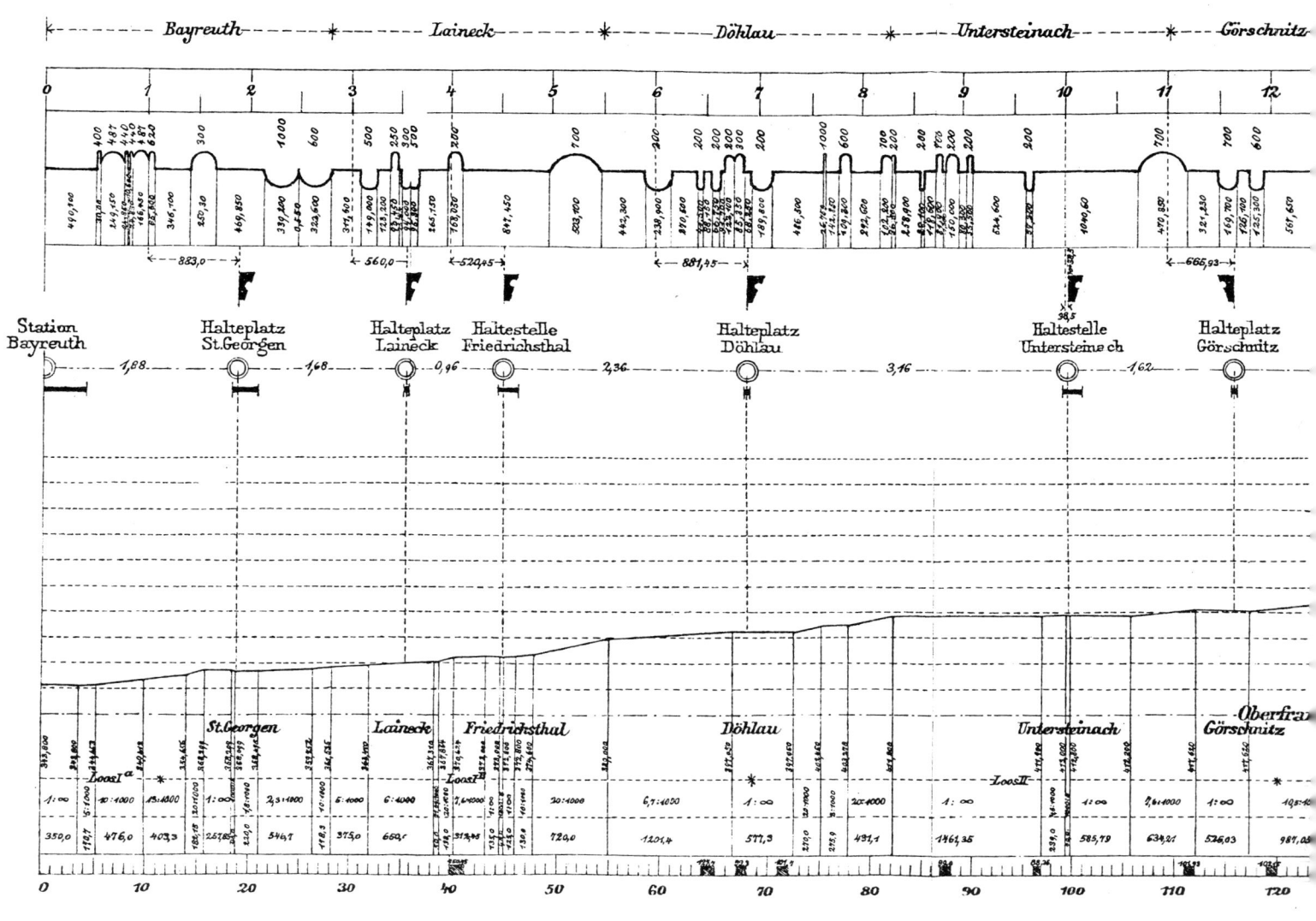

Bild 73: *Höhenplan der Strecke Bayreuth – Warmensteinach*

Nach Überschreitung der Staatsstraße von Bayreuth nach Hof folgt die Linie in einzelnen Strecken dem Zuge der Distriktsstraße von Bayreuth nach Weidenberg, berührt die Orte Laineck, Friedrichsthal, Döhlau und Untersteinach je auf der Nordseite, und verläuft demnach in dieser Strecke rechts der Steinach und in einiger Höhe über der Talsohle, an dem teilweise sehr steilen Gehänge. Zwischen dem auf der Südseite berührten Orte Görschnitz und Weidenberg, welch' letzterer Marktflecken auf der Nordseite berührt wird, liegt die Bahnlinie in dem Gehänge zwischen der Steinach und der Distriktsstraße, welches gegen Weidenberg sich zu einer ausgedehnten ziemlich ebenen Fläche verbreitert.

Hinter dem nördlich der Bahnlinie verbleibenden Orte Mengersreuth überschreitet dieselbe die Steinach unterhalb des Mittlernhammer zum ersten Male auf einem 200 m langen und vier m hohen, durch die nötigen Brückenöffnungen unterbrochenen Damme und biegt sodann in scharfer Krümmung aus der bisherigen westlichen Richtung in eine fast ganz nördliche um. Den scharfen Krümmungen des Tales folgend und am linksseitigen Gehänge, welches hier teilweise schroff abfallende Gebirgswände zeigt, in der eingeschlagenen nördlichen Richtung weiterschreitend, erreicht und durchzieht die Linie mit ziemlicher Schwierigkeit den Ort Sophienthal. Die scharfen Biegungen des Wasserlaufes machen in dem engen Tale in der nun folgenden Strecke verschiedene Verlegungen der Steinach notwendig und dieselbe muß außerdem zwischen Brunnenhaus und

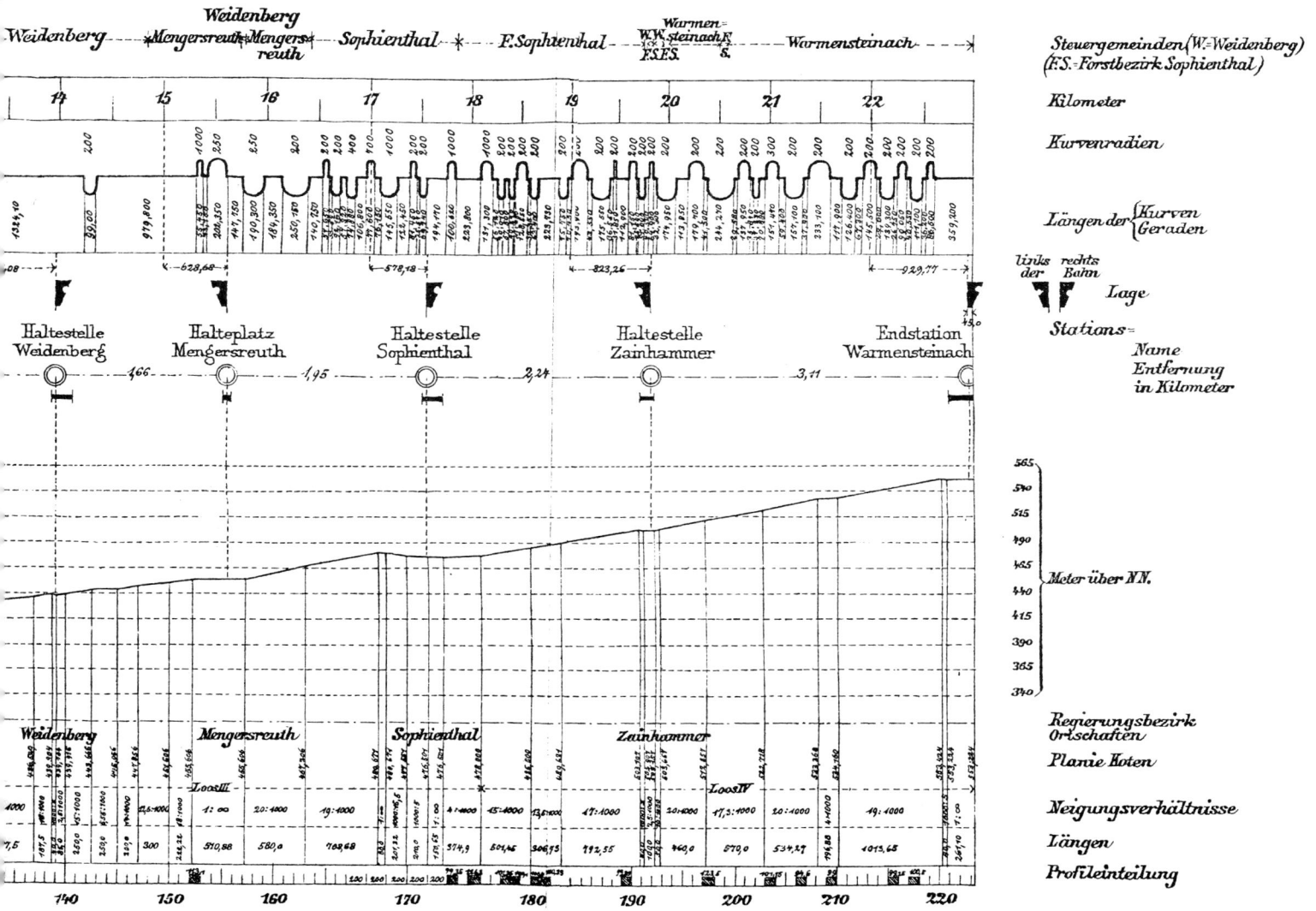

Pfeifferhaus wegen stark vorspringender Bergköpfe, von welchen einer mittelst eines über 100 m langen und bis zu 9 m tiefen Einschnittes zu durchbrechen ist, an vier Stellen überschritten werden. Kurz oberhalb Neuwelt ist nach Durchbrechung eines weiteren Bergkopfes die Steinach nochmals zu überschreiten, worauf die Linie, auf der westlichen Talseite verbleibend, in der, annähernd in der Mitte des aus zahlreichen aber weit zerstreut liegenden Einzelansiedlungen bestehenden Ortes Warmensteinach, zu errichtenden gleichnamigen Station ihr Ende findet.

Die Länge der Luftlinie zwischen den Mitten der Betriebshauptgebäude in den Stationen Bayreuth und Warmensteinach beträgt 14,8 km, während die Bahnlinie, welche dem Laufe der Steinach folgen muß, zwischen den bezeichneten Punkten eine Länge von nicht weniger als 22,9 km erhält. Der Umweg dieser Linie ist demnach ein sehr bedeutender. Die scharfen Krümmungen des Steinachtales bedingen die Einlegung von Bögen mit 200 m kleinstem Halbmesser. Das Planum der Station Bayreuth liegt 343,8 m über dem Meere, jenes der Endstation Warmensteinach kommt auf die Höhe von 553,2 m über dem Meere zu liegen, sohin beträgt der absolute Höhenunterschied zwischen der Anschluß- und der Endstation 209,4 m, welcher sehr bedeutende Unterschied mit Steigungen bis zu 20‰ vermittelt werden muß (Bild 73). Verlorene Steigungen kommen nicht vor.

Die beiden Projektionen der Bahn besitzen demnach ziemlich ungünstige Verhältnisse.

Die Bahnlinie liegt in der Strecke zwischen Bayreuth und Warmensteinach in der Muschelkalkformation und tritt bei Mengersreuth in das Urgebirge ein, wobei in den Bahneinschnitten neben Steingerölle und Geschiebeablagerungen vielfach geschlossener Felsen und zwar in der unteren Strecke aus Kalkstein, in der oberen aus Grauwacke, Tonschiefer, Grünstein und Glimmerschiefer bestehend, auftreten wird. Die gesamte zu bewegende Erdmasse berechnet sich auf 129 000 Kubikmeter, oder auf 5,7 Kubikmeter für einen laufenden Meter der Bahnlänge. Die Bahnführung in dem stark gekrümmten, von steilen Gehängen eingeschlossenen Steinachtale erfordert wiederholte Überbrückungen des Flüßchens mittelst Objekten mit Lichtöffnungen bis zu 9 m Weite. Einschließlich der Wegüber- und Wegunterführungen, dann der Überbrückungen von Seitenzuflüssen der Steinach sind im ganzen 15 Objekte größeren und mittleren Umfanges mit zusammen 21 Öffnungen und 124 m Gesamtlichtweite auszuführen.

Nach dem vorliegenden Projekte sollen folgende Stationsanlagen zur Ausführung kommen:

Die Station Warmensteinach und zwar nach Maßgabe des Bedürfnisses einer Endstation, welche zugleich Sitz der Betriebsleitung ist, ferner Haltestellen bei Friedrichsthal, Untersteinach, Weidenberg, Sophienthal und Zainhammer, endlich Halteplätze bei Laineck, Döhlau, Görschnitz und Mengersreuth. Die Expeditionsgeschäfte in den Haltestellen sollen durch Güteragenten besorgt werden. Zwischen den Haltestellen Sophienthal und Zainhammer und oberhalb der letzteren Haltestelle wäre ferner zur Erleichterung der Holzausfuhr die Errichtung von zwei Ladeplätzen möglich, welche Ladeplätze jedoch nur in größeren Zeitabschnitten, wenn überhaupt nötig, in Benützung genommen würden. Es sollen daher vorläufig für diese Ladeplätze keine Arbeiten hergestellt werden, da im Bedarfsfalle vorübergehend die erforderlichen Ladegleise leicht angelegt werden können.

Der von einigen Industriellen gewünschten Verlängerung der Linie, so daß die Endstation in die Nähe des neuen Schulhauses in Warmensteinach zu liegen käme, stehen erhebliche technische Schwierigkeiten entgegen und würde der Mehrkostenaufwand für diese Bahnverlängerung mit den hierdurch erreichbaren Vorteilen nicht in Einklang gebracht werden können.

Die gesamten Baukosten der Lokalbahn berechnen sich folgendermaßen:

Projektierung und Aussteckung	14 700 ℳ
Grunderwerbung	86 200 ℳ
Erdarbeiten	174 100 ℳ
Kunstbauten	117 900 ℳ
Einfriedigungen	4 500 ℳ
Herstellung der Fahrbahn	479 100 ℳ
Hochbauten, Stationseinrichtungen und Signale	136 400 ℳ
Instrumente und Werkzeuge	7 100 ℳ
Fahrmaterial	96 100 ℳ
Verwaltungskosten	78 100 ℳ
Reserve	59 700 ℳ
	1 253 900 ℳ
oder für den km	55 000 ℳ

Hiervon haben die Interessenten zu tragen:

die Kosten der Grunderwerbung, ausschließlich jener der Arealausscheidung und Vermarkung endgültig mit	79 912 ℳ
die Kosten der Befestigung der Kronen der Zufuhr- und Ladestraßen in den Haltestellen und in der Endstation mit	7 200 ℳ
5 % Reserve	4 356 ℳ
	rund 91 500 ℳ
Das vom Staate aufzuwendende Baukapital beträgt daher	1 162 400 ℳ
oder für den Kilometer	51 000 ℳ

Das Verkehrsgebiet der Lokalbahn von Bayreuth nach Warmensteinach umfaßt mit seiner gesamten Fläche von beiläufig 100 qkm fast nur das Flußgebiet der Steinach und wird demnach von den diesem Wasserlaufe zugehörigen Wasserscheiden begrenzt.

Nachdem etwa die Hälfte des ganzen Gebietes bewaldet ist und die klimatischen Verhältnisse der Gegend nicht sehr günstig sind, können die landwirtschaftlichen Betriebe für die Erwerbstätigkeit der Bevölkerung nicht von so hervorragender Bedeutung sein wie anderwärts. Im unteren Teile des Verkehrsgebietes ist allerdings die Landwirtschaft vorherrschend, im übrigen aber bilden die zum großen Teile im Staatsbesitze befindlichen großen Waldungen und die industriellen Anlagen die Haupterwerbsquellen der Bevölkerung. Letztere verteilt sich auf die beiden größeren Orte: Weidenberg, welcher Markt Sitz eines Amtsgerichts und eines Forstamts ist, und Warmensteinach, sowie auf eine Anzahl kleinerer Ansiedlungen. Die industrielle Tätigkeit der Bevölkerung hat ihre natürliche Unterlage in dem Holzreichtum der Gegend und in den Wasserkräften der Steinach, welche nur zum Teile ausgenützt sind. Im unteren Steinachtale befindet sich bei Friedrichsthal eine große Spinnfabrik, im oberen Steinachtale hat dagegen die Glasschleiferei und die Fabrikation von Glasperlen eine größere Bedeutung erlangt. Außerdem sind auch einige Getreidemühlen, Säg- und Hammerwerke im Betriebe. Die Ausbeute der, ein vortreffliches Material liefernden Granit- und Syenitbrüche oberhalb Warmensteinach war seither wegen der ungünstigen Transportverhältnisse nur eine sehr mäßige und wird infolge der Erbauung der Bahn vielleicht gehoben werden. An Verkehrswegen stehen z. Z. die im Steinachtale verlau-

fende Distriktsstraße, dann die Distriktsstraßen von Weidenberg nach Kemnath und nach Seybothenreuth, sowie eine Anzahl untergeordneter Ortsverbindungswege zur Verfügung. Ein großer Teil des Verkehrs wendete sich schon seither der Stadt Bayreuth zu.
Die Gütertransporte umfassen die Ausfuhr von Holz, Holzschnittwaren, von Getreide und Mehl aus der Gegend zwischen Bayreuth und Weidenberg, von Industrieerzeugnissen der bereits erwähnten Fabriken, dann von Granit und Syenit, ferner die Einfuhr von Kolonialwaren, Getreide und Mehl für das obere Steinachtal, von Rohprodukten, Industrieerzeugnissen und Steinkohlen. Voraussichtlich wird der Verbrauch der letzteren und infolgedessen auch die Ausfuhr von Holz eine Steigerung erfahren, während hinsichtlich der übrigen Transporte zunächst nur mit den dermaligen Verhältnissen gerechnet werden kann.
(Soviel aus der in altertümlich-gedrechseltem Stil gehaltenen amtlichen Streckenbeschreibung.)

Eine Rentabilitätsberechnung aus den voraussichtlichen Betriebseinnahmen und -ausgaben ergibt allerdings, daß das vom Staat aufzuwendende Baukapital sich nur mit etwa 1 % verzinsen werde.
Das Gesetz vom 26. Mai 1892 (Bild 74) genehmigt dann den

Gesetz- und Verordnungs-Blatt

für das

Königreich Bayern.

№ 25.

München, den 30. Mai 1892.

Inhalt:

Abschied für den Landtag des Königreiches Bayern vom 28. Mai 1892. — Beilage zum Landtags-Abschied, enthaltend die Gesetze vom 26. Mai 1892, nämlich: I. Gesetz, Abänderung einiger Bestimmungen des Gesetzes über das Gebührenwesen betreffend. — II. Gesetz, die Herstellung von Bahnen lokaler Bedeutung betreffend. — III. Gesetz, den Bedarf für Erweiterungs-, Ergänzungs- und Neubauten auf den im Betrieb befindlichen Staatseisenbahnen betreffend. — IV. Gesetz, die Entschädigung für Viehverluste in Folge von Milzbrand betreffend — V. Gesetz, die Ausführung des Krankenversicherungsgesetzes betreffend. — VI. Gesetz, den Nachtrag zum Hauptetat der Militärverwaltung des Königreiches Bayern für die Zeit vom 1. April 1891 bis 13. März 1892 betreffend. — VII. Gesetz, den Hauptetat der Militärverwaltung des Königreiches Bayern für die Zeit vom 1. April 1892 bis 31. März 1893 betreffend. — VIII. Finanzgesetz für die XXI. Finanzperiode 1892 und 1893 betreffend.

Gesetz, die Herstellung von Bahnen lokaler Bedeutung betreffend.

Im Namen Seiner Majestät des Königs.

Luitpold,

von Gottes Gnaden Königlicher Prinz von Bayern,

Regent.

Wir haben nach Vernehmung des Staatsrathes mit Beirath und Zustimmung der Kammer der Reichsräthe und der Kammer der Abgeordneten beschlossen und verordnen, was folgt:

Art. 1.

Der gemäß Art. 5 Abs. 2 des Gesetzes vom 28. April 1882, die Behandlung der bestehenden Vizinalbahnen und den Bau von Sekundärbahnen betreffend, aus Staatsmitteln zu entnehmende Bedarf für die Herstellung der nachstehend aufgeführten Bahnen lokaler Bedeutung wird festgesetzt:

1. für eine Lokalbahn von Traunstein nach Ruhpolding auf den Betrag von . . . . . 820 600 ℳ,
2. für eine Lokalbahn von Laufen nach Tittmoning auf den Betrag von 1 117 300 ℳ,
3. für eine Lokalbahn von Grafing nach Glonn auf den Betrag von 546 200 ℳ,
4. für eine Lokalbahn von der Station Wolnzach nach Mainburg auf den Betrag von . . . . . 1 101 000 ℳ,
5. für eine Lokalbahn von Straubing nach Konzell auf den Betrag von 2 725 400 ℳ,
6. für eine Lokalbahn von Cham nach Waldmünchen auf den Betrag von . . . . . 1 183 700 ℳ,
7. für eine Lokalbahn von Bodenwöhr nach Neunburg v/W. auf den Betrag von . . . . . 701 300 ℳ,
8. für eine Lokalbahn von Bayreuth nach Warmensteinach auf den Betrag von . . . . . 1 162 400 ℳ,
9. für eine Lokalbahn von Neuenmarkt nach Goldmühle auf den Betrag von . . . . . 854 000 ℳ,
10. für eine Lokalbahn von der Station zur Stadt Selb mit Flügelbahn zur Ludwigsmühle auf den Betrag von . . . . . 334 200 ℳ,
11. für eine Lokalbahn von Breitengüßbach nach Maroldsweisach auf den Betrag von . . . . . 1 818 000 ℳ,
12. für eine Lokalbahn von Erlangen nach Herzogenaurach auf den Betrag von . . . . . 603 400 ℳ,
13. für eine Lokalbahn von Wicklesgreuth nach Windsbach auf den Betrag von . . . . . 643 300 ℳ,
14. für eine Lokalbahn von Langenzenn nach Wilhermsdorf auf den Betrag von . . . . . 303 600 ℳ,
15. für eine Lokalbahn von der Station Schnaittach nach Simmelsdorf—Hüttenbach auf den Betrag von . . . . . 589 500 ℳ,
16. für eine Lokalbahn von Kempten nach Pfronten auf den Betrag von 1 802 200 ℳ,
17. für eine Lokalbahn von Dinkelscherben nach Thannhausen auf den Betrag von . . . . . 767 500 ℳ,
18. für eine Lokalbahn von Kellmünz nach Babenhausen auf den Betrag von . . . . . 562 300 ℳ,

zusammen auf den Maximalbetrag von 17 635 900 ℳ
(siebzehn Millionen sechshundert dreißig fünf Tausend neunhundert Mark).

Art. 2.

Mit der baulichen Ausführung der in Art. 1 genannten Lokalbahnen ist erst dann vorzugehen, wenn der für den Bahnbau und dessen Zugehör nöthige Grund und Boden kosten- und lastenfrei dem Eisenbahnärar zum Eigenthum überwiesen oder demselben zur Bestreitung der Grunderwerbungskosten eine reale Sicherung geboten sein wird.

Art. 3.

Der k. Staatsminister der Finanzen ist ermächtigt, zur Deckung des in Art. 1 festgestellten Bedarfes ein auf die Staatseisenbahnen zu versicherndes Anlehen in gleichem Betrage aufzunehmen.

Die Ausgaben für die Verzinsung dieses Anlehens während der Bauzeit und die Geldaufbringungskosten sind durch Erhöhung der Anlehenssumme zu beschaffen.

Von der Zeit der Vollendung der in Art. 1 bezeichneten Bahnen an hat die Verzinsung der für dieselben aufgewendeten Summe aus der Eisenbahnbetriebsrente zu erfolgen.

Die Tilgung des Anlehens richtet sich nach den Bestimmungen der hiefür maßgebenden Finanzgesetze.

Gegeben zu München, den 26. Mai 1892.

Luitpold,

Prinz von Bayern,

des Königreiches Bayern Verweser.

Frhr. v. Crailsheim. Dr. Frhr. v. Riedel. Frhr. v. Feilitzsch. Frhr. v. Leonrod. v. Safferling. Dr. v. Müller.

Auf Allerhöchsten Befehl:
Der Regierungsrath
im k. Staatsministerium des Innern:
Rasp.

Bild 74: *Gesetz vom 26. Mai 1892, die Herstellung der Lokalbahn Bayreuth – Warmensteinach u. a. betreffend*

Bau der Lokalbahn Bayreuth – Warmensteinach mit einem Aufwand von 1,16 Millionen Mark und gleichzeitig den Bau von siebzehn weiteren Lokalbahnen.

6.3 Nach zwanzig Jahren – wieder Bahnbau!

Er kam erst im Frühjahr 1895 in Gang. Vorher mußte das ganze Projekt noch im Detail ausgearbeitet werden. Das Staatsministerium des Königlichen Hauses und des Äußeren hat die Planung und den Bau schließlich für den Abschnitt Bayreuth – Weidenberg am 31. Januar 1895 und für den Abschnitt Weidenberg – Warmensteinach am 22. April 1895 abgesegnet. Es waren hauptsächlich Erdbewegungen für das Graben der Einschnitte und das Schütten der Dämme erforderlich. Dies mußte fast ausschließlich in primitiver Handarbeit geschehen, und zwar mit zahlreichen, billigen Arbeitskräften – vorwiegend italienischen Gastarbeitern – und auch mit einfachsten Werkzeugen, wie sie eigentlich jeder selbst von zu Hause mitbringen hätte können.

Auch bei diesen Bauarbeiten mußten mitunter Zufahrten zu landwirtschaftlichen Anwesen und Fluren unterbrochen werden: So hatte etwa Frau Katharina Weigel aus Sophienthal Sorge, daß dabei ihre „Suttenwiese" betroffen würde. Obwohl ihr schon in der Versammlung der Anlieger in Rosenhammer Verständnis und Hilfe zugesagt worden war, schrieb sie in ihrer Not gleich direkt an den „geehrtesten Herrn Ingenieur: Ich stelle den Antrag und eröffne Ihnen, daß ich die Fuhre von meiner Wiese von hinten rein will, nämlich die Suttenwiese, Plannummer 55. Es macht zu Schaden, wenn man Dungen will. Es wurde mir ja versprochen in Rosenhammer, weil die Versammlung war, daß ich hinten herein kann und vorn hinaus kann; also stelle ich den Antrag, sofort zu machen. Achtungsvoll" (Bild 75).

In den Akten findet sich auch ein Angebot der Firma Berg in Nürnberg auf Lieferung von Neigungstafeln, Warntafeln etc. Die Titelseite sei hier abgebildet (Bild 76), um die verschnörkelte Druckweise jener Zeit zu veranschaulichen.

Am 5. August 1896 richtete das Staatsministerium des Königlichen Hauses und des Äußeren den in Bild 77 ersichtlichen alleruntertänigsten Antrag an Seine Königliche Hoheit, den Prinzen Luitpold, des Königreichs Bayern Verweser, die Eröffnung der Lokalbahn Bayreuth – Warmensteinach betreffend, unterzeichnet vom bayerischen Verkehrsminister, dem Freiherrn von Crailsheim – und der Prinzregent genehmigte sie, wahrscheinlich während eines Jagdaufenthalts in der Vorderriß (nahe dem Walchensee).

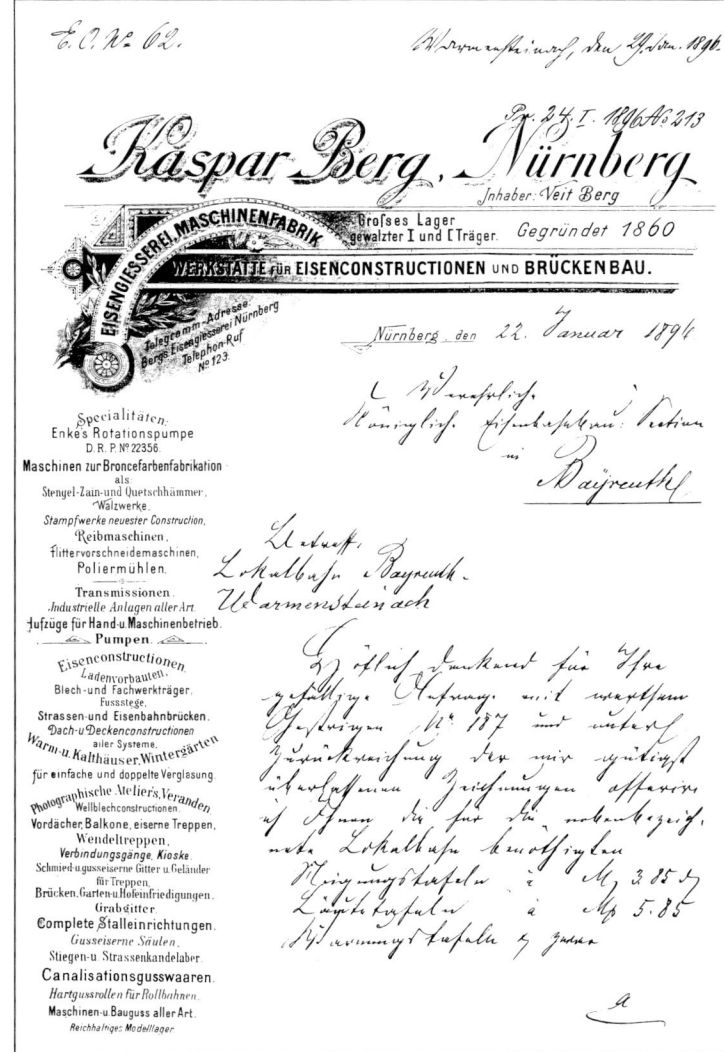

Bild 75: *Gesuch von Frau Katharina Weigel vom 12. November 1896*

Bild 76: *Angebot der Firma Kaspar Berg, Nürnberg, vom 22. 1. 1896*

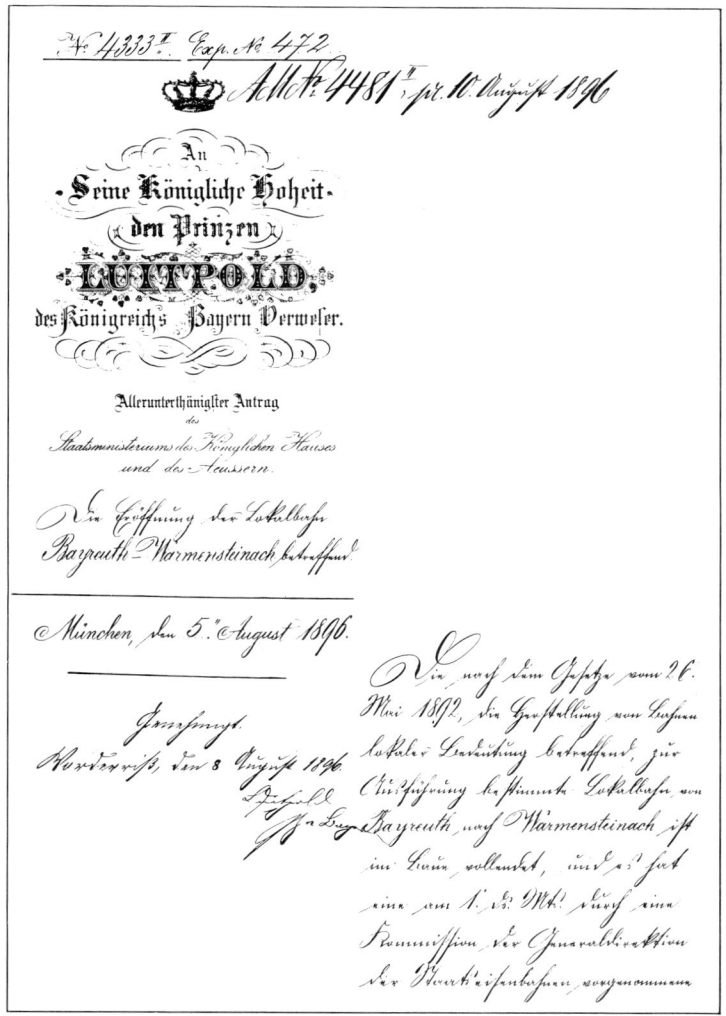 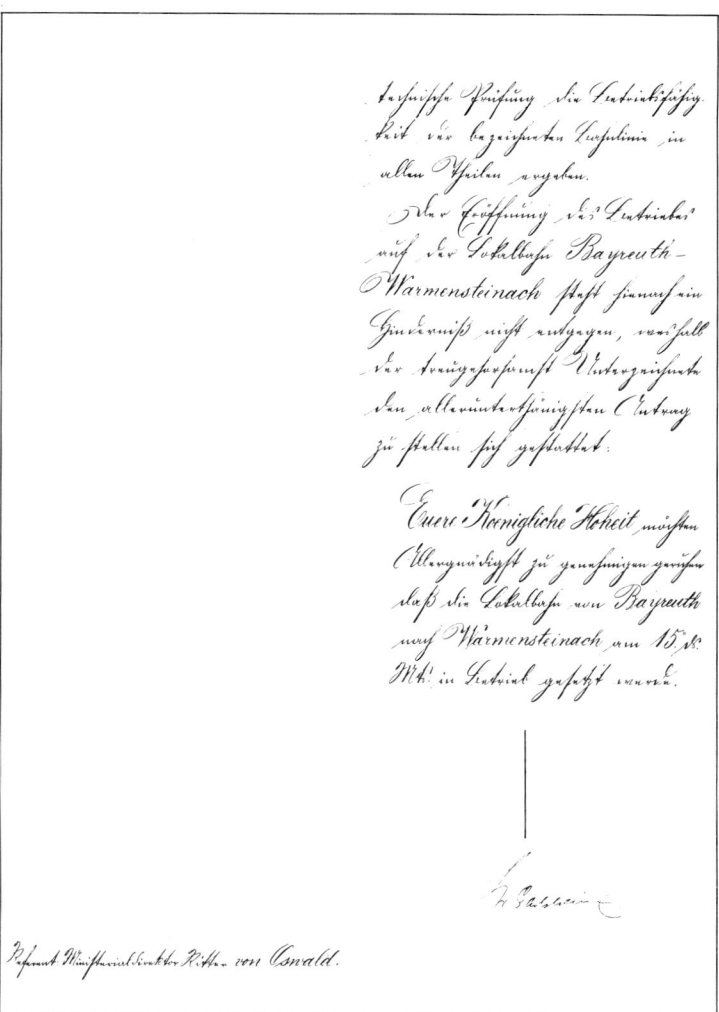

Bild 77: *Prinzregent Luitpold genehmigt am 8. August 1896 die Eröffnung der Lokalbahn Bayreuth – Warmensteinach.*

6.4 Der erste Fahrplan

Am 15. August 1896 war der große Tag: Die – nach genauen Messungen jetzt 22,91 km lange – Strecke wurde in Betrieb genommen, aber von großen Feierlichkeiten ist uns nichts überliefert.

Wie auf den meisten bayerischen Lokalbahnen üblich, waren drei Zugpaare vorgesehen, das eine vormittags, eines um die Mittagszeit, eines abends (Bild 78):

Warmensteinach ab	6.20	11.45	18.24
Bayreuth an	7.36	13.01	19.40
Bayreuth ab	8.00	15.20	20.40
Warmensteinach an	9.28	16.48	22.08

Der erste Zug mußte in Warmensteinach beginnen, weil die Lokomotive und das gesamte Personal dort beheimatet wurden.

An Dienstkräften waren zugewiesen worden
1 Betriebsleiter
1 Hilfsarbeiter und Vertreter des Betriebsleiters
1 Lokomotivführer
1 „fahrfertiger" Heizer
2 Hilfsheizer und Hilfsbremser
3 Bedienstete für den Stations- und Zugbegleitdienst

Die Lokalbahnlokomotive der Gattung D VII (b. z. vgl. Abschnitt 11) konnte ab Warmensteinach 540 t Zuglast befördern, in der Bergrichtung aber von Bayreuth bis Weidenberg nur 150 t, von Weidenberg bis Warmensteinach gar nur 120 t; es mußte daher häufig Vorspann geleistet werden, bis dann stärkere Lokomotiven zur Verfügung standen. Die Höchstgeschwindigkeit war – damals – auf 30 km/h festgesetzt; in Sophienthal aber mußte zum Beispiel wegen der schienengleichen Überfahrt über die Distriktsstraße auf 15 km/h heruntergegangen werden.

Mit Inbetriebnahme der Lokalbahn hat die Post die dreimal

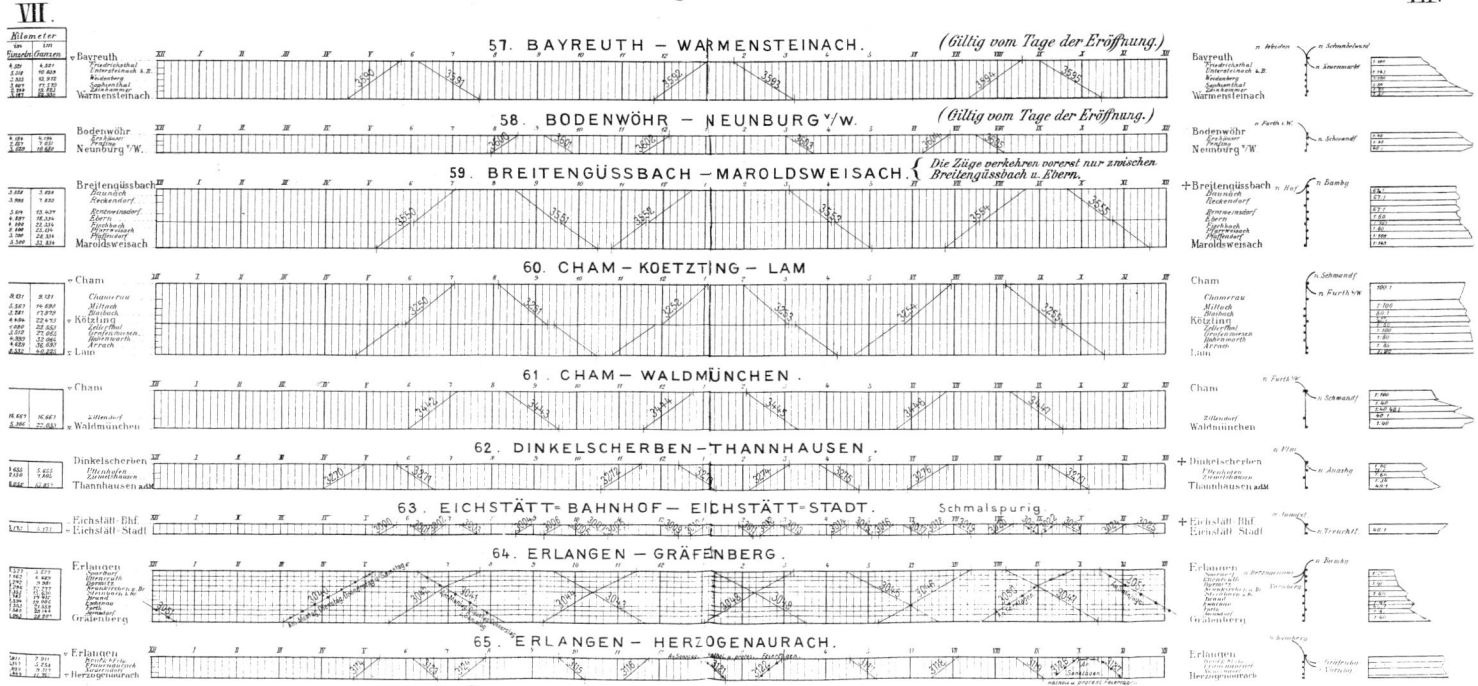

Bild 78: *Der erste Bildfahrplan von 1896, gültig vom Tage der Eröffnung der Strecke Bayreuth – Warmensteinach an*

täglich verkehrenden Postkutschen von Weidenberg nach Seybothenreuth und die tägliche Fahrt von Weidenberg nach Fichtelberg eingestellt und dafür einen zweimal täglich fahrenden (Pferde-)„Omnibus" von Warmensteinach nach Fichtelberg eingelegt.

6.5 Unterwegs nach Warmensteinach

Der erste Fahrplan enthält schon alle heute noch vorhandenen Betriebsstellen:

als *Haltepunkte:* Laineck bei km 3,6
                 Döhlau bei km 6,9
                 Görschnitz bei km 11,7 (Bild 79)
                 Mengersreuth bei km 15,6.

Ihre Ausstattung besteht lediglich aus einer Tafel mit dem Stationsnamen, einem Aushangfahrplan und eventuell einer einfachen Unterstandshütte mit Sitzbank. Die Gemeinden übernahmen im allgemeinen die Errichtung und Unterhaltung ihres „Bahnhofsgebäudes" sowie das Schneeräumen am Bahnsteig, der ja nur aus einer Erdaufschüttung bestand, und das Sandstreuen bei Winterglätte.

Für bedeutendere Orte wurden *Bahnagenturen* vorgesehen, nämlich in:

    Friedrichsthal b. Bayreuth
    Untersteinach b. Bayreuth
    Sophienthal (Bild 80) und
    Zainhammer (Bild 81)

Bild 79: *Der Haltepunkt Görschnitz, 1989. Das Täfelchen mit dem P am linken Rand des Bildes fordert den Lokführer auf zu pfeifen, weil ein unbeschrankter Bahnübergang kommt.*

Bild 80 (links): *Die einstige Bahnagentur Sophienthal 1988; nach der Beschilderung gehört das Gebäude offenbar jetzt den „Berliner (!) Eisenbahnfreunden".* – Bild 81 (rechts): *Die einstige Bahnagentur Zainhammer im Winter 1954/55, wie ein Idyll im Märchenwald; auch dieses Gebäude ist in andere Hände übergegangen.*

Hier wurde das für alle bayerischen Lokalbahnen einheitliche Agenturgebäude errichtet: eine zweckmäßige, klar gegliederte Anlage (Bild 82) mit Warte- und Schalterraum, überdachtem Vorplatz und Trockenabort einerseits sowie Dienstraum mit angebauter Güterhalle samt Stückgut- und Viehladerampe andererseits; im Keller war der „Requisitenraum". Das Äußere macht mit seiner dunkelbraunen Bretterverschalung einen traulichen Eindruck. Da die Bahnagenten üblicherweise schon ortsansässig waren, bezog man in diese Dienstgebäude keine Wohnungen ein.

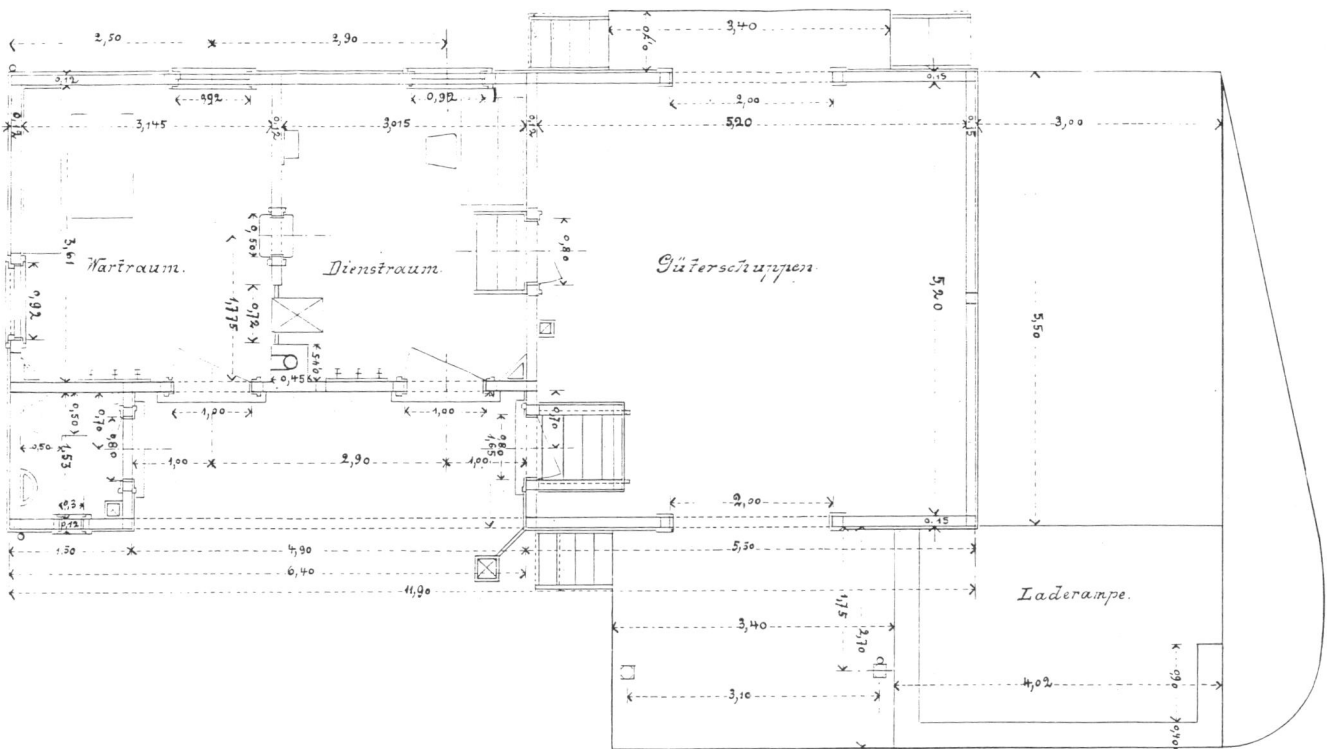

Bild 82: *Grundriß des einheitlichen bayerischen Lokalbahn-Agenturgebäudes*

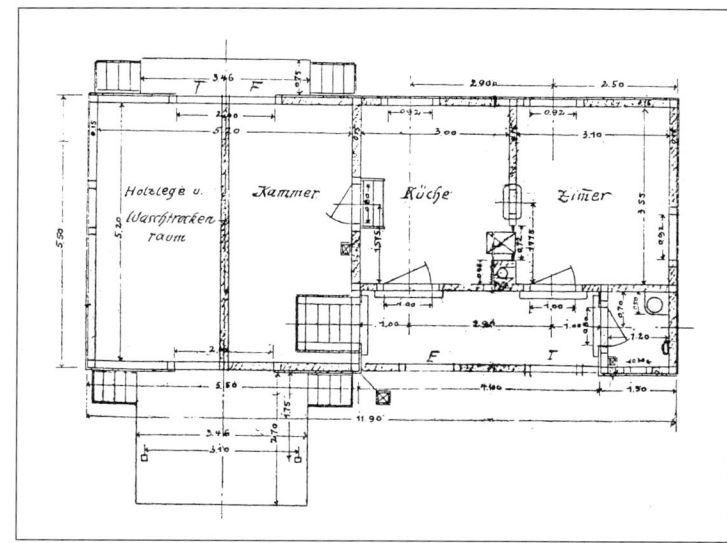

Bild 83: *Grundriß des Agenturgebäudes Untersteinach b. Bayreuth, das als Wohnhaus fungierte*

Untersteinach b. Bayreuth fällt allerdings aus diesem gängigen Rahmen heraus: Hier war das gesamte Haus als Wohnung für den „Streckengeher" (= Streckenwärter) gestaltet, dessen Ehefrau die „Expeditionsgeschäfte" in der Bahnagentur zu besorgen hatte. (Dieses seltsame Gebäude, das eine Küche, ein Zimmer und im Anbau eine Kammer [= Schlafzimmer] und eine Holzlege mit Wäschetrockenraum umfaßte, ist inzwischen abgebrochen worden (Bild 83).
In den Bahnhöfen

> Bayreuth St. Georgen,
> Weidenberg und
> Warmensteinach

wurden mehrere Gebäude errichtet.
Bayreuth St. Georgen bekam ein ebenerdiges Stationsgebäude (Bild 84), dazu eine reichlich bemessene Güterhalle, später noch – zwischen beiden – ein kleines Nebengebäude und, westlich anschließend, ein Dienstwohngebäude (Bild 85).
Weidenberg erhielt ein massives Bauwerk mit zwei Warteräumen, WC und Dienstraum sowie einer Dienstwohnung im 1. Stock; die Güterhalle wurde nahtlos angefügt (Bilder 86, 87).
Der Endbahnhof *Warmensteinach* wurde großzügig ausgestattet: Das Hauptgebäude (Bild 88) hatte – ursprünglich – im Erd-

Bild 84: *Bahnhof Bayreuth St. Georgen 1988 (oben links)*

Bild 85: *Eisenbahnerwohnhaus in Bayreuth St. Georgen 1989, dem Bayreuther Markgrafenstil etwas angepaßt (Mitte)*

Bild 86: *Bahnhof Weidenberg 1988; der Schienenbus-Zug ist gerade angekommen (unten).*

geschoß die Schalterhalle, zwei Warteräume, drei Diensträume und ein „möbliertes Zimmer für einen Adjunkten" (= Beamtenanwärter), im 1. Stock zwei Dienstwohnungen, im Dachgeschoß drei Dienstwohnungen (je ein Zimmer plus Kammer). Im Nebengebäude waren die öffentlichen Aborte, die Holzlegen und die Waschküche. Dazu kamen die Güterhalle (Bild 89) und das zweiständige Maschinenhaus (Bild 90) mit Ölkeller, Übernachtungslokal und zwei Dienstwohnungen. Im Jahr 1905 erbaute man noch ein eigenes Dienstwohngebäude – östlich der Güterhalle (Bilder 91, 92).

Aus Bild 93 sind die Gleisanlagen der Bahnhöfe und Haltestellen nach dem Stand von etwa 1950 ersichtlich; als Kreuzungsbahnhöfe waren eingerichtet: Bayreuth St. Georgen, Weidenberg und Warmensteinach.

In neuerer Zeit sind auch auf dieser Strecke da und dort entbehrliche Gleise ausgebaut worden, so in Friedrichsthal, Zainhammer; in Warmensteinach zum Beispiel die Gleise zum Lokschuppen; andererseits sind neue Anschlußgleise angelegt worden in Bayreuth St. Georgen und vor, sowie in Weidenberg. In Döhlau bestand der Privatgleisanschluß zur Gipsgrube nur kurze Zeit.

Das den Eisenbahnfreunden gut bekannte und von Fotoamateuren so geschätzte „Warmensteinacher Züglein" sieht man auf Bild 94 im landschaftlich reizvollen Steinachtal bei Döhlau – und auf Bild 95 in der Winterlandschaft bei Mengersreuth.

Bild 87: *Güterhalle und Ladestraße in Weidenberg 1988*

Bild 88: *Bahnhofsgebäude in Warmensteinach 1988*

Bild 89: *Güterhalle in Warmensteinach und Dampfzug mit Lok 98^{10} und schönen bayerischen Lokalbahnwagen im Jahr 1947*

Bild 90: *Zwei „Bubiköpfe" an einem trüben Wintertag vor dem Warmensteinacher Maschinenhaus, 1952*

Bild 91: *Eisenbahnerwohnhaus in Warmensteinach, 1989 (Foto: Ludwig Mayer, Sophienthal)*

Bild 92: *Eingang zum Eisenbahnerwohnhaus in Warmensteinach, 1989. Es wurde gebaut im Jahre des Herrn (Anno Domini) 1905; rechts das zu allen Zeiten und in allen Ländern geschätzte Symbol der Eisenbahn, das Flügelrad. Bei uns sieht man es seit 1989 nicht einmal mehr auf der Dienstkleidung der Eisenbahner (Foto: Ludwig Mayer, Sophienthal).*

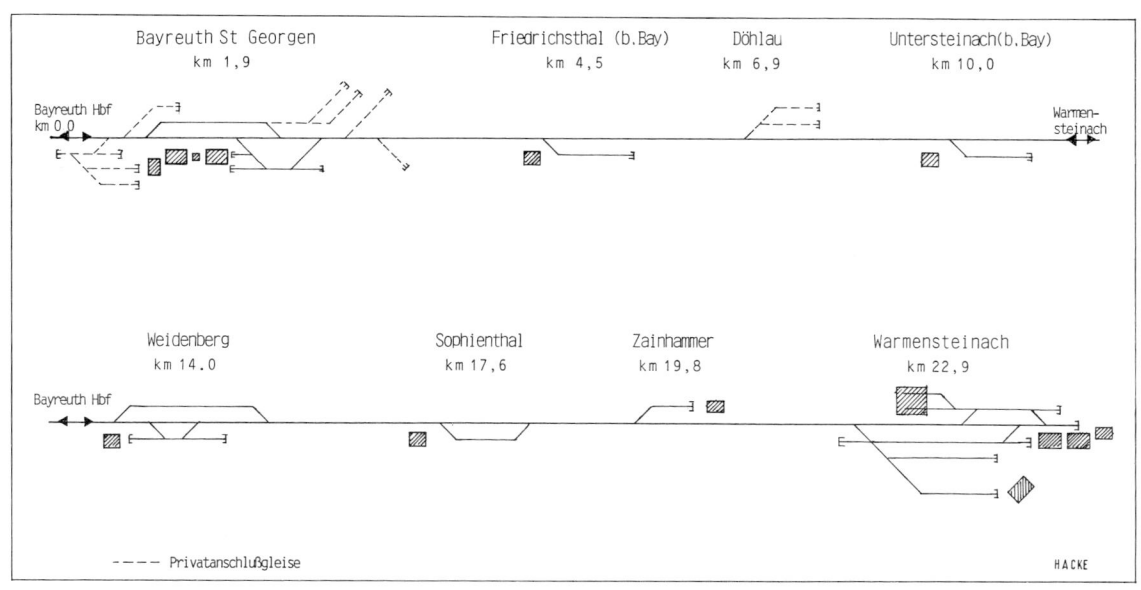

Bild 93: *Gleisanlagen Bayreuth – Warmensteinach (schematisch/ Grafik Heinz Hacke)*

Bild 94: *Das Züglein im Steinachtal bei Döhlau, 1949 (rechts)*

Bild 95: *Das Züglein in der Winterlandschaft bei Mengersreuth, 1955 (unten)*

Durch den Hummelgau nach Hollfeld

Natürlich mußte auch das westliche Umland an Bayreuth herangeholt werden; aber die Entstehung der Lokalbahn Bayreuth – Hollfeld beruht auf dem alten Wunsch, der schon in den Abschnitten 2 und 5 behandelt worden ist und nun wieder ins Spiel kommt:

7.1 Eine Bahn von Bayreuth über den Fränkischen Jura nach Forchheim

Die Regierung von Oberfranken schlägt mit Schreiben vom 19. Februar 1873 geradezu eine Magistrale vor: Bayreuth – Plankenfels – Veilbronn – Forchheim – Höchstadt (Aisch) – Neustadt (Aisch) – Bad Windsheim – Rothenburg o. T.; man verweist darauf, daß eine solche Strecke bereits im Jahr 1869 geprüft worden sei.

Und vom 28. September 1877 datiert ein Schreiben der Gemeinde Weißenstadt mit dem Antrag, diese großzügige Linie auch noch über das Fichtelgebirge hinweg nach Weißenstadt und an den gerade eröffneten Abschnitt der Fichtelgebirgsbahn Marktredwitz – Hof zu führen.

Immerhin hatte die Generaldirektion der Königlich Bayerischen Verkehrsanstalten schon am 25. Juli 1877 dem Staatsministerium des Königlichen Hauses und des Äußeren „das generelle Projekt einer Hauptbahn Forchheim – Bayreuth in Vorlage gebracht": Geplant war eine Trasse Forchheim – Gasseldorf – Leinleitertal – Veilbronn – Wüstenstein – Breitenlesau – Wasserscheide Aufseß/Wiesent – Plankenfels – Truppachtal – Eckersdorf – Fantasie – Bayreuth mit 53,77 km Länge. Zwischen Unterleinleiter und Plankenfels wurde mit bedeutenden Bauarbeiten und Felssprengungen gerechnet bei einer Maximalsteigung von 1 : 50; die Kosten waren auf 11 Millionen $\mathscr{M}$ veranschlagt.

Diese recht aufwendige Angelegenheit konnte nicht weiterverfolgt werden, denn sie entsprach nicht den sparsamen Grundsätzen des am 21. April 1884 in Kraft getretenen Lokalbahngesetzes. So bittet mit Schreiben vom 23. Februar 1885 der Stadtmagistrat Bayreuth denn auch um den Bau einer Lokalbahn von Bayreuth nach Forchheim – mit der Zusicherung, die benötigten Grundstücke im Stadtgebiet Bayreuth unentgeltlich zu überlassen und außerdem ²/₅ der Grunderwerbskosten im Gebiet des Bezirksamts Bayreuth zu tragen, was auf 60 000 $\mathscr{M}$ hinauslaufe.

Die Generaldirektion der Königlich Bayerischen Verkehrsanstalten wird aber am 6. Juni 1885 angewiesen, das Lokalbahnprojekt Bayreuth – Forchheim zunächst auf die Strecke Forchheim – Ebermannstadt zu beschränken, und am 22. Januar 1886 stellt Staatsminister von Crailsheim in der Kammer der Abgeordneten eine Bahn von Bayreuth nach Plankenfels in Aussicht; den gebirgigen Teil zwischen Ebermannstadt und Plankenfels klammert man aus und begründet dies so:

a) er würde den Charakter einer Gebirgsbahn mit Steigungen bis 1 : 40 wie auf der „Schiefen Ebene" annehmen;
b) kostspielige Erdarbeiten, Brücken und Viadukte wären nicht zu vermeiden;
c) der Gebirgteil ist arm an Naturprodukten und ohne nennenswerte Industrie;
d) die bisherigen Absatz- und Einzugsgebiete blieben ohnehin unverändert, denn die Gegend um Ebermannstadt gravitiert nach Forchheim – $\frac{Bamberg}{Nürnberg}$ und die um Plankenfels nach Bayreuth;
e) ein durchgehender Verkehr zwischen Bayreuth und Forchheim würde die vorhandenen Linien Hof – Bamberg – Nürnberg und Hof – Marktredwitz – Nürnberg konkurrenzieren.

7.2 Die Lokalbahn Bayreuth – Hollfeld entsteht

Am 24. Oktober 1887 richtet der Distriktsrat Hollfeld an das Staatsministerium des Königlichen Hauses und des Äußeren die Bitte, die in Rede stehende Lokalbahn über Plankenfels hinaus bis nach Hollfeld zu planen (Bild 96).

Am 23. Juli 1892 versichert das Eisenbahnkomitee Bayreuth – Plankenfels, daß es für die Projektierungskosten aufkomme und daß die Gelder für den Grunderwerb beschafft würden. Im Jahr 1893 begannen dann die Vorarbeiten und die näheren Untersuchungen.

Von der zunächst ins Auge gefaßten Streckenführung über Eckersdorf sieht man ab, da die Mehrzahl der Interessenten – namentlich die Stadt Bayreuth – wünscht, daß die Bahn weiter südlich, dem Mistelbach folgen solle; auf diese Weise werde auch die Holzabfuhr aus den Staatswaldungen des Forstamts Glashütten erleichtert. Die wirtschaftliche Bedeutung schildert ein amtliches Schreiben damals wie folgt:

Die projektierte Lokalbahn nach Hollfeld soll dem Verkehr eines Gebietes dienen, welches sich westlich von Bayreuth etwa bis Königsfeld, nördlich bis zur Höhe von Buckendorf erstreckt und im Süden noch die Stadt Waischenfeld mit ihrer nächsten Umgebung einschließt. Dieses Gebiet hat eine Fläche von etwa 380 qkm, wovon beiläufig der dritte Teil bewaldet ist.

Bild 96: *Motiv aus Hollfeld 1989*

Die bedeutendsten Orte sind Hollfeld mit über 1100, Waischenfeld mit über 700, dann die Gemeinden Plankenfels mit gegen 800, Alladorf mit über 700 Einwohnern, endlich Eckersdorf und Obernsees, welche indessen aus mehreren Ortschaften bestehen.

Im Erwerbsleben der nicht sehr wohlhabenden Bevölkerung ist der Betrieb der Land- und Forstwirtschaft vorherrschend. Das Waldgebiet hat seine beträchtlichste Ausdehnung südlich von Mistelgau im Glashüttenwald und Gubitzmooswald. Bei der sandigen Beschaffenheit des Bodens überwiegt die Föhre. Der Ackerbau ist nur von mittelmäßiger Ergiebigkeit, dagegen ist der ziemlich ausgedehnte Wiesenboden in den Tälern infolge zahlreicher Bewässerungsanlagen ertragreich. Dies begünstigt die Viehzucht, welche auch durch den lohnenden Absatz nach der nahen Hauptstadt und nach Mitteldeutschland Anregung findet. Auf dem Hochgelände im westlichen Teile des Bezirks beeinträchtigt aber die Wasserarmut die Bodenbenützung.

An industriellen Anlagen sind mehrere Sägewerke, einige Ziegeleien bei Bayreuth Altstadt, eine Großbrauerei in Obernsees und mehrere, jedoch nicht sehr bedeutende Mühlen vorhanden. Größere Steinbrüche sind z. Z. bei Eschen und Donndorf im Betriebe; auch an anderen Orten finden sich große Lager brauchbarer Steine, welche bei günstiger Verkehrsgelegenheit wahrscheinlich zur Eröffnung und Ausbeute gelangen werden. In den größeren Orten des Gebietes, insbesondere in Hollfeld, wird das Kleingewerbe rührig betrieben.

Der Bezirk ist mit Straßen gut ausgestattet; den Norden durchzieht über Hollfeld, woselbst außerdem noch drei Distriktsstraßen einmünden, die Bayreuth – Bamberger Staatsstraße; die Täler sind von Distriktsstraßen durchzogen, vier derselben vereinigen sich in Plankenfels. Der Hauptverkehr des zu erschließenden Gebietes geht naturgemäß nach Bayreuth, nur der äußerste westliche und der nördliche Gebietsteil unterhalten Verkehrsbeziehungen mit Bamberg und Kulmbach. Die Einfuhr in das Verkehrsgebiet wird sich auf Kohlen, Kunstdünger, Baumaterialien, Eisenwaren und Gebrauchsgegenstände, die Ausfuhr hauptsächlich auf die Produkte der Land- und Forstwirtschaft, künstliche und natürliche Steine erstrecken. Auch der Viehverkehr wird nicht ohne Belang sein.

Da die Sache stockt, wird das Eisenbahnkomitee ungeduldig; es wendet sich am 20. Februar 1896 alarmierend an die Hohe Kammer der Abgeordneten: „Es macht sich ein stetiger Niedergang des Wohlstandes bemerkbar, viele Bewohner verlassen den heimatlichen Boden, um anderwärts eine bessere Existenz zu suchen, die Bevölkerung nimmt seit mehreren Jahren merklich ab; [...] der Transport per Achse nach Bayreuth ist per Zentner teuerer, als derjenige zu Wasser von Rumänien nach Bayern oder von Amerika an den Rhein. [...] Zu den Grunderwerbskosten haben die Landgemeinden erhebliche

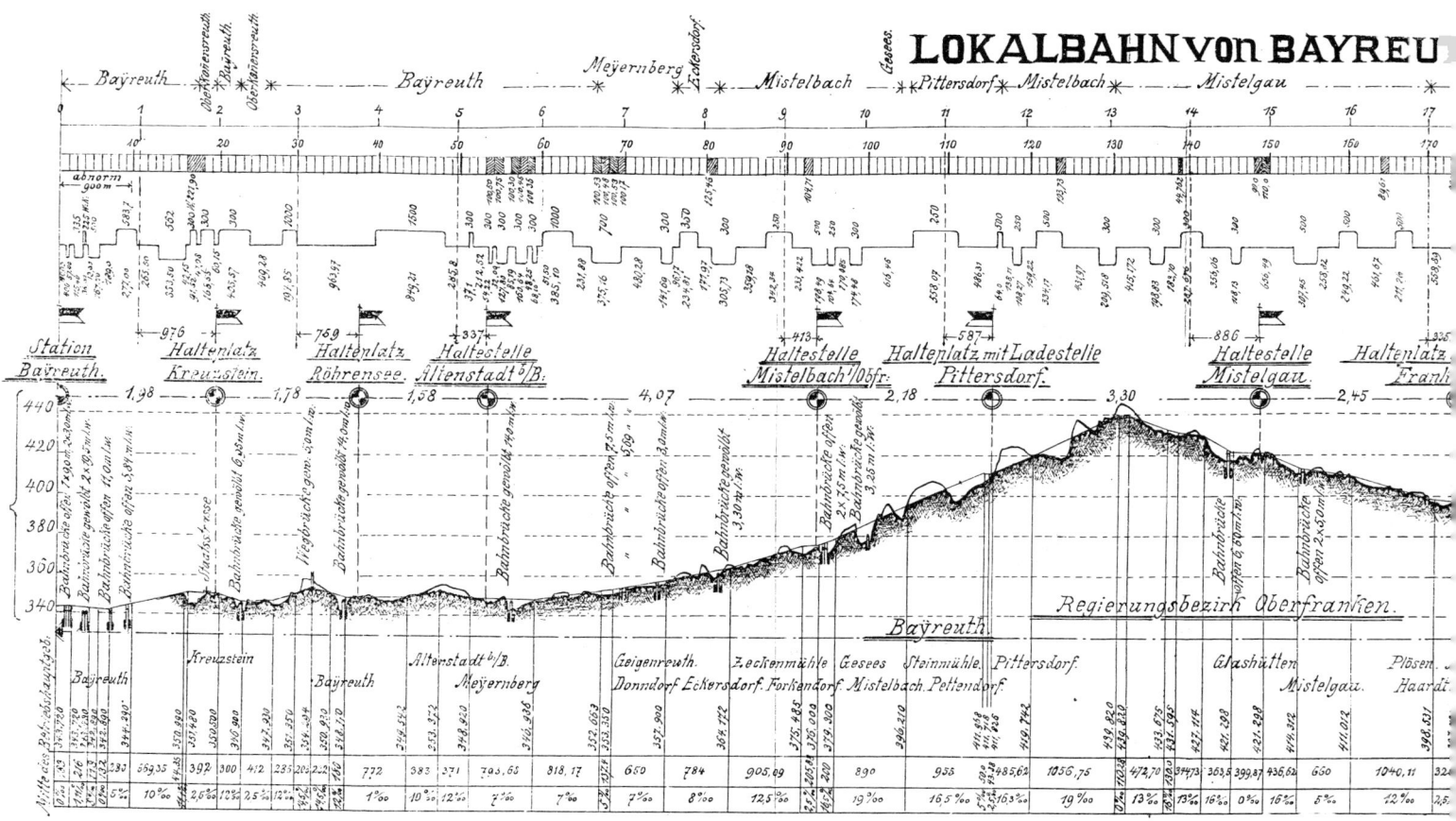

Bild 97: *Höhenplan der Strecke Bayreuth – Hollfeld*

Opfer gebracht und allein 60 000 ℳ gezeichnet. Der Distrikt Hollfeld hat einen Zuschuß von 8 000 ℳ zugesichert, noch eine erhebliche Summe ist zu erwarten."

Zu Ende des Jahrhunderts bekommt die Angelegenheit endlich Hand und Fuß: Für den 19. Juli 1899 hat die Generaldirektion der Königlich Bayerischen Verkehrsanstalten die Interessenten der ganzen Strecke ins Bayreuther Rathaus gebeten. Hier sind die Baupläne zur Einsichtnahme ausgelegt. Die Linienführung und die Lage der Verkehrsstellen wird wie nachfolgend erläutert:

Für die Ausfahrt aus dem Bahnhof Bayreuth benützt die Lokalbahn die etwa 1½ km lange gemeinschaftliche Strecke Bayreuth – Schnabelwaid und zweigt bei der zu errichtenden Blockstation Kreuzstein [b. z. vgl. Abschnitt 5.6] ab. Sodann wendet sich die Linie unter Überschreitung der Staatsstraße Bayreuth – Amberg nach Westen, führt dicht an der Südseite der neu hergestellten Militärbauten vorbei, kreuzt die Distriktsstraße nach Pottenstein und die Staatsstraße nach Bamberg in Fahrbahnhöhe und tritt dann in das Tal des Mistelbachs ein, welches östlich von Bayreuth Altstadt überschritten wird. Die Bahnlinie steigt nun am Talhange links des Baches an Mistelbach vorüber zur Wasserscheide zwischen Main und Regnitz an, wobei von Mistelbach ab die Meiststeigung angewendet werden muß. Von dieser Höhe senkt sich die Linie gegen Mistelgau hinab, biegt südlich aus, um dem Ort Glashütten näher zu kommen, überschreitet die Truppach und folgt diesem Bache auf der rechten Talseite an Frankenhaag, Obernsees, Truppach und Mengersdorf vorüber mit mäßigen Gefällen bis zu der an der Distriktsstraße nach Plankenfels zu errichtenden Haltestelle Plankenfels. In der Fortsetzung tritt die Linie unter scharfer nördlicher Biegung und zweimaliger Überschreitung der Truppach in das Tal des Lochaubaches ein und erhebt sich mit der Größtsteigung zu dem das Wiesent- und Lochautal trennenden Höhenzuge. Nun senkt sich die Linie in das Wiesenttal gegen Wadendorf hinab, in welchem sie unter Berührung der Orte Stechendorf, Welkendorf, Moggendorf und Treppendorf teils in horizontaler Führung, teils in mäßigen Steigungen bis zur Endstation Hollfeld, welche südlich der Stadt an der Distriktsstraße errichtet werden soll, verläuft.

Die Länge der Lokalbahn zwischen den Mitten der Betriebsgebäude in der Anschluß- und Endstation beträgt 32,73 km; die Luftlinie ist 20,5 km lang. Der Bahnhof Bayreuth liegt 343,72 m über dem Meeresspiegel, die Endstation Hollfeld

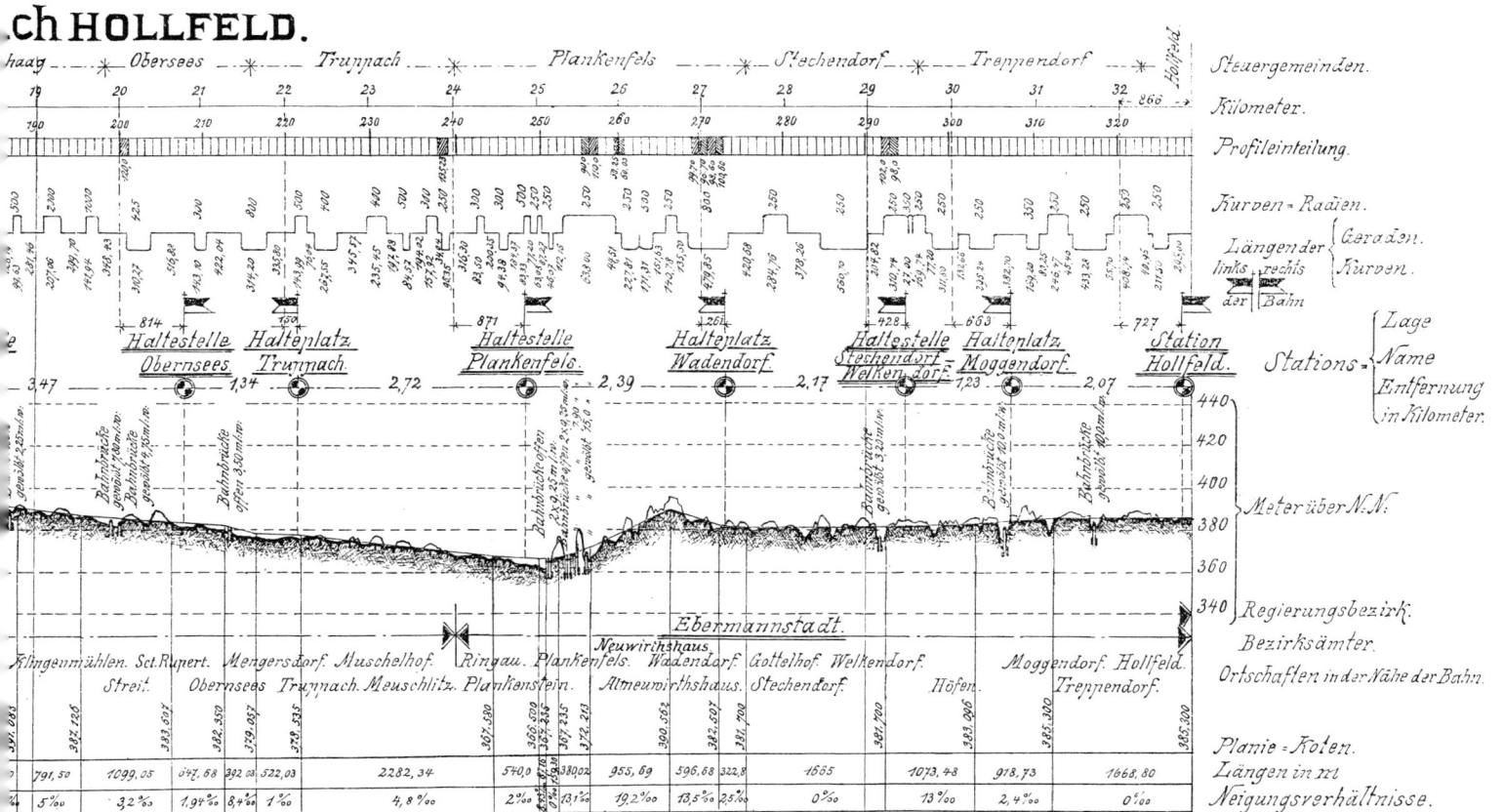

41,58 m höher. Die verlorenen Steigungen beziffern sich zusammen auf 109,10 m (Bild 97). Der kleinste Bogenhalbmesser ist 250 m. In beiden Fahrtrichtungen kommt die Steigung von 19,2 ‰ als Größtsteigung vor. Die Lokalbahn erhält demnach ungünstige Projektionen.

Die zu bewegenden Erdmassen sind mittleren Umfanges; es sind 303 000 cbm im ganzen, das sind 9,3 cbm für 1 m der Bahnlänge zu fördern. Die Lokalbahn ist in ihrer Anfangsstrecke auf den diluvialen Lehmablagerungen des Main- und unteren Mistelbachtales zu erbauen, berührt dann Schichten des jüngeren Keupers, der hier mit einer spärlichen Entwicklung des rhätischen Bausandsteines nach oben abschließt, und tritt bei Mistelbach in die östlichen Ausläufer des Frankenjura ein, in welchen nur mehr die älteren jurassischen Glieder, Lias und Dogger, am Gebirgsaufbau beteiligt sind. Das Material der Bahneinschnitte wird demnach, soweit es gebunden anfällt, aus Sand- und Kalksteinen, im übrigen aus Lehm, lehmigem Sand und Mergel bestehen. An größeren Kunstbauten werden erforderlich: Die Bahnbrücke über den Mistelbach mit zwei je 10 m weiten Öffnungen mit Blechträgerüberbau, eine 15 m weite Bahnbrücke über die Truppach, zwei Bahnbrücken über diesen Fluß mit je zwei mit Walzeisenträgern überdeckten Öffnungen von 7,5 m Lichtweite, eine 8, zwei 7,5 und eine 4 m weite offene Brücke, mehrere gewölbte Bauwerke von 5,4 bis 9,7 m Lichtweite und einige offene und gewölbte 3 m weite Brücken. Außerdem ist eine Anzahl von Durchlässen zu erbauen.

Bei den Verhandlungen mit den Interessenten wurde von Beteiligten beantragt, daß beim Anschluß der Lokalbahn an die Hauptbahn an der Kreuzung mit der Distriktsstraße von Bayreuth nach Pottenstein und an dem Ortsverbindungswege Pittersdorf – Mistelbach Halteplätze sowie an der Kreuzung der Bahn mit der Ortsverbindungsstraße nach Plösen eine Ladestelle errichtet würden; daß auf die Ermöglichung eines Industriegleisanschlusses zu den Altstädter Ziegeleien Rücksicht genommen werde; daß die Bahn bei Bayreuth längs der Orleansstraße* von dieser in südlicher Richtung abrücke, dann südlich der Erlanger Straße näher an dem Ortsverbindungswege nach Geigenreuth geführt und die Haltestelle Mistelgau mehr gegen den Ort zu situiert werde; ferner, daß die Haltestelle für Obernsees nicht unterhalb des Ortes, sondern etwas oberhalb errichtet werde. Die übrigen Anträge sollten bei der

---

* heute Justus-Liebig-Straße

Detailprojektierung gewürdigt und nach Tunlichkeit berücksichtigt werden.

Die Gemeinden verpflichten sich, die Zufuhr- und Ladestraßen auf ihre Kosten zu bauen, zu unterhalten und zu beleuchten. Plankenfels stellt Baumaterial unentgeltlich zur Verfügung. Die Stadt Bayreuth liefert für den Bahnhof Bayreuth Altstadt kostenlos Wasser aus ihrer Wasserleitung.

Schließlich werden die gesamten erforderlichen Baukosten offengelegt:

Vorarbeiten	16 200 ℳ
Grunderwerbung	227 000 ℳ
Erdarbeiten	518 200 ℳ
Kunstbauten	151 200 ℳ
Einfriedigungen	11 500 ℳ
Herstellung der Fahrbahn	684 000 ℳ
Hochbauten, Stationseinrichtungen, Signale	215 200 ℳ
Instrumente und Werkzeuge	10 400 ℳ
Fahrmaterial	139 500 ℳ
Verwaltungskosten	192 800 ℳ
Unvorhergesehenes	108 300 ℳ
Summa rund	2 274 000 ℳ
oder für 1 km Bahnlänge rund	70 000 ℳ

Hiervon haben die Interessenten zu tragen
a) die Kosten der Grunderwerbung, ausschließlich jener der Arealausscheidung und Vermarkung mit   217 300 ℳ
b) die Kosten der Befestigung der Zufuhr- und Ladestraßen in den Verkehrsstellen mit   19 600 ℳ
c) 5 % Reserve   11 845 ℳ
zusammen rund   248 800 ℳ

Von dieser Summe treffen schließlich
auf die Stadt Bayreuth 56¼ % =   139 960 ℳ
auf die Stadt Hollfeld 10 % =   24 880 ℳ
auf die Distriktsgemeinde Hollfeld 18 % =   44 780 ℳ
der Rest von 15¾ % auf 11 weitere Gemeinden =   39 180 ℳ
         248 800 ℳ

Das vom Staate aufzuwendende Baukapital beziffert sich sohin auf   2 025 200 ℳ
oder für 1 km Bahnlänge rund   62 000 ℳ

Die Betriebseinnahmen werden geschätzt auf 111 200 ℳ jährlich, die Betriebsausgaben auf 70 000 ℳ jährlich, das ergibt einen Überschuß von 41 200 ℳ, welcher das staatliche Baukapital von 2 025 200 ℳ mit etwa 2 % verzinsen wird.

Am 18. Oktober 1899 teilt das Staatsministerium des Königlichen Hauses und des Äußeren mit, Bayreuth – Hollfeld werde in das nächste Lokalbahngesetz aufgenommen. Dieses wird am 30. Juni 1900 durch Prinzregent Luitpold verkündet; es beschließt gleichzeitig, weitere dreiunddreißig bayerische Lokalbahnen anzulegen. Endlich genehmigt im November 1901 das Staatsministerium des Königlichen Hauses und des Äußeren den Bau der ganzen Strecke (Bild 98).

7.3 Wieder ein Intermezzo

Zu einer Zeit, zu welcher die Planungen so gut wie fertiggestellt sind, nämlich im Dezember 1898, regt die Königliche Regierung von Oberfranken an, doch eine „Vollbahn" Bayreuth – Hollfeld – Bamberg zu bauen, und begründet dies „mit der politischen Erwägung, daß diese ein wichtiges Band wäre zur besseren Verschmelzung des Ober- und Unterlandes, der beiden geschichtlich und nach den Konfessionen einander fremden Teile des Regierungsbezirks, des Bayreuther und des Bamberger Gebietes und daß sie zur Behebung bestehender und Vermeidung künftiger Gegensätze und Interessenkämpfe wesentlich beizutragen geeignet erscheine".

Dieses Ansinnen wird vom Staatsministerium des Königlichen Hauses und des Äußeren abgelehnt, weil eine solche Bahnverbindung im allgemeinen Landes- und Verkehrsinteresse nicht geboten sei; die Kosten wären wegen der teilweise höchst schwierigen bautechnischen Verhältnisse ungewöhnlich hoch, und der Betrieb müßte sich teuer und völlig unrentierlich gestalten. Die Verkehrsbedürfnisse des in Betracht kommenden Gebietes könnten durch lokale Bahnverbindungen befriedigt werden.

Dennoch kommt das Projekt noch nicht zur Ruhe. Aufgrund einer Petition der Handels- und Gewerbekammer von Oberfranken sollte es sogar ausgeweitet werden zu einer großen Ost-West-Achse, zu einer Hauptbahn Marienbad – Mähring – Tirschenreuth – Falkenberg – Erbendorf – Kemnath – Kirchenlaibach – Bayreuth – Hollfeld – Bamberg, so daß „der mitteleuropäische Weltverkehr von Westen nach Osten, nämlich von Paris nach Rußland auf dem kürzesten Wege durch die fränkischen Lande und die nördliche Oberpfalz gelenkt werde und daß verhindert wird, daß dieser Verkehr durch Schlesien oder Sachsen geleitet wird".

Am 21. 3. 1899 wird in der bayerischen Kammer der Abgeordneten ausgiebig hierüber beraten. Das Hauptreferat hält der Landtagsabgeordnete Dr. Leopold Casselmann aus Bayreuth, der sich vehement für diese Bahnverbindung einsetzt.

Ihm mußte der Staatsminister des Königlichen Hauses und des Äußeren, Dr. Freiherr von Crailsheim, erwidern:
a) eine Bahn Marienbad – Bayreuth – Bamberg bekäme eine Länge von 164 km;

Bild 98: *Ein Bauzug mit der Bayreuther Ostbahnlok B V Nr. 1049 und den Bahnarbeitern in Hollfeld, kurz vor der Inbetriebnahme dieser Lokalbahn (Archivbild der Stadt Hollfeld)*

b) es wären mehrfach Wasserscheiden zu überschreiten, es wären sehr bedeutende Erdarbeiten, ein zwei km langer Tunnel, Brücken und sonstige Kunstbauten in großer Anzahl erforderlich;

c) unter allen Umständen wären Steigungen von 25 ‰, also „Schiefe Ebenen" notwendig, und zwar auf lange Strecken;

d) der Höhenunterschied zwischen der bayerischen Grenze und Bamberg beträgt 410 m, die dabei verlorenen Steigungen 400 m;

e) von dem kleinsten bei Hauptbahnen zulässigen Krümmungshalbmesser von 300 m könnte nicht abgegangen werden;

f) die Baukosten werden auf 36 Millionen ℳ geschätzt;

g) die bereits bestehende Linie Marienbad – Eger – Marktredwitz – Kirchenlaibach – Bayreuth – Neuenmarkt – Bamberg ist mit 203 km zwar 39 km länger, aber *weitaus leistungsfähiger*, da nur Steigungen von 10 ‰ (1 : 100) vorkommen. Wollte man die beantragte Verbindung auf dieses Steigungsmaximum von 10 ‰ auslegen, so wären außerordentlich lange Tunnels oder eine Längenentwicklung auf weitere 35 km nötig, so daß sich im Endeffekt nur eine Verkürzung um 39 – 35 = 4 km ergebe, und der Bauaufwand würde sich auf 45 Millionen ℳ erhöhen. Hierfür könnten 30–45 Lokalbahnen gebaut werden.

Für den Antrag Dr. Casselmanns stimmte im Landtag nur eine Minderheit; er wurde abgelehnt.

7.4 Nun aber: Mit Volldampf durch den Hummelgau!

Am 5. März 1904 wird die Strecke durch eine Kommission der Generaldirektion der Königlich Bayerischen Verkehrsanstalten in technischer Hinsicht überprüft und für den Betrieb freigegeben, und Prinzregent Luitpold genehmigt die Eröffnung zum 12. März 1904.

Nach dem Fahrplan vom 1. 10. 1904 (Bild 99) verkehren folgende drei Zugpaare:

Hollfeld ab	5.15	10.27	17.00
Bayreuth an	7.14	12.26	18.59
Bayreuth ab	8.00	14.00	19.20
Hollfeld an	10.00	16.00	21.20

hin. Bayreuth—Hollfeld. zurück.

21	23	25	Kilom.	Zug-Nr. **64**		Zug-Nr.	20	22	24
2.3.	2.3.	2.3.		Klasse		Klasse	2.3.	2.3.	2.3.
4 50	9 00	1 10	0	ab	Weiden (I 3)	an	11 31	3 38	9 18
6 22	1 25	6 40		ab	Neuenmarkt (I 3)	an	9 46	2 52	9 28
6 50	10 00	4 35		ab	Schnabelwaid (V 52)	an	9 15	2 51	8 35
8 00	2 00	7 20	0	ab	Bayreuth	an	7 14	12 26	6 59
8 07	2 07	7 27	2	ab	Kreuzstein	ab	7 08	12 20	6 53
×8 13	×2 13	×7 33	4	ab	Röhrensee	ab	×7 01	×12 13	×6 46
8 20	2 20	7 40	6	ab	Altenstadt b/Bayr.	ab	6 55	12 07	6 40
8 33	2 33	7 53	10	ab	Mistelbach i/Ofr.	ab	6 42	11 54	6 27
×8 42	×2 42	×8 02	12	ab	Pittersdorf	ab	×6 33	×11 45	×6 18
8 54	2 54	8 14	15	ab	Mistelgau	ab	6 22	11 34	6 07
×9 02	×3 02	×8 22	18	ab	Frankenhaag	ab	×6 14	×11 24	×5 57
9 17	3 17	8 37	21	ab	Obernsees	ab	6 02	11 14	5 47
×9 22	×3 22	×8 42	23	ab	Truppach	ab	×5 52	×11 04	×5 37
9 31	3 31	8 51	25	ab	Plankenfels	ab	5 44	10 56	5 29
×9 40	×3 40	×9 00	28	ab	Wadendorf	ab	×5 35	×10 47	×5 20
9 48	3 48	9 08	30	ab	Stechendorf-Welkendorf	ab	5 28	10 40	5 13
×9 54	×3 54	×9 14	32	ab	Moggendorf	ab	×5 21	×10 33	×5 06
10 00	4 00	9 20	33	an	Hollfeld	ab	5 15	10 27	5 00

Bild 99: *Der erste Winterfahrplan für die Strecke Bayreuth – Hollfeld vom 1. Oktober 1904; bei den Nachtstunden wurden zur besseren Unterscheidung die Minutenzahlen unterstrichen.*

Die Reisezeit ist recht lang, zwei Stunden braucht jeder Zug. Der erste Zug mußte auch auf dieser Bahn in Hollfeld beginnen, weil, wie auf den bayerischen Lokalbahnen allgemein üblich, die beiden Lokomotiven hier beheimatet wurden sowie das gesamte Personal, nämlich

- 1 Betriebsleiter,
- 1 Hilfsarbeiter und Vertreter des Betriebsleiters,
- 1 Lokomotivführer,
- 1 „fahrfertiger" Heizer,
- 2 Gehilfen im Maschinenhaus- und Heizerdienst,
- 4 Bedienstete für den Stations- und Zugbegleitdienst und als Ablöser in Bayreuth Altstadt, Mistelgau und Plankenfels.

Die Lokalbahnlokomotiven der Gattung D XI (b. z. vgl. Abschnitt 11) konnten in Richtung Hollfeld – Bayreuth nur 150 t befördern wegen der Steigung zwischen Obernsees und Pittersdorf, in der Gegenrichtung nur 135 t wegen der Steigung zwischen Mistelbach und Mistelgau; es mußten daher besondere Güterzüge vorgesehen werden.
Auf der 32,7 km langen Strecke waren u. a. 21 schienengleiche Bahnübergänge, die vom Lokomotivführer nicht gut überschaubar waren; sie durften nur mit 15 km/h bzw. 10 km/h befahren werden.
Die Postomnibusfahrten zwischen Bayreuth und Kirchahorn, Obernsees, Waischenfeld sowie Hollfeld wurden am 12. März 1904 unverzüglich eingestellt.

7.5 Unterwegs nach Hollfeld

Als unbesetzte *Haltepunkte* waren schon bei Inbetriebnahme bestimmt:

Röhrensee bei km 3,8,
Truppach bei km 22,2 (Bild 100),
Wadendorf bei km 27,3 und
Moggendorf bei km 30,7.

Im Mai 1907 wurde noch der Haltepunkt Fantasie-Eckersdorf bei km 6,9 eröffnet.
Kreuzstein, Pittersdorf und Frankenhaag hatten Ladegleise und galten daher als unbesetzte *Haltestellen*.
Bahnagenten wurden bestellt in:

Mistelbach (Ofr.) (Bilder 101, 102),
Obernsees (Bild 103) und
Stechendorf-Welkendorf.

Hier standen die üblichen Agenturgebäude mit angebauter Güterhalle.
In Röhrensee konnte man Fahrkarten in einem benachbarten Privathaus kaufen und in einer Bretterbude warten, bis der Zug kam. Das Wartehäuschen in Kreuzstein dagegen war massiv aufgemauert und machte einen netten, fast jugendstilartigen Eindruck.

Bild 100: *Das Schlößchen in Truppach von 1750 (Foto: 1988)*

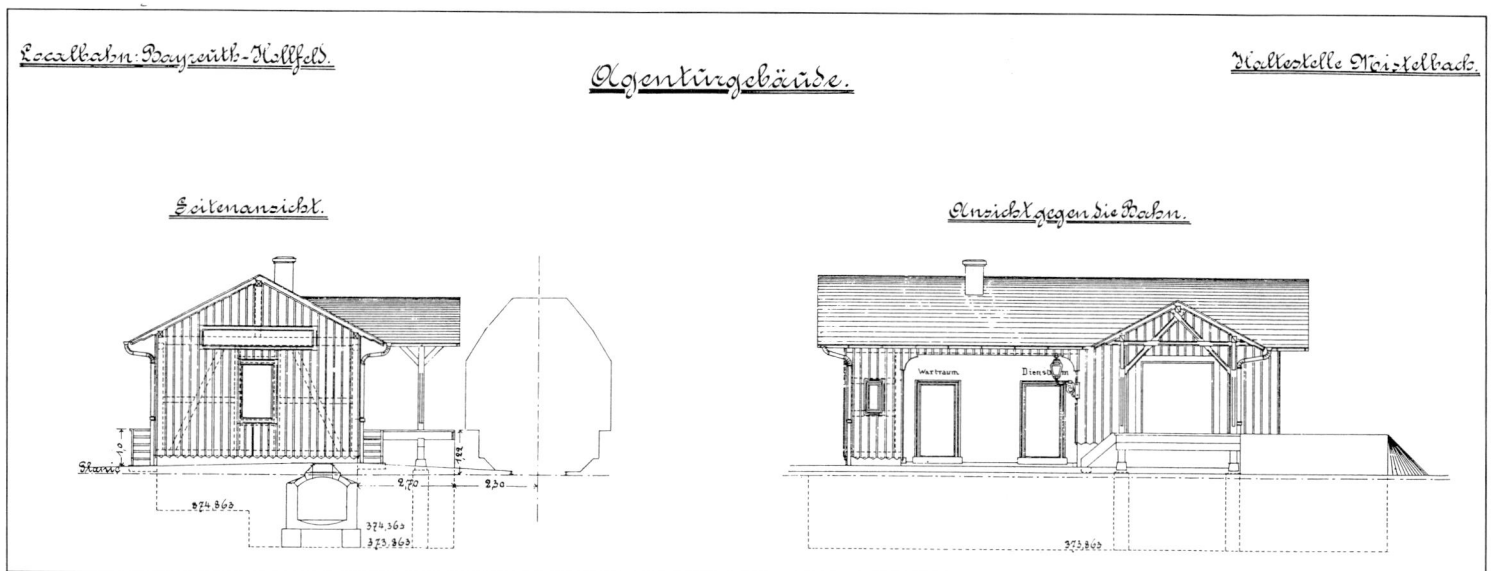

Bild 101: *Das Agenturgebäude in Mistelbach (Ofr.)*

Bild 102: *Das Züglein hat gerade Aufenthalt in Mistelbach (Ofr.), Lok 98^{11} mit original bayerischen Lokalbahnwagen, 1952.*

Bild 103: *Das Züglein bei der Obernseeser Rupertuskapelle von 1730 (Foto: 1952); Lok 98^{11}*

In den Bahnhöfen Bayreuth Altstadt,
                Mistelgau,
                Plankenfels und
                Hollfeld
wurden große Dienstgebäude errichtet:
in *Bayreuth Altstadt* (Bild 104) das Hauptgebäude mit einem Dienstraum, zwei Warteräumen, einer offenen Wartehalle, einer Dienstwohnung und einem Einzelzimmer, ferner die angebaute Güterhalle und ein Nebengebäude;
das Bahnhofsgebäude in *Mistelgau* (Bild 105) mit einem Dienstraum, einem Warteraum und einer Dienstwohnung, ferner die angebaute Güterhalle und ein Nebengebäude;
das Bahnhofsgebäude in *Plankenfels* mit einem Dienstraum, zwei Warteräumen, einer offenen Wartehalle und einer Dienstwohnung, ferner die angebaute Güterhalle und ein Nebengebäude.
In *Hollfeld* wurden erbaut das Hauptgebäude (Bild 106) mit drei Diensträumen, zwei Warteräumen, drei Dienstwohnungen und einem Einzelzimmer; dann das Maschinenhaus mit zwei Dienstwohnungen und einem Übernachtungsraum; ferner die Güterhalle und ein Nebengebäude.
In Bild 107 sind die Gleisanlagen der Bahnhöfe und Haltestellen nach dem Stand von etwa 1950 schematisch dargestellt.

Kreuzungsbahnhöfe waren Bayreuth Altstadt, Mistelgau, Obernsees, Plankenfels und Hollfeld.
Heute ist von dieser Lokalbahn fast nichts mehr zu sehen; sie ist am 28. September 1975 von Bayreuth Altstadt bis Hollfeld stillgelegt worden; die Gleise sind verschwunden, der Bahnkörper wurde zum Wander- und Radfahrweg umfunktioniert (Bilder 108, 109); ein paar verlassene Brücken ließ man stehen (Bild 110).
Von den Hochbauten ist nur in Hollfeld einiges erhalten geblieben: das Bahnhofsgebäude (Bild 111) und das nette kleine Nebengebäude (Bild 112) sind verkauft und vom neuen Besitzer liebevoll restauriert worden. Auf diese Weise wurde auch das Maschinenhaus (Bild 113) gerettet.
In Bayreuth Altstadt ist das Bahnhofsgebäude zwar noch vorhanden (Bild 114), Schalterstunden gibt es aber seit langem schon nicht mehr. Die Gleisanlage ist stark reduziert, Stellwerk und Einfahrsignale sind beseitigt. Auch bei den Ladegleisen zwischen Bayreuth Altstadt und Abzweigstelle Kreuzstein ist viel verändert worden.

Bild 104: *Bahnhof Bayreuth Altstadt 1949, noch mit der angebauten Sommerhalle und dem netten Nebengebäude, im Vordergrund bayerisches Weichensignal*

Bild 105: *Bahnhof Mistelgau 1983; die Gleise sind schon entfernt (Foto: Rudolf Konrad).*

Bild 106: *Bahnhof Hollfeld 1969 (DB-Bild)*

Bild 107: *Gleisanlagen Bayreuth – Hollfeld (schematisch/Grafik Heinz Hacke)*

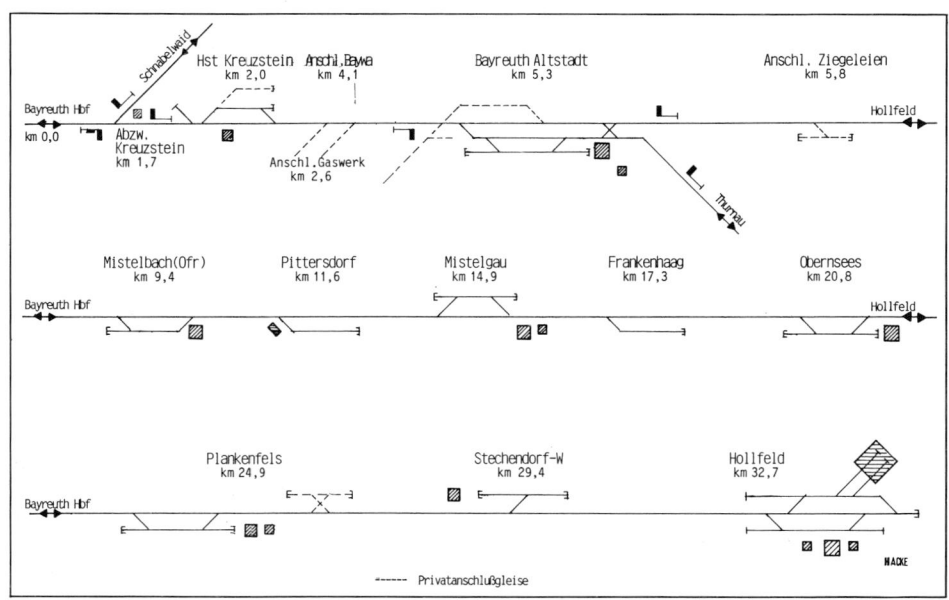

Bild 108: *Was von der Haltestelle Pittersdorf übriggeblieben ist: die „Güterhalle" – ein alter Wagenkasten – und das zerbeulte Bahnhofsschild; über das Gleisbett ist längst Gras gewachsen; Zustand vom Juni 1988.*

Bild 109: *Der Bahnkörper ist zum Wander- und Radfahrweg umfunktioniert: bei Obernsees im Sommer 1988*

Bild 110: *Eine verlassene Bahnbrücke in Plankenfels 1988*

Bild 111: *Das Hollfelder Bahnhofsgebäude, als Wohnhaus liebevoll gepflegt, im Jahre 1988*

Bild 112: *Auch das kleine Nebengebäude im Bahnhof Hollfeld ist erhalten geblieben und schön restauriert worden – Zustand 1988.*

Bild 113: *Das ehemalige Maschinenhaus in Hollfeld 1988*

Bild 114: *Bahnhof Bayreuth Altstadt 1976; die Sommerhalle ist entfernt.*

Durchs Rotmaintal „auf das Gebirg": Das „Thurnauer Bockela"

Es wird oft behauptet, die bayerischen Lokalbahnen seien samt und sonders als Sackbahnen konzipiert. Das stimmt nicht; eine ganze Reihe von ihnen ist zweiseitig an Hauptbahnen angeschlossen, unter ihnen auch die Strecke Bayreuth – Thurnau – Kulmbach. Manche Lokalbahn wurde scherzhaft als Bockela oder Bockl bezeichnet, weil sie hie und da etwas eigenwillig bockte und stieß wie ein gereiztes Böcklein.

8.1 Das langwierige Stadium der Anträge und Bitten

beginnt schon sehr frühzeitig. Offenbar angeregt durch den in Abschnitt 5.2 behandelten Bayreuther Antrag vom 8. August 1872 zum Bau und Betrieb von vier (Privat-)Bahnen, unter anderem von Bayreuth nach Forchheim und von Bayreuth nach Mainleus, bittet die Marktgemeinde Thurnau (Bilder 115/116) mit Schreiben vom 17. August 1872, die zu erbau-

Bild 115: *Bei der Thurnauer Friedhofskirche stand die Gemeindewaage mit dem „Waaghäuslein", bis 1931 das Postamt dort errichtet wurde.*

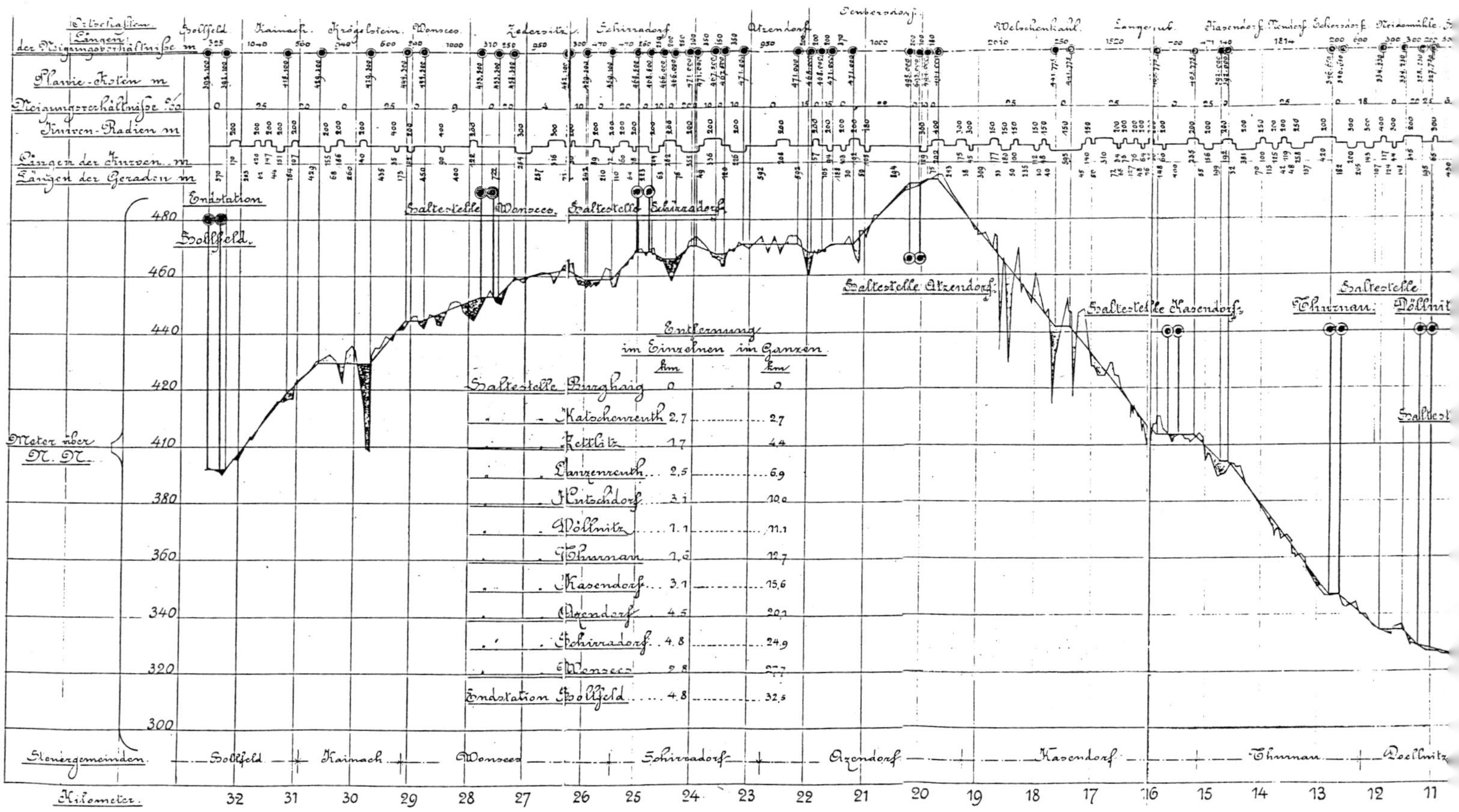

ende Eisenbahn Forchheim – Bayreuth über Hollfeld und nicht nach Bayreuth, sondern über Thurnau nach Kulmbach – Nordhalben – Eichicht zu führen zum Anschluß nach Jena. Als im Sommer 1877 das Projekt Forchheim – Plankenfels – Bayreuth bearbeitet wird (b. z. vgl. Abschnitt 7.1) modifizieren die Vertreter der Stadt Kulmbach und der Marktgemeinde Thurnau am 18. Januar 1878 diesen Antrag auf eine Bahn von einem in der Nähe Hollfelds gelegenen Ort an der Forchheim – Bayreuther Linie abzweigend über Hollfeld – Thurnau nach Kulmbach. Allein, die Generaldirektion der Königlich Bayerischen Verkehrsanstalten muß sich am 16. Mai 1878 vom Betriebsstandpunkt aus entschieden dagegen aussprechen.

Am 13. Oktober 1880 richten die Vertreter der Landgemeinden des Königlichen Amtsgerichts Thurnau eine allerunterthänigst treugehorsamste Vorstellung an den allerdurchlauchtigsten, großmächtigsten, allergnädigsten König und Herren, die Anlegung einer Eisenbahn von Bayreuth über Thurnau – Weismain zum Anschluß an einem geeigneten Punkt an die München – Hofer und/bzw. an die Hochstadt – Stockheim – Eichichter Strecke betreffend. Thurnau sollte auf diese Weise einbezogen werden in eine Magistrale von Böhmen über Eger – Kirchenlaibach – Bayreuth nach Thüringen. Aber schon am 12. November 1880 erging der Bescheid, daß „die angeregte Bahnverbindung vom Gesichtspunkte allgemeiner Interessen

Bild 116: *Thurnauer Wintermotiv*

aus als ein vordringliches Bedürfniß nicht erachtet zu werden vermag".

Nach einer Ruhepause von zehn Jahren wird ein „Lokalbahnkomitee Thurnau" gegründet, das in einem Gesuch vom 14. Februar 1891 beim Staatsministerium des Königlichen Hauses und des Äußeren um eine Lokalbahn Bayreuth – Drossenfeld – Langenstadt – Hutschdorf – Kasendorf – Thurnau bittet. Fast gleichzeitig, am 8. März 1891, möchte ein „Eisenbahnkomitee Kulmbach" eine Verbindung Kulmbach – Lanzenreuth – Thurnau – Kasendorf – Wonsees – Hollfeld haben, mit welcher also auch „das Gebirg" erschlossen werden könne.

In München ist man zu jener Zeit für Lokalbahnen recht zugänglich, die Generaldirektion der Königlich Bayerischen Verkehrsanstalten wird beauftragt, auf Kosten der beiden Komitees zu „recognoscieren". Als Ergebnis entstand das Höhenprofil nach Bild 117; hiernach kommt ein Weiterbau über Kasendorf hinaus nach Wonsees – Hollfeld nicht in Frage, weil die ungünstigen Terrain- und Steigungsverhältnisse erhebliche technische Erschwerungen und hohe Bau- und Betriebskosten verursachen würden. Im übrigen stehe ja auch eine Lokalbahn Bayreuth – Plankenfels in Aussicht (b. z. vgl. Abschnitt 7.1), die ohnehin den Hollfelder Raum berühre.

Nach der Untersuchung verschiedener Varianten – auch in bezug auf die Rentabilität – stellt die Generaldirektion der Königlich Bayerischen Verkehrsanstalten am 22. Januar 1896

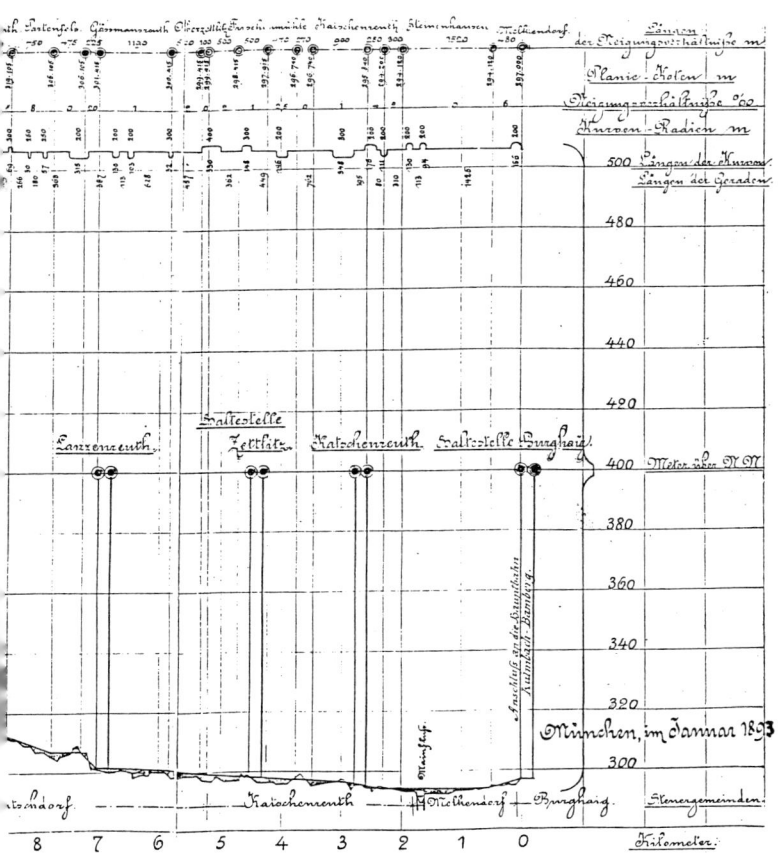

Bild 117: *Höhenplan zu einem Lokalbahnprojekt Kulmbach – Hutschdorf – Thurnau – Kasendorf – Azendorf – Wonsees – Hollfeld mit fast 7 km langer Steigung 1 : 40*

zwei Projekte zur engeren Wahl: Bayreuth – Drossenfeld – Limmersdorf – Thurnau und Kulmbach – Lanzenreuth – Thurnau – Kasendorf.

Es vergehen wieder einige Jahre mit manchem Hin und Her. Schließlich macht sich die Generaldirektion eine Anregung des Kulmbacher Landtagsabgeordneten Wilhelm Meußdoerffer zu eigen und lädt beide Komitees für Samstag, den 20. Juli 1901, zu einer Besprechung nach Kasendorf ein (Bild 118). Dabei wird unter anderem verkündet, daß Seine Exzellenz, der Herr Ministerpräsident Graf von Crailsheim, eine (vereinigte) Gesamtstrecke *Bayreuth – Thurnau – Kulmbach* für das nächste Lokalbahngesetz vorschlagen will. Auch die beiden Komitees vereinigen sich spontan zu einem Hauptkomitee, in welchem der Thurnauer Reichsgraf von Giech den Ehrenvorsitz übernimmt.

8.2 Das Eis ist gebrochen, die letzte Bayreuther Strecke wird gebaut

Zunächst ein Auszug aus einem amtlichen Bericht über die (damalige) wirtschaftliche Bedeutung des Einzugsgebietes:

> Seine Ausdehnung beträgt 157 qkm; hievon sind 58 qkm mit Wald bedeckt, der sich, ausnahmlich des südöstlich von Thurnau gelegenen Limmersdorfer Forstes, durchwegs in Privat-, Gemeinde- oder Stiftungsbesitz befindet. Die übrigen Flächen dienen zumeist dem Getreideanbau, der gute Erträgnisse liefert.
> Der bedeutendste Ort des Verkehrsgebietes ist der Markt Thurnau mit rund 1300 Einwohnern, Sitz eines Amtsgerichts und Rentamts. Ferner sind zu nennen Kasendorf, Azendorf, Drossenfeld, Altenplos und Heinersreuth mit je 400 bis 900 Einwohnern.
> Der größte Teil der in guten Wirtschaftsverhältnissen lebenden Bevölkerung treibt Landwirtschaft, Viehzucht und Forstwirtschaft. Ein geringerer Teil ist in gewerblichen und industriellen Betrieben beschäftigt. Die Arbeiterbevölkerung des Maintales findet ihren Verdienst zumeist in Bayreuth. Die Industrie ist im nördlichen Teile des Verkehrsgebietes besser entwickelt als im südlichen. Es befinden sich daselbst bei Krumme Fohre eine Kunstsandsteinfabrik, in Thurnau zwei Kunstmühlen, fünf größere Hafnereien zur Verwertung des in der Nähe gewonnenen vorzüglichen Töpfertones, drei Brüche für Bau- und Schleifsteine und drei größere Gerbereien, in Kasendorf eine Brauerei und Mälzerei mit Dampfbetrieb, eine Kunstmühle in Steinenhausen, eine größere Ziegelei in Katschenreuth. Außerdem sind noch, über das ganze Verkehrsgebiet verstreut, zahlreiche kleinere Mahl- und Sägemühlen, Ziegeleien, Brauereien und sonstige gewerbliche Kleinbetriebe vorhanden.

Bild 118: *Motiv aus Kasendorf*

> Derzeit bewegt sich der gesamte Verkehr aus dem nördlichen Teile des Verkehrsgebietes der Lokalbahn bis südlich Kasendorf nach Kulmbach. Thurnau und dessen Umgebung unterhält Verkehrsbeziehungen mit Bayreuth, überwiegend aber mit Kulmbach, während der Verkehr aus dem südlichen Teile des Gebietes, insbesondere aus dem Maintale, ausschließlich Bayreuth sich zuwendet. In diesen Verkehrsbeziehungen wird eine wesentliche Verschiebung nicht eintreten.
> Die Güterausfuhr besteht in land- und forstwirtschaftlichen Produkten sowie den Erzeugnissen der genannten industriellen und gewerblichen Anlagen. Eingeführt werden hauptsächlich Kohlen, Kunstdünger, Baumaterialien, Eisenwaren und die gewöhnlichen Bedarfsgegenstände. Mit Erbauung der Lokalbahn ist eine Belebung des gesamten Güterverkehrs, insbesondere der Holzausfuhr zu erwarten.
> Die Geschäftsbeziehungen mit der Kreishauptstadt Bayreuth einerseits und der industriereichen Stadt Kulmbach andererseits sichern der Lokalbahn einen regen Personenverkehr. In den Sommermonaten wird auch auf einigen Ausflugsverkehr von Bayreuth nach Thurnau zu rechnen sein.

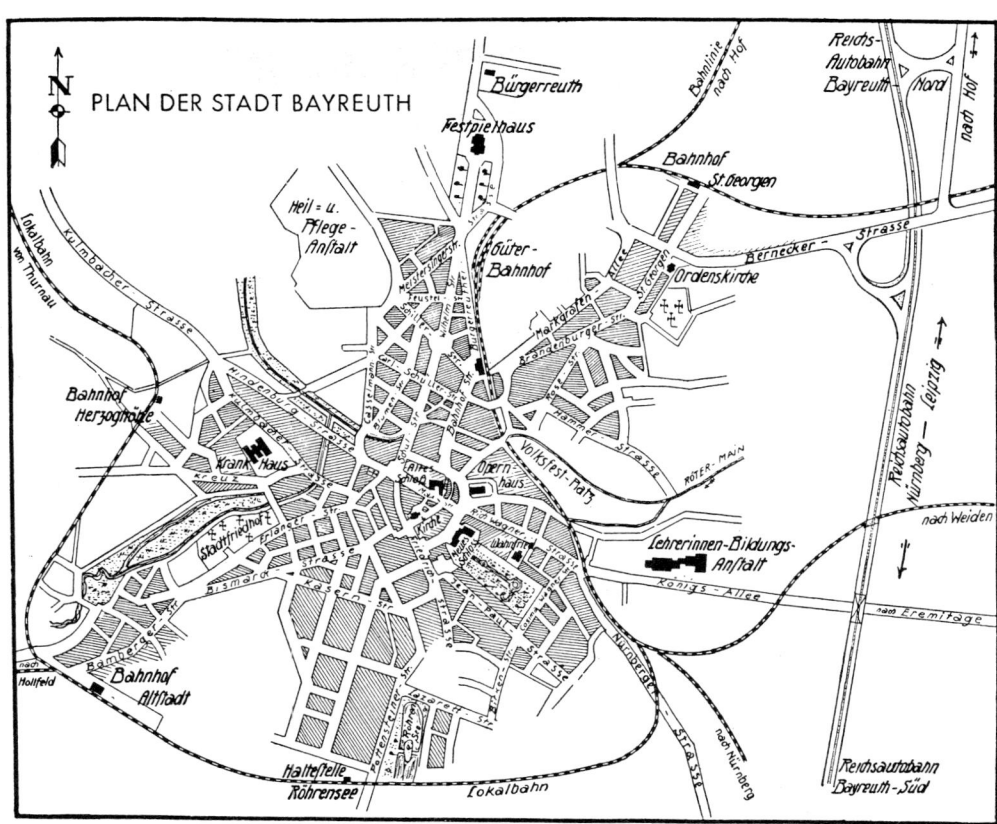

Bild 119: *Die Lokalbahn nach Thurnau macht eine Ehrenrunde um die Stadt Bayreuth.*

Für den 2. September 1903 bittet die Generaldirektion der Königlich Bayerischen Staatseisenbahnen die Lokalbahninteressenten zu einer Besprechung nach Bayreuth, wobei Aufschlüsse über die Linienführung und die Lage der Stationen gegeben werden sollen. Es kommen Vertreter der Königlichen Staatsforstverwaltung, die Vorstände der Bezirksämter Bayreuth und Kulmbach, die Vertreter der Städte Bayreuth und Kulmbach, aus Thurnau Ökonomierat Wölfel und der Gräflich Giechsche Kanzleirat Loew, schließlich Vertreter der von der Bahnlinie berührten Gemeinden.

Die Gemeinde Melkendorf beantragt und erreicht, daß die Bahn nicht wie geplant über Burghaig nach Kulmbach geführt wird, sondern über Melkendorf. Die Interessenten sichern zu, daß sie den Aufwand für die Bahngrundstücke übernehmen und die Zufuhr- und Ladestraßen für ihre Bahnhöfe bauen und unterhalten. Der Thurnauer Graf von Giech schenkt 43 000 m² Grund und Boden, da auf seinen Wunsch die Bahn über Krumme Fohre geleitet wird, so daß seine Fabrik für Kalksandsteine Bahnanschluß bekommt.

Auf Bild 119 ersieht man die ungewöhnliche Anbindung der Thurnauer Strecke an den Bayreuther Hauptbahnhof: Jeder Zug mußte sozusagen eine Ehrenrunde um die Stadt machen; unter Benutzung der Lokalbahn Bayreuth – Hollfeld ging es zuerst südlich bis Kreuzstein, dann westlich bis zum Bahnhof Bayreuth Altstadt, von hier auf eigenem Bahnkörper nordöstlich bis Herzoghöhe und endlich eindeutig in Richtung Thurnau. Diese Umrundung kostete Zeit und Geld, denn die Fahrpreise waren nach der km-Entfernung zu berechnen. Die Fahrt für die über 7 km lange Strecke von Bayreuth Hbf nach Herzoghöhe dauerte 21 Minuten; der direkte Weg (= 1,7 km) konnte in dieser Zeit zu Fuß geschafft werden.

Die gesamte Linienführung wurde wie folgt erläutert:

Nach Bayreuth Altstadt senkt sich die Trasse mit 16,5 ‰ Gefälle in das Tal des Roten Mains hinab. Kurz vorher wird die Staatsstraße Bayreuth – Kulmbach in Schienenhöhe gekreuzt. Nach Gewinnung des linken Talhanges des Roten Maines berührt die Bahn in nordwestlicher Richtung, im Tal des Roten Maines mit mäßigem Gefälle verlaufend, die Ortschaften Heinersreuth, Unterwaiz, Altenplos, Aichen, Alt- und Neudrossenfeld, Unterobsang und Neuenreuth. Bei Unterwaiz und Altdrossenfeld liegt die Bahn auf kurzen Steilrampen, die sich bei Überschreitung der vorspringenden Ausläufer des linksseitigen Talhanges ergeben. Bei Altdrossenfeld wird die Staatsstraße Bayreuth – Kulmbach nochmals schienengleich überkreuzt.

Bei Neuenreuth verläßt die Bahn das Tal des Roten Maines in westlicher Richtung, überkreuzt die Distriktsstraße Neuenreuth – Thurnau in Schienenhöhe und steigt zur Wasserscheide zwischen dem Roten Main und dem Aubache mit der Größtsteigung von 25 ‰ an (Bilder 120/121); die Was-

HÖHENPLAN.

Maßstab der Höhen = 1:2000.
Maßstab der Längen = 1:50000.

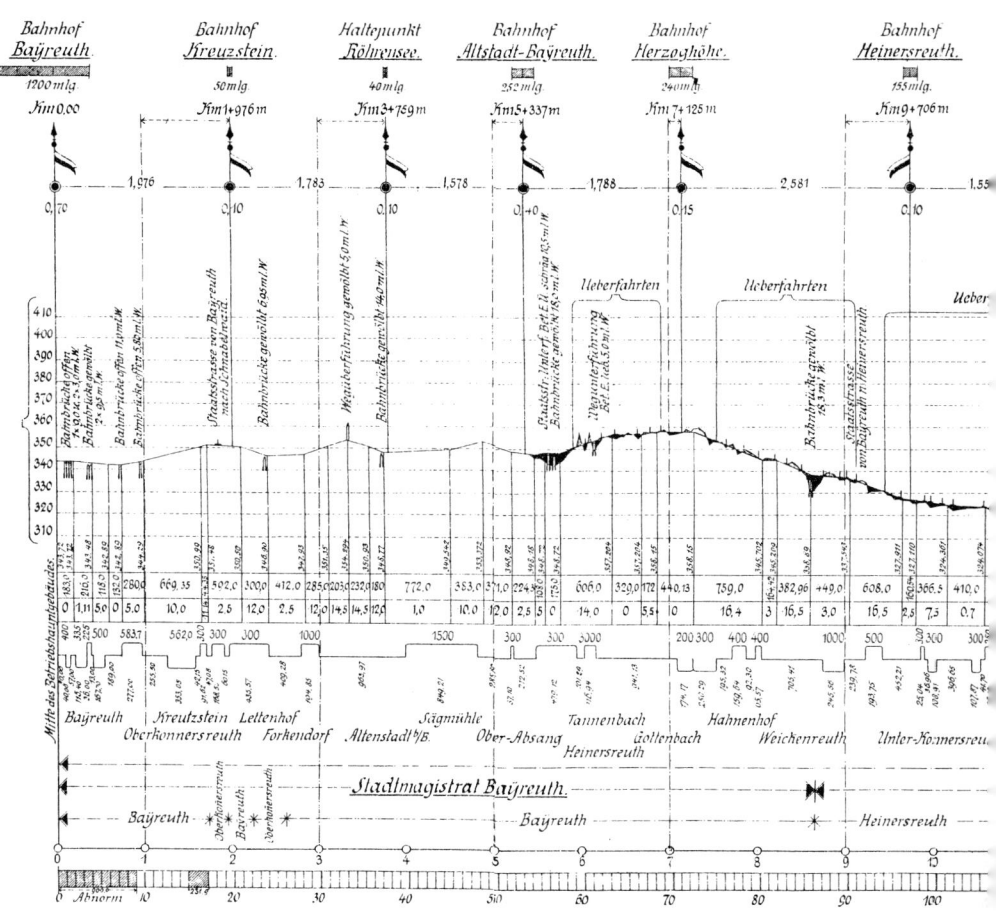

HÖHENPLAN.

Maßstab der Höhen = 1:2000.
Maßstab der Längen = 1:50000.

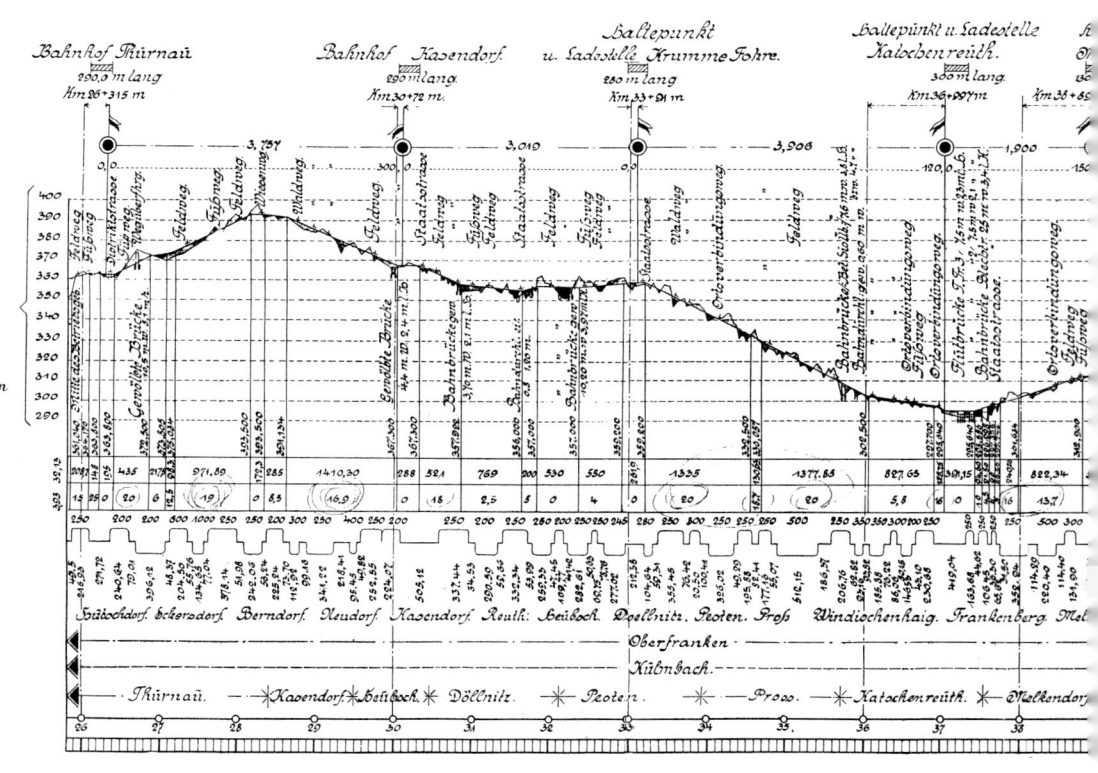

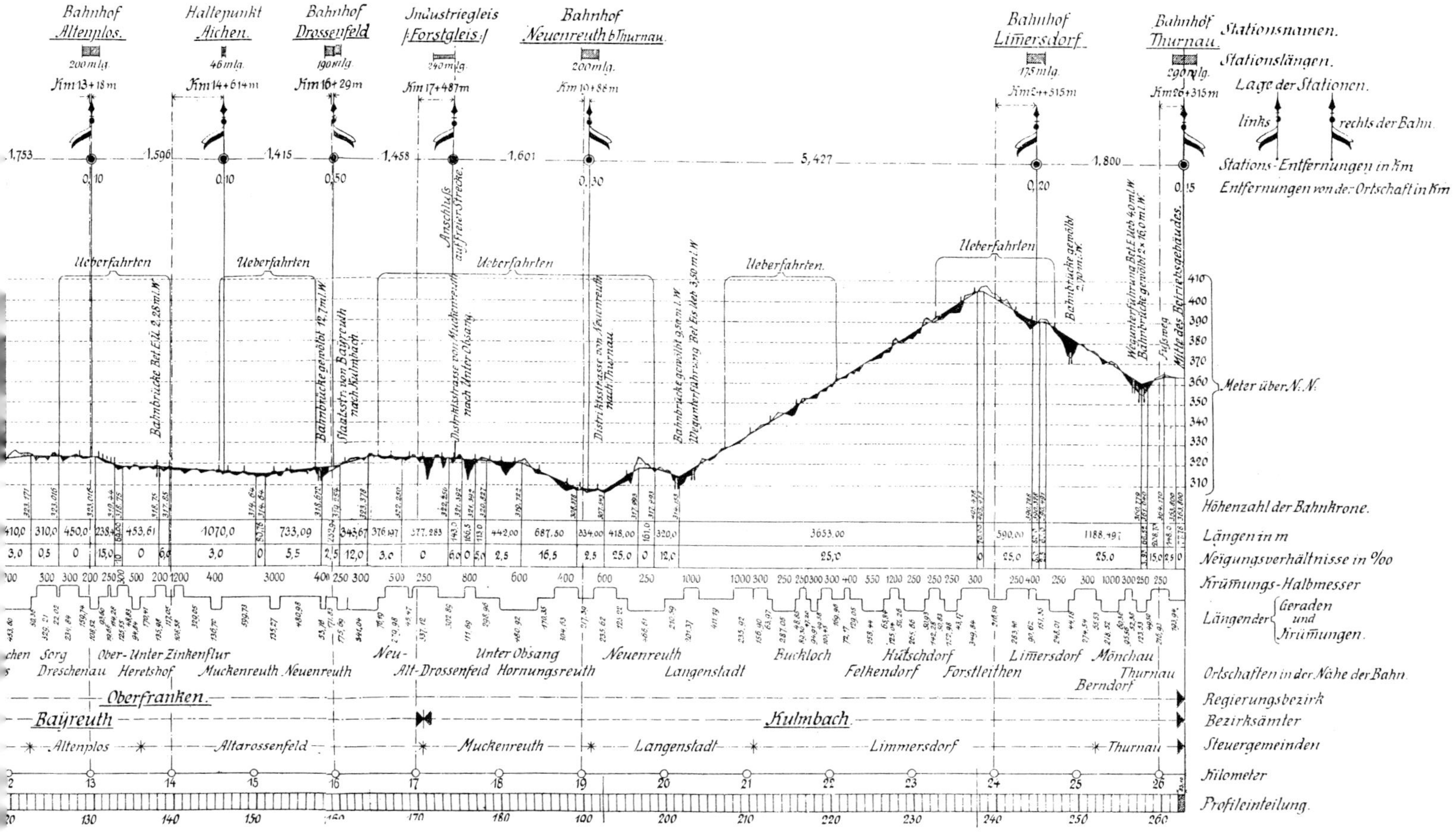

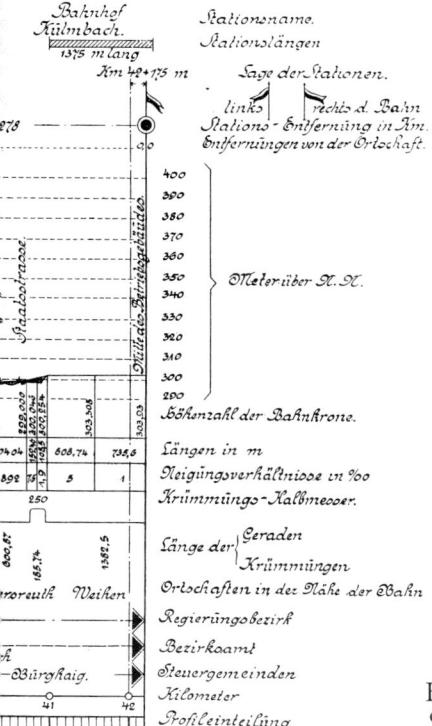

Bild 120: *Höhenplan der Strecke Bayreuth – Thurnau (oben)*

Bild 121: *Höhenplan der Strecke Thurnau – Kulmbach*

serscheide wird nördlich von Forstleithen mit einer kurzen Ausbiegung nach Süden erreicht. Hiernach verfolgt die Bahn wieder eine nordwestliche Richtung; sie senkt sich dabei mit 25 ‰ Gefälle in das Tal des Aubaches hinab, überschreitet dieses, führt unter Kreuzung der Distriktsstraße Thurnau – Kasendorf westlich vom Markte Thurnau vorbei, ersteigt mit 19 bzw. 20 ‰ Steigung die Wasserscheide zwischen dem Aubache und dem Friesenbache und senkt sich mit 16,9 ‰ Gefälle in das Friesenbachtal hinab, das dann unterhalb des Marktes Kasendorf überschritten wird.

Von hier ab bis zum Anschluß an die Hauptbahn Bamberg – Hof verläuft die Bahn in der Hauptsache in nordöstlicher Richtung. Sie überkreuzt dabei bis zur Verkehrsstelle Krumme Fohre dreimal die Staatsstraße Bamberg – Kulmbach, biegt südlich der Verkehrsstelle Krumme Fohre in ein Seitental des Prosserbaches ein und fällt in demselben und später im Proßbachtal selbst mit 20 bzw. 5,8 ‰ in das Tal des Roten Maines ab. Die Bahn führt mitten durch die Ortschaft Katschenreuth hindurch, überschreitet dann den Roten Main und die Staatsstraße Kulmbach – Bamberg nächst Steinenhausen und gewinnt mit 16 und 13,7 ‰ Steigung den zwischen Weißem und Rotem Main liegenden Höhenzug und die Ortschaft Melkendorf. Schließlich senkt sich die Bahn mit 20 und 16 ‰ Gefälle in das Tal des Weißen Maines und erreicht nach Überkreuzung der Staatsstraße Lichtenfels – Kulmbach die an der Hauptbahn Bamberg – Hof liegende Bahnstation Kulmbach. (Bild 122 zeigt einen netten Schrankenposten an dieser Strecke in der Nähe von Kulmbach.)

Die Länge der Lokalbahn zwischen den Mitten der Betriebshauptgebäude in Bayreuth und Kulmbach beträgt 42,17 km; hiervon treffen auf die mit der Lokalbahn Bayreuth – Hollfeld gemeinsame Strecke Bayreuth Hbf – Bayreuth Altstadt 5,34 km, auf die Strecke der Einführung in den Bahnhof Kulmbach bis Betriebshauptgebäude Kulmbach 1,45 km, so daß sich eine Neubaulänge von 35,38 km ergibt. Die Luftlinie zwischen den beiden Ausgangspunkten der Lokalbahn mißt 20 km.

Die Ausgangsstation Bayreuth liegt 343,72 m, die Anschlußstation Kulmbach 303,93 m über dem Meere, sonach 39,79 m tiefer als Bayreuth. Die Summe der verlorenen Steigungen beträgt 189,394 m. Die Meiststeigung war mit Rücksicht auf die nächst Limmersdorf zu erreichende Höhe von 405,478 m über dem Meere in beiden Fahrtrichtungen auf 25 ‰ zu bemessen.

Die Bahnlinie bewegt sich zwischen Thurnau und Kasendorf in den Schichten des mittleren und unteren Lias; im übrigen durchschneidet sie ein der Keuperformation angehöriges Gebiet. Die ungebundenen Abträge bestehen aus Sand und Lehm, die gebundenen aus Sand- und Kalksteinen.

An größeren Kunstbauten werden erforderlich:

a) Eine aus Kalkbruchstein gewölbte Brücke über den Mistelbach bei Bayreuth Altstadt mit 18 m Lichtweite;

b) eine aus Beton gewölbte Zweibogenbrücke über den Aubach an der Schorrmühle in Thurnau (Mit ihren zwei je 16 m weiten Öffnungen ist sie das markanteste Bauwerk der

Bild 122: *Schrankenposten bei Kulmbach mit Wohnhaus, Dienstbude, Läutebude und Schranke. Die Schrankenwärterin ist Frau Türk („die Tärka"); (Foto: Ernst Köditz, 1949).*

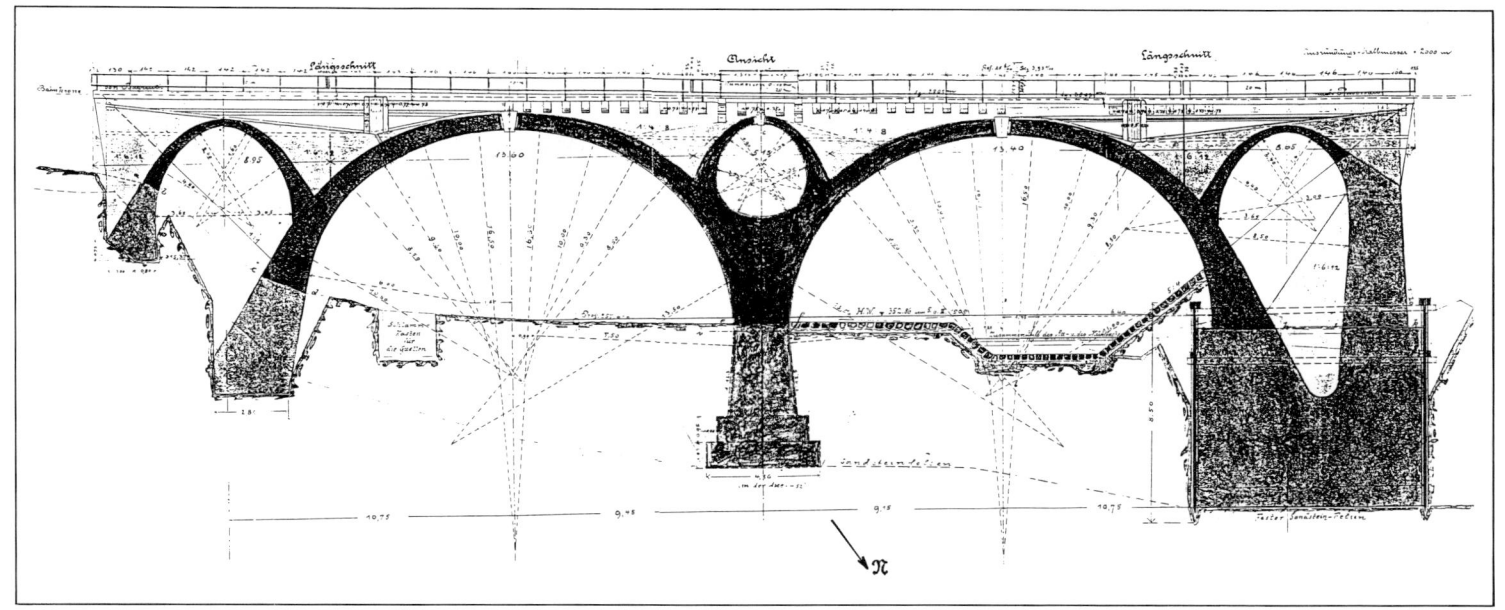

Bild 123: *Die Schormühlbrücke in Thurnau, das markanteste Bauwerk dieser Lokalbahn*

ganzen Strecke geworden – Bild 123. Da der ständig nasse Untergrund nicht tragfähig genug war, mußten als Fundament Holzpfähle bis zu 9 m in den Boden hineingetrieben werden. Die halbovalen Öffnungen an den Seiten und die „Sparöffnung" über dem Pfeiler dienen „zur besseren Gestaltung der Ansicht des Bauwerks". Sie wurden aber zu Anfang der 1950er Jahre zugemauert, vermutlich aus statischen Gründen.);

c) eine Brücke über den Roten Main bei Katschenreuth, als Blechbalkenkonstruktion mit 25 m Lichtweite, sowie die benachbarten Flutbrücken, 2 x 7,5 m und 3 x 7,5 m weit.

Außer diesen waren noch mehrere Bahnbrücken und Durchlässe, mehrere Wegunterführungen sowie eine Wegüberführung zu bauen. Größere Wegverlegungen wurden nur an den Ortsverbindungswegen bei km 6,9 nächst der Ladestelle Herzoghöhe und bei km 11,9 in der Steuergemeinde Unterwaiz nötig.

Bei der Ausfahrt aus Thurnau nach Kasendorf war ein Damm durch den Spitalweiher anzulegen. (Das Teilstück am Friedhof wurde schon bald eingefüllt, das andere Weiherstück erst zu Ende der 1930er Jahre.)

Die voraussichtlichen Baukosten setzten sich aus folgenden Einzelbeträgen zusammen:

Grunderwerb	291 800 ℳ
Erdarbeiten	573 400 ℳ
Einfriedigungen	9 000 ℳ
Wegübergänge	113 800 ℳ
Durchlässe und Brücken	172 400 ℳ
Oberbau (= Gleise und Weichen)	937 200 ℳ
Signale	25 100 ℳ
Stationen	293 200 ℳ
Werkstättenanlagen	1 200 ℳ
Betriebsmittel	235 500 ℳ
Verwaltungskosten	254 900 ℳ
Summe	2 907 500 ℳ,

demnach für 1 km Neubaulänge 82 180 ℳ

Auf die „Interessenten" treffen davon
für Grunderwerb	278 200 ℳ
für Zufuhr- und Ladestraßen	23 600 ℳ
Summe	301 800 ℳ

Das vom Staate aufzuwendende Baukapital beträgt daher 2 605 700 ℳ

Die Betriebseinnahmen werden geschätzt auf 90 100 ℳ jährlich die Betriebsausgaben auf 80 600 ℳ jährlich das ergibt einen Einnahmeüberschuß von 9 500 ℳ, welcher das staatliche Baukapital von 2 605 700 ℳ mit allerdings nur 0,4 % verzinsen wird.

Das Plenum des Bayerischen Landtages hat dieses Lokalbahnprojekt am 14. Juni 1904 genehmigt, die Kammer der Reichsräte stimmte am 8. August 1904 zu, und vom 10. August 1904 datiert das betreffende Lokalbahngesetz, das gleichzeitig den Bau von neunundzwanzig weiteren Lokalbahnen bewilligte. Die Vermessungs- und Absteckarbeiten begannen im Oktober 1904.

Am 1. Mai 1907 endlich machte man den ersten Spatenstich auf der Teilstrecke Thurnau – Kulmbach und am 1. Februar 1908 auf der Teilstrecke Bayreuth – Thurnau. Damals herrschte

Bild 124: *Lückenschluß beim Bau der Strecke Bayreuth – Thurnau am Thurnauer Schloßpark (Archivbild der Gemeinde Thurnau)*

noch reine Handarbeit vor: Pickel und Schaufel waren die üblichen Werkzeuge. Nur für den Transport des Erdaushubs hatte man – neben Pferdegespannen – schon eine kleine Dampflokomotive mit einer Anzahl Rollwagen.

Im Mittelabschnitt von Unterobsang bis Krumme Fohre konnten beispielsweise 300 einheimische Arbeiter Beschäftigung finden; die zuständige Baufirma aus München hatte aber auch Italiener eingesetzt, mit denen es immer wieder zu Reibereien kam, so daß schließlich das Königliche Bezirksamt Kulmbach den anliegenden Gemeinden die Kirchweihfeste verbieten mußte.

Die Arbeitszeit dauerte von 6 Uhr früh bis 7 Uhr abends. In Kantinen kaufte man seine Brotzeit und vor allem Bier, sofern nicht die Familienangehörigen das Essen zur Baustelle heranschleppten. Die Italiener kochten ihre Spaghetti an Ort und Stelle.

8.3 Eröffnung in zwei Etappen

Der Bahnbau (Bild 124) hat zwei Jahre lang das Leben und Treiben der ganzen Gegend bestimmt. Er ist ohne schwere Unfälle glücklich abgeschlossen worden.

Zuerst wurde der Abschnitt Thurnau – Kulmbach eröffnet, und zwar am 11. Oktober 1908. Hierfür hatte der Marktgemeinderat Thurnau bekanntgemacht, „daß Haustiere im Bereich der Bahn eingesperrt und Odelfässer und dergleichen an geeignete Orte verbracht werden".

Auf allen Bahnhöfen waren Zuschauer in Menge zusammengeströmt. Der festlich geschmückte erste Zug bestand aus zwei Lokomotiven, zwei Sonderwagen und neun Personenwagen, so daß 300 Teilnehmer Platz fanden. Er wurde überall bejubelt, Böllerschüsse krachten, den Insassen wurden Blumen überreicht, ein Posaunenchor intonierte die Königshymne, der Liederkranz Kasendorf „Die Himmel rühmen des Ewigen Ehre", zahlreiche Festreden wurden gehalten. An Seine Königliche Hoheit, den Prinzregenten Luitpold, des Königreichs Bayern Verweser, wurde ein Huldigungstelegramm losgelassen.

Der Streckenabschnitt Bayreuth – Thurnau wurde erst acht Monate später, am 26. Juni 1909, eingeweiht (Bild 125), wobei

Bild 125: *Bei der Einweihung der Strecke Bayreuth – Thurnau wartet in Thurnau der Festzug; er ist mit Girlanden und Fähnchen geschmückt, auf der D XI Nr. 2729 verkündet ein Schild „Seid willkommen vom Gebirg uns und Rotmaintal" (das ehemalige Fürstentum der Bayreuther Markgrafen war gegliedert in das Unterland – um Erlangen und Neustadt (Aisch) – und in das „Land oberhalb des Gebirgs"; unter „Gebirg" verstand man die nördliche Frankenalb). Die zweite Lok ist eine ML 2/2, siehe Abschnitt 11.8.*

231. Bayreuth—Thurnau—Kulmbach (nur 3. Kl.)

Fahrplan der Teilstrecke Bayreuth—Thurnau gültig vom Tag der Betriebseröffnung an.

	41	43	45	45a	km	(Bayer. Staats-Eisenb.)	LZ 40	42	44	44a		
..	F 7·17 W 6·50	10·45	5·1	6 50		Ab *Schnabelwaid* 226. An	6 40	2·33	9 0	8 51	...	...
...	8·0	1·37	†8 10	▲9 15	0,0	Ab **Bayreuth** .... An	5 54	12·0	†7 15	▲8 10		
...	×8·5	×1·42	×8 15	▲×9 20	2,0	Kreuzstein.......	×5 49	×11·55	×7 10	×8 5		
...	×8·10	×1·47	×8 20	▲×9 25	3,8	Röhrensee	×5 44	×11·50	×7 5	×8 0		
...	8·15	1·52	†8 25	▲9 30	5,3	Altstadt Bayreuth .	5 40	11·46	†7 1	▲7 56		
...	×8·21	×1·58	×8 31	▲×9 36	7,1	Herzoghöhe	×5 33	×11·39	×6 54	×7 49		
...	8·28	2·5	†8 38	▲9 43	9,7	Heinersreuth......	5 26	11·32	†6 47	▲7 42	...	...
...	8·34	2·11	†8 44	▲9 49	11,3	Unterwaiz........	5 20	11·26	†6 41	▲7 36	...	...
	8·39	2·16	†8 49	▲9 54	13,0	Altenplos.........	5 14	11·20	†6 35	▲7 30	...	...
...	×8·43	×2·20	×8 53	▲×9 58	14,6	Aichen	×5 9	×11·15	×6 30	×7 25	...	...
...	8·48	2·25	†8 58	▲10 3	16,0	Drossenfeld.......	5 5	11·11	†6 26	▲7 21	...	...
...	8·56	2·33	†9 6	▲10 11	19,1	Neuenreuth b/Thurnau	4 55	11·1	†6 16	▲7 11	...	...
...	9·22	2·59	†9 32	▲10 37	24,5	Limmersdorf......	4 41	10·47	†6 2	▲6 57	...	...
...	9·27	3·4	†9 37	▲10 42	26,3	An **Thurnau** .... Ab	4 32	10·38	†5·53	▲6 48	...	...
LZ 2	LZ 6	LZ 8	LZ 8a					LZ 3	LZ 7		LZ 9	LZ 9
5 0	10 50	†6 6	▲8 20	...	26,3	Ab **Thurnau** .... An	...	8 56	2 31	...	†8 13	▲11 5
5 10	11·0	†6 16	▲8 30	...	30,1	Kasendorf........	...	8·46	2·21	...	†8 3	▲10 55
5 17	×11·8	×6 24	×8 38	...	33,1	Krumme Fohre ..	...	×8·38	×2·13	...	†7 55	×10 48
5 25	11·18	†6 34	▲8 47	...	37,0	Katschenreuth ...	...	8·24	1·59	...	†7 41	▲10 34
5 31	11·24	†6 40	▲8 53	...	38,9	Melkendorf	...	8·17	1·52	...	†7 34	▲10 27
5 37	11 31	†6 47	▲9 0	...	42,2	An **Kulmbach** .... Ab	...	8 10	1 45	...	†7 27	▲10 20
6·13	2·10	7 57	10 56	...		An *Lichtenfels* 157.... Ab	...	6·11	12·32	...	5·8	8 8

▲ Nur an Sonntagen
† Unterbleibt an Sonntagen

232. Neusorg—Fichtelberg (2. u. 3. Kl.)

LZ 21	LZ 23	LZ 25	LZ 27 (Nur an Sonn- u. Feiertagen im Juli u. August)	km	(Bayer. Staats-Eisenb.)	LZ 20	LZ 22 (Nur an Sonn- u. Feiert.)	LZ 22 (Nur an Werktagen)	LZ 24	LZ 26 (Nur an Sonn- u. Feiertagen im Juli u. August)
6 1	10·20	5·31	10 58		Ab *Kirchenlaibach* 224. An	6·3	10·15	10·15	5 56	12 33
5 23	9·31	7 40	11 46		Ab *Marktredwitz* 224.. An	7·1	11·13	11·13	6 30	12 0
6 55	11 5	8 10	12 14	0,0	Ab **Neusorg** .... An	5 34	9·17	9 34	5 27	11 20
7·7	11·17	8 22	12 26	3,9	Ebnath Ort	5 22	9·5	9·22	5·15	11 9
7·14	11·24	8 29	12 31	4,6	Ebnath............	5 16	8·59	9·16	5·9	11 3
7·26	11·36	8 41	12 41	7,4	Brand i/F.	5 4	8·47	9·4	4·57	10 54
7·39	11·49	8 54	12 52	11,0	Unterlind	4 50	8·33	8·50	4·43	10 43
7·44	11·54	8 59	12 57	11,7	Mehlmeisel	4 45	8·29	8·45	4·38	10 38
7 55	12 5	9 10	1 7	14,7	An **Fichtelberg** .... Ab	4 35	8·20	8 35	4 28	10 28

Bild 126: *Der erste Fahrplan Bayreuth – Thurnau (– Kulmbach) vom Juni 1909*

es etwas weniger schwungvoll zuging, doch immerhin war Ihre Durchlaucht, die Gräfin Marie Amalie von Giech mit Tochter Agnes höchstpersönlich zugegen.
Der öffentliche Verkehr wurde am 28. Juni 1909 aufgenommen.
Wie aus Bild 126 ersichtlich, ist der erste Fahrplan vom Juni 1909 nach dem gewohnten Lokalbahnschema gestaltet: Für jede Teilstrecke ein Morgenzugpaar, ein Mittagzugpaar und ein Abendzugpaar, letzteres ist an Sonntagen mit Rücksicht auf die Ausflügler etwas später gelegt. Die Anschlußzüge von und nach Schnabelwaid und von und nach Lichtenfels sind angeführt, wobei sich häufig noch beträchtliche Wartezeiten ergeben (Bild 127). Auch auf diesen zwei Strecken mußten die Frühzüge in Thurnau beginnen, weil Lokomotiven und Personal hier beheimatet waren.
Es waren genehmigt für *Thurnau*:

1 Stationsmeister als Vorstand,
4 Lokomotivführer,
1 „fahrfertiger" Heizer,
4 Stationsdiener im Lokalbahndienst,
3 Gehilfen im Stationsdienst, die sowohl im örtlichen wie im Fahrdienst verwendbar waren;

für *Drossenfeld* und *Kasendorf*:

je 1 Gehilfe als Streckengeher,
je 1 Agent (aus der Familie des Streckengehers);
der Kasendorfer Streckengeher hatte auch als Bremser bei Güterzügen zu fungieren.

Fünf Lokalbahnlokomotiven waren zugewiesen, drei von der Gattung PtL $\frac{2}{2}$, zwei von der Gattung D XI (b. z. vgl. Abschnitt 11). Die damals ganz modernen leichten PtL $\frac{2}{2}$ hatten die Personenzüge zu fahren, deren Gesamtgewicht wegen der starken Steigungen nur 60 t betragen konnte; sie erreichten damit eine Höchstgeschwindigkeit von 40 km/h. Den stärkeren D XI

Bild 127: *In Kulmbach hat der Thurnauer Zug gewartet auf den Anschlußzug von Lichtenfels, der gerade den Bahnhof in Richtung Neuenmarkt-W verläßt: Lokomotive P 8, aufgenommen 1937.*

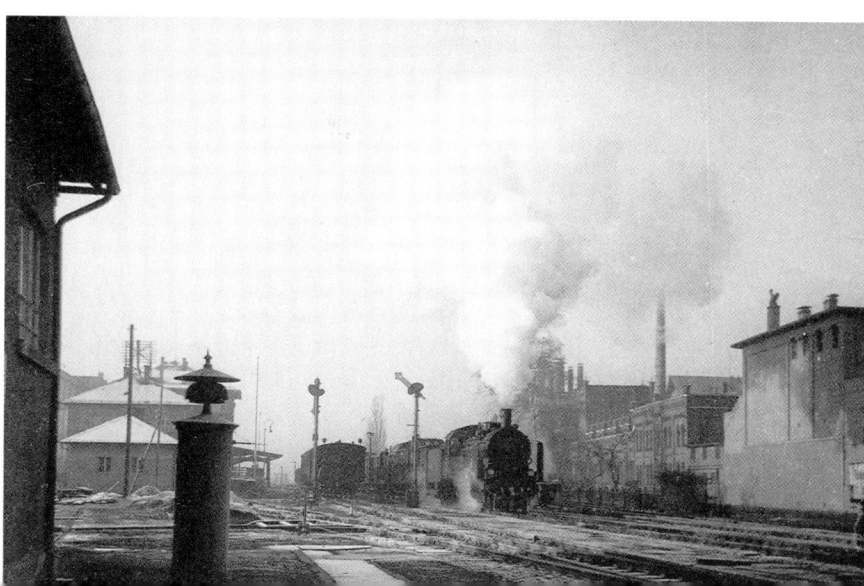

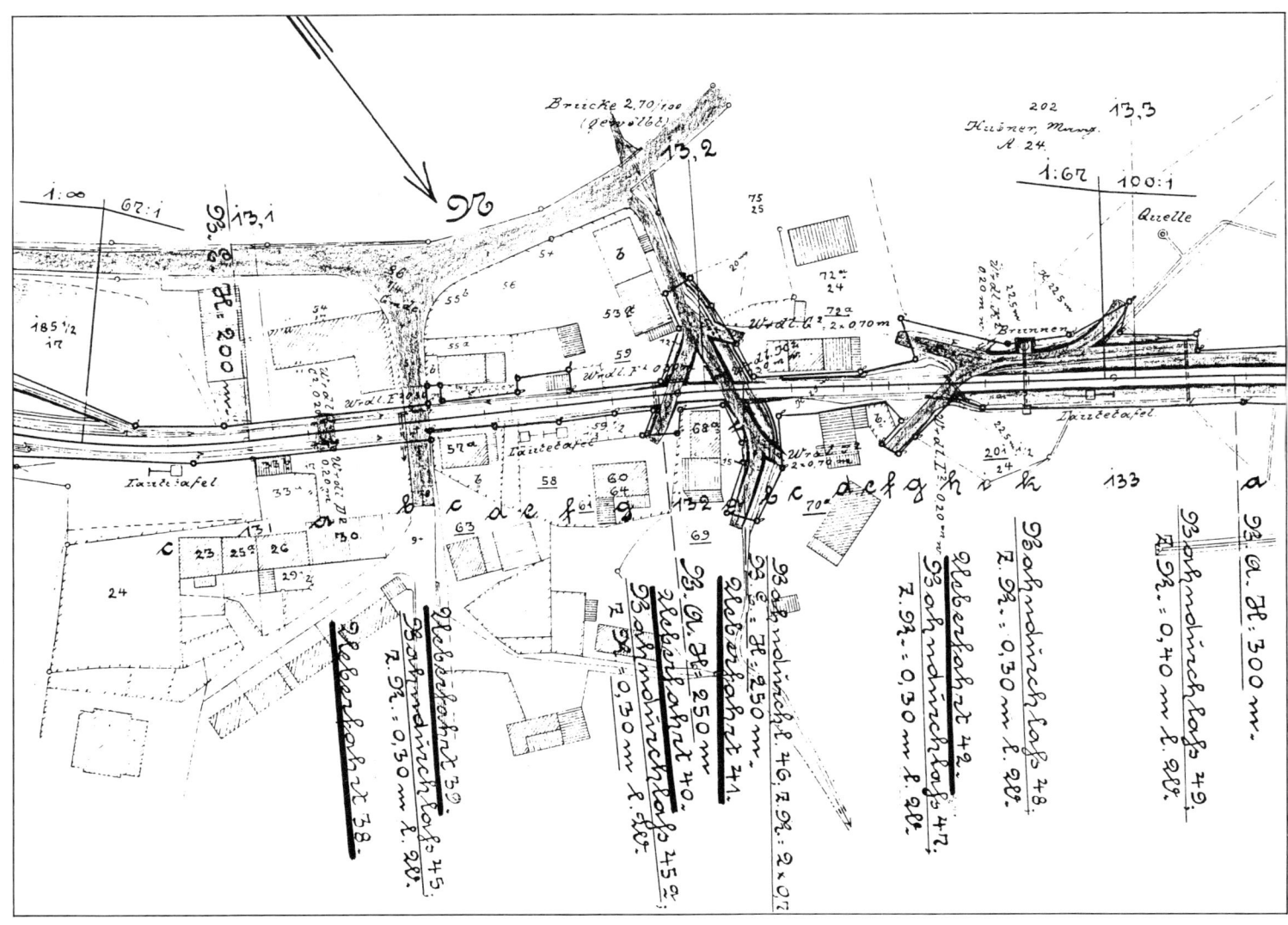

Bild 128: *Die fünf unbeschrankten Bahnübergänge mitten in Altenplos*

waren die Güterzüge vorbehalten; sie konnten bis zu 140 t nehmen bei einer Höchstgeschwindigkeit von 30 km/h; mehr war nicht zugelassen, weil die Güterwagen bis Mitte der 1920er Jahre noch nicht für den Anschluß an die durchgehende Druckluftbremse ausgerüstet waren – bei schwereren Zügen wurde Vorspann notwendig.

Von Bayreuth bis Kulmbach gab es viele Bahnübergänge; 34 von ihnen waren vom Lokomotivführer schlecht überschaubar: Dort mußte er die Dampfpfeife und das Läutewerk betätigen und die Fahrgeschwindigkeit auf 15 km/h, manchmal gar auf 10 km/h ermäßigen. Besonders gefährlich waren die fünf unmittelbar aufeinander folgenden Bahnübergänge in Altenplos (Bild 128), wo der Zug gleichsam mitten durch das Dorf fuhr.

Übrigens: Zwischen Thurnau und Kulmbach und zwischen Thurnau und Bayreuth wurden die Postkutschenfahrten sofort nach der Eröffnung dieser Strecken eingestellt; Bild 129 zeigt das Gespann mit dem Postillion Gasthuber bei der letzten Fahrt am 27. Juni 1909.

8.4 Unterwegs auf dieser Lokalbahn

Unbesetzte Haltepunkte waren (schon von Anfang an)
>Röhrensee bei km 3,8,
>Unterwaiz bei km 11,3 und
>Aichen bei km 14,6.

Unbesetzte Haltestellen (= mit Ladegleis) waren
>Kreuzstein, Heinersreuth, Altenplos, Neuenreuth b. Thurnau, Limmersdorf, Krumme Fohre, Katschenreuth (Bild 130) und Melkendorf.

Hierzu ist auch das Privatanschlußgleis in *Steinenhausen* zu zählen und das zwischen Drossenfeld und Neuenreuth bei km 17,5 zeitweise eingerichtete *Forstgleis*, wo 1908 bis 1910 riesige

Mengen Langholz verladen und in Sondergüterzügen in Richtung Kulmbach abgefahren werden mußten. In jenen Jahren herrschte im ausgedehnten Limmersdorfer Forst ein katastrophaler Notstand: Die Raupen des Nachtschmetterlings Nonne (Lymantria monacha) waren in verheerender Unzahl aufgetreten und hatten Hunderttausende von Festmetern Nutzholz vernichtet.

In *Herzoghöhe* hatte man einen Fahrkartenverkäufer, der in einer Wellblechbude (Bilder 131, 132) saß, daneben stand eine unansehnliche Bretterhütte als Warteraum.

Das Agenturgebäude in *Drossenfeld* mit Dienstraum, Warteraum und angebauter Güterhalle war etwas moderner gestal-

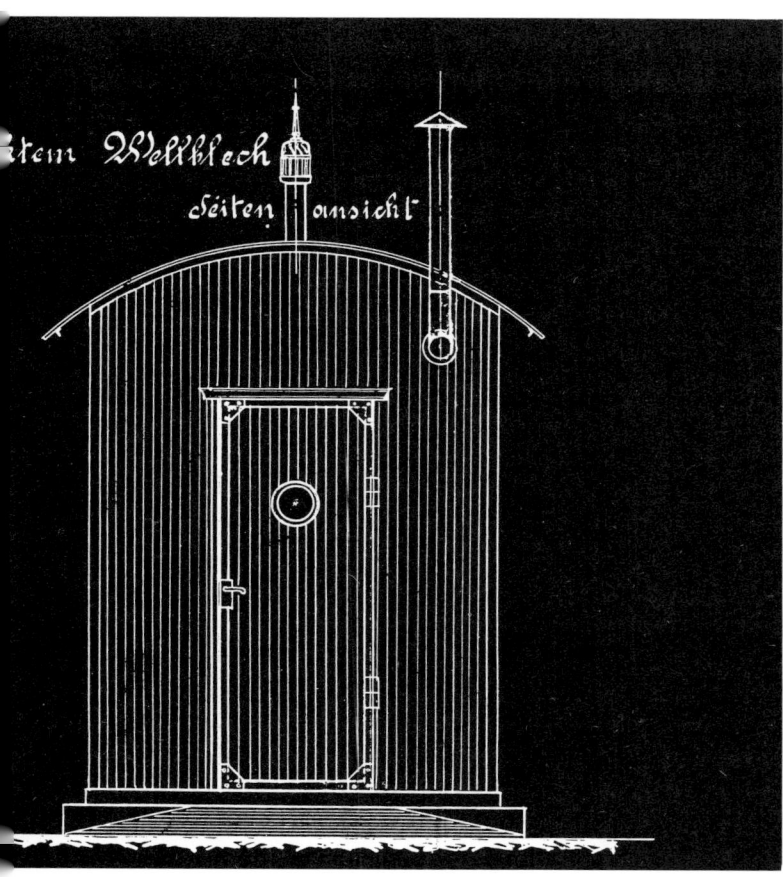

Bild 129 (oben rechts): *Die letzte Postkutsche verläßt Thurnau am 27. Juni 1909 (Archivbild der Gemeinde Thurnau).*

Bild 130 (Mitte rechts): *Das schmuck restaurierte Haltestellenhäuschen in Katschenreuth 1986*

Bild 131 (unten rechts): *In Herzoghöhe ist gerade der Thurnauer Zug angekommen (DB-Bild, 1964).*

Bild 132 (Mitte links): *In Herzoghöhe diente eine der damals üblichen Wellblechbuden als Dienstraum.*

Bild 133: *In Drossenfeld gab es schon ein modernes Agenturgebäude samt Nebengebäude, Foto 1973.*

Bild 134: *Das hübsche Einfamilienhaus für den Streckengeher in Kasendorf*

Bild 135: *Güterhalle, Bahnhofsgebäude und Eisenbahnerwohnhaus in Thurnau 1938; Lok D XI 98 543*

tet, und es kamen ein kleines Nebengebäude und ein Stationsbrunnen hinzu (Bild 133).

Kasendorf erhielt noch das Agenturgebäude der alten Form mit Dienstraum, Warteraum, Übernachtungsraum und Güterhalle sowie ein Dienstwohngebäude (Bild 134).

Der Bahnhof *Thurnau* war vergleichsweise reichlich ausgestattet:

das – wenn auch nicht sonderlich ansehnliche – ebenerdige Stationsgebäude, mit zwei Diensträumen, einem Übernachtungszimmer und zwei Warteräumen,

die Güterhalle in ähnlichem Baustil (Bild 135),

ein WC-Gebäude mit Stationsbrunnen davor,

ein nettes Eisenbahner-Wohnhaus für vier Familien (Bild 136),

das Maschinenhaus mit zwei Gleisen und angebautem Wohnhaus für zwei Familien und einem Übernachtungszimmer (Bild 137),

ferner eine Bekohlungsanlage (Bild 138).

(Die Baulichkeiten in Kreuzstein, Röhrensee und Bayreuth Altstadt wurden bereits in Abschnitt 7.5 behandelt.)

In Bild 139 sind die Gleisanlagen der Bahnhöfe und Haltestellen nach dem Stand von etwa 1950 schematisch dargestellt. Als Kreuzungsbahnhöfe galten Bayreuth Altstadt, Drossenfeld und Thurnau.

Bayreuth Altstadt wurde mit dem Bau der Thurnauer Lokalbahn zum Verzweigungsbahnhof, er mußte durch ein zweites Hauptgleis mit Bahnsteigkante erweitert werden. Im Jahr 1912 bekam er ein kleines Stellwerk für 6 Weichen und 3 Einfahrsignale (von Bayreuth Hbf, Hollfeld und Thurnau). 1936 wurde ein Anschlußgleis zum Verpflegslager und für dessen Frachten ein Abstellgleis im Bahnhof zugefügt.

Inzwischen ist von den erwähnten Einrichtungen vieles verschwunden, nachdem auf der Teilstrecke Bayreuth – Thurnau ab 3. Juni 1973 der Reisezugverkehr (Bild 140) und ab 1. Januar 1983 auch der restliche Güterzugverkehr eingestellt worden sind. Man findet nur noch die kleineren Gebäude in Limmersdorf, Katschenreuth und Melkendorf, dann das Eisenbahner-Wohnhaus in Kasendorf und in Thurnau das WC-Gebäude, das Maschinenhaus und das Eisenbahner-Wohnhaus. Die beiden letzteren sind in fremde Hände übergegangen. Das Thurnauer Bahnhofsgebäude und die Güterhalle sind im Dezember 1985 abgebrochen worden, gleichzeitig auch das Agenturgebäude in Kasendorf. Die Gebäude in Drossenfeld verfielen langsam, bis auch sie 1987 abgerissen wurden.

Die Gleise zwischen Bayreuth Altstadt und Thurnau waren schon bis zum 7. Dezember 1983 (dem Gedenktag an die erste deutsche Eisenbahn) restlos entfernt, die Gleisanlage in Thurnau ist stark reduziert, und in Krumme Fohre, Katschenreuth und Steinenhausen gibt es überhaupt keine Ladegleise mehr. In Limmersdorf ist seltsamerweise ein Stückchen Ladegleis mit zwei Güterwagen stehengeblieben, die wohl als Lagerraum verwendet werden.

Bild 136: *Bahnhofsgebäude, Eisenbahnerwohnhaus und WC-Gebäude in Thurnau; es weht die Gräflich Giechsche Fahne zur Abschiedsfahrt auf der Bayreuther Strecke am 27. Mai 1973.*

Bild 137: *Das Thurnauer Maschinenhaus mit angebautem Wohnhaus 1973*

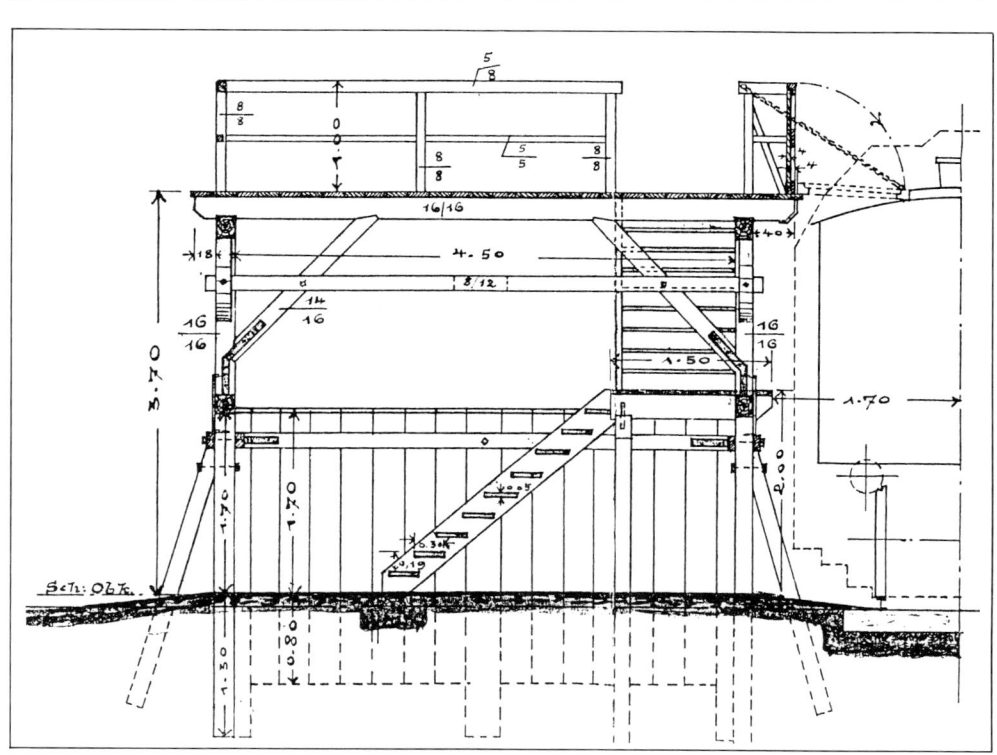

Bild 138: *Die Thurnauer Bekohlungsanlage: Die Kohle wurde in Weidenkörbe geschaufelt, über die Treppen hochgetragen und in den Kohlenbehälter der Lokomotive gekippt.*

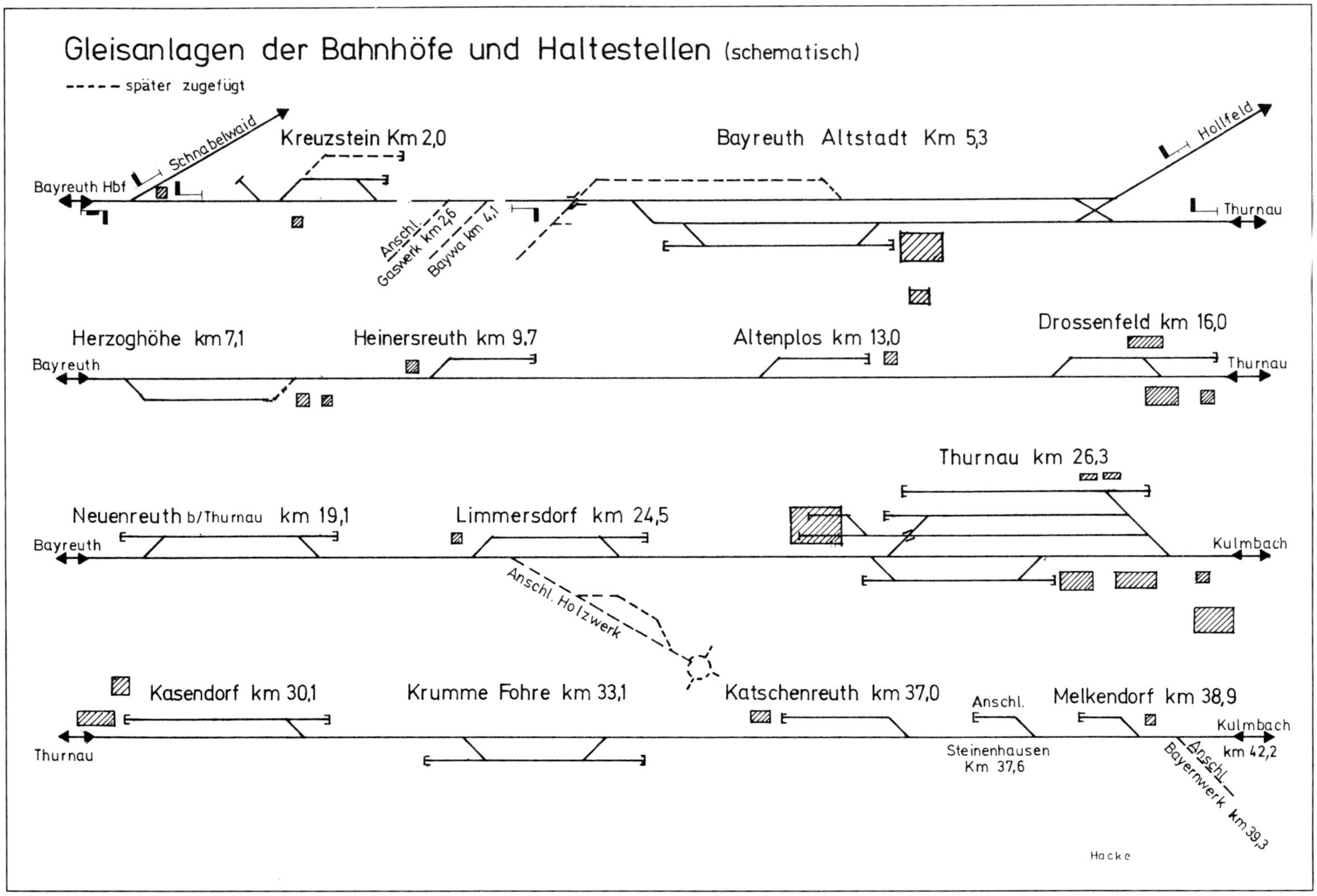

Gleisanlagen der Bahnhöfe und Haltestellen (schematisch)

---- später zugefügt

Bild 139: *Gleisanlagen Bayreuth – Thurnau – Kulmbach (schematisch/Grafik Heinz Hacke)*

Bild 140: *Bei der Abschiedsfahrt Bayreuth – Thurnau am 27. Mai 1973 gab es überall großen Andrang.*

Bayreuth Hauptbahnhof

Der Begriff „Bahnhof" umfaßt nicht nur Größe und Bedeutung des Bahnhofsgebäudes, sondern auch die mehr oder weniger leistungsfähigen Gleisanlagen.

9.1 Der erste Bahnhof hatte Verspätung

Als am 28. November 1853 der Eröffnungszug in Bayreuth eintraf, waren zwar einige Gleise vorhanden, ein stattliches Bahnhofsgebäude fehlte jedoch (b. z. vgl. Abschnitt 3.4). Mit dessen Planung wurde erst zwei Jahre später begonnen, und am 30. Mai 1856 schrieb das Staatsministerium des Handels und der öffentlichen Arbeiten an Seine Majestät den König:

„Zur Vollendung der von der Stadt Bayreuth erbauten, mit Genehmigung Euerer Königlichen Majestät durch die Generaldirektion der Verkehrsanstalten gepachteten Zweigbahn zwischen Neuenmarkt und Bayreuth gehört nunmehr in der Hauptsache noch die Herstellung des Bahnhofshauptgebäudes in Bayreuth, in dessen Ermangelung der Dienst [...] durch Benützung von unzureichenden Provisorien geführt werden mußte. In diesem Gebäude müssen Lokalitäten für den Eisenbahn-, Post- und Telegraphenbetrieb vorgesehen werden. In dem hiermit vorgelegten Plane sind alle diese Bedürfnisse berücksichtigt und es ist auch ein kleines Cabinet für Euere Königliche Majestät vorgesehen. Die Ausführung des Gebäudes kostet nach dem angebogenen Plane 36 000 fl (= Gulden) und wird auf besonderes Bitten der Stadt Bayreuth –

> welcher, da alle übrigen Verhältnisse mit derselben bereinigt sind, und die Bahn selbst definitive übernommen ist, Alles daran liegt, hiedurch in die Möglichkeit versetzt zu sein, ihre Baurechnung zum Abschlusse zu bringen –

durch die Generaldirektion der Verkehrsanstalten gegen Erstattung jener Bausumme erfolgen. Euerer Königlichen Majestät Staatsministerium des Innern ist hiermit einverstanden. Der treugehorsamst Unterzeichnete erlaubt sich daher, Euere Königliche Majestät alleruntertänigst zu bitten, diesem Plane die Allerhöchste Genehmigung allergnädigst zu erteilen."

König Max II. verfügte „Allerhöchst" am Rande des Gesuches in folgender Form:

Bild 141: *„Genehmigt, wiederhole übrigens, daß Ich je mit solchen Vorlagen auch das betreffende Sitzungs-Protokoll Meines Baukunstausschusses zu erhalten wünsche. Nymphenburg den 2ten Juny 1856. Max"*

Die Bauarbeiten begannen im August 1856. Bild 142 zeigt das Bauwerk, als es – frühestens im Jahre 1857, wahrscheinlich aber erst später – fertiggestellt war. (Dieses Bild erscheint im Schrifttum zuweilen mit der falschen Jahreszahl 1853!)

Die Spitzbogenfenster verraten den neugotischen Baustil, der damals in Mode war; weiterer Zierat sind das umlaufende Gurtgesims unter dem ersten Stockwerk, die kleinen Rundfenster in den senkrechten Achsen und der vorspringende Mittelrisalit. Letzterer war mit einem Balkon versehen, mit seitlichen

Bild 142: *Der erste Bayreuther Bahnhof mit Einsteighalle und „Publikumsverkehr"* (Archivbild Bernd Mayer)

Pilastern und Dreiecksgiebel sowie einem säulengetragenen Glockentürmchen.

Rechts schließt sich die in der Gleisachse liegende „Einsteighalle" an das Bahnhofsgebäude an, welches schräg zu ihr, in Front zu der in die Stadt führenden Jägerstraße stand; zwischen beiden war ein gebogener, überdachter Verbindungsgang angeordnet (b. z. vgl. Bild 37). Sein Dach und das der Einsteighalle wurden von 5 m hohen gußeisernen Säulen gestützt, deren kunstvolles Kapitell aus Bild 143 ersichtlich ist. Rechts von der Einsteighalle steigt Rauch auf; offenbar war gerade ein Zug aus Neuenmarkt angekommen. Im Hintergrund das 1854 entstandene hohe Gebäude der Mechanischen Baumwollspinnerei und Weberei und der dazugehörige mächtige Fabrikschornstein – der den Rauch und Dampf der gewaltigen Dampfmaschinen abführte. Der Bahnhofsvorplatz war durch sechs Gaslaternen feierlich beleuchtet. Am linken Bildrand erkennt man einen „Stationsbrunnen".

Über die Gestaltung der Gleisanlage dieses ersten Bayreuther Bahnhofs ist im Archivmaterial nichts zu finden. Aber aus dem Lageplan des „Ostbahnhofs", dem Endbahnhof der am 1. Dezember 1863 eröffneten Strecke Weiden–Bayreuth, können Rückschlüsse gezogen werden, denn er hatte Gleisverbindung mit dem Bahnhof der Neuenmarkt–Bayreuther Pachtbahn, mit dem „Staatsbahnhof" (b. z. vgl. Bild 38). Letzterer hatte demnach vier Gleise, drei von ihnen waren auch an ihren Enden durch Weichen und eine Drehscheibe untereinander verbunden. Vergleicht man mit anderen zeitgenössischen Anlagen, so hatten diese vier Gleise wohl folgende Funktionen:

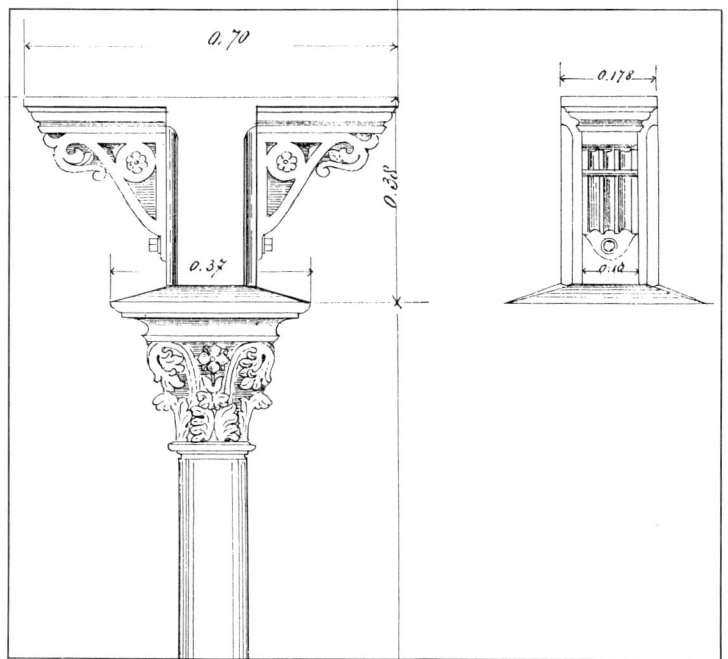

Bild 143: *Kapitell einer gußeisernen Säule vom Verbindungsgang zwischen dem alten Bahnhofsgebäude und der Einsteighalle; die Säule war 5,04 m hoch und wog 550 kg.*

Ein Hauptgleis und ein Kreuzungsgleis für ein- und ausfahrende Züge, ein Umfahrgleis, über das sich die Lokomotive des angekommenen Zuges an die Spitze des nächsten, nach Neuenmarkt fahrenden Zuges setzen konnte, und ein Gleis zur Lokomotivremise (b. z. vgl. Abschnitt 3.4).

Die Ostbahn hatte übrigens in Bayreuth kein eigenes Bahnhofsgebäude errichtet, sie benützte das des Staatsbahnhofs mit, für welch letzteres im Juni 1868 um Erweiterung der Warte- und Diensträume nachgesucht wurde und um den Bau von „öffentlichen Abtritten" (=WC) samt Waschküche und um eine Perronanlage (=Bahnsteige).

9.2 Das heutige Bahnhofsgebäude stammt von 1879

Mit Gesetz vom 15. April 1875 war beschlossen worden, die Königlich Privilegierte Aktiengesellschaft der Bayerischen Ostbahnen zum 1. Januar 1876 zu verstaatlichen. In Bayreuth konnten daher Staatsbahn und Ostbahn nicht weiterhin nebeneinander bestehen, sie mußten vereinigt werden.

Die Straße nach St. Georgen und weiter nach Berneck führte über die Verbindungsgleise der beiden Bahnanlagen (b. z. vgl. Bild 38). Dieser schienengleiche Bahnübergang war eine Schwachstelle im Bahnbetrieb; er wurde vor allem an Viehmarkttagen im Stadtteil „Brandenburger" stark frequentiert, und es entstanden oft lästige, ja gefährliche Störungen.

Dazu kam, daß die Neubaustrecke Nürnberg–Schnabelwaid–Bayreuth seit Sommer 1875 immer näher rückte, man war sich im klaren, daß damit eine Bahnhofserweiterung notwendig wird.

All dies löste eine Reihe von Baumaßnahmen aus. Zunächst ging man daran, den schienengleichen Bahnübergang zu beseitigen und damit Platz zu schaffen für ein größeres „Empfangsgebäude" (wie der Fachausdruck lautet), südlich vom bisherigen. Zu diesem Zweck wurden gegen Ende der 1870er Jahre die jetzige Tunnelstraße und in ihr eine Straßenunterführung,

Bild 144: *Der Tunnel in der Tunnelstraße am 5. 5. 1989; die Durchgänge links und rechts sind im alten Zustand erhalten geblieben.*

Bild 145: *Das jetzige Bahnhofsgebäude im Sommer 1951*

eben der Tunnel gebaut, was zwar für manche einen kleinen Umweg brachte, der aber dafür völlig gefahrlos war (Bild 144). Das „Bayreuther Tagblatt" hatte allerdings schon in seiner Ausgabe vom 9. Mai 1876 bedauert: „Diese Verbindung in einen dunklen, unheimlichen Tunnel zu verwandeln, ist gewiß keine Verschönerung; die Beliebtheit wird gewiß nicht gefördert durch einen bedeckten Durchgang, der immer etwas Ängstliches hat, der in Beziehung auf Reinlichkeit hinter der offenen Straße zurückstehen und der vielleicht auch in anderer Beziehung gar bald in Verruf kommen dürfte. [...] Kommen im Winter die Fuhrbauern, welche Brennholz zu Markte fahren, so bleiben sie mit einem Schlitten im Tunnel stecken."
Das bedeutendste Objekt war dann die Errichtung eines neuen Bahnhofsgebäudes. Der Schöpfer dieses repräsentativen Bauwerks war der Architekt und Generaldirektionsrat Seidel aus München. Es besticht durch die klare, symmetrische und ausgewogene Gliederung (Bilder 145, 146). Die Fassade an der Straßenseite belebt der vorspringende Zentralblock, der seinerseits durch einen Mittelrisalit aufgelockert ist. Auch die einstöckigen Baukörper links und rechts an den Enden der Straßenfront treten etwas hervor; die ganze Schauseite erscheint beschwingt durch Rund- und Segmentbogen, durch Segment- und Dreiecksgiebel.

Bild 146: *Das jetzige Bahnhofsgebäude von der Gleisseite gesehen um 1900; die anwesenden Eisenbahner und Reisenden haben sich gleichmäßig auf die zwei Bahnsteige verteilt und für den Fotografen in Positur gestellt.*

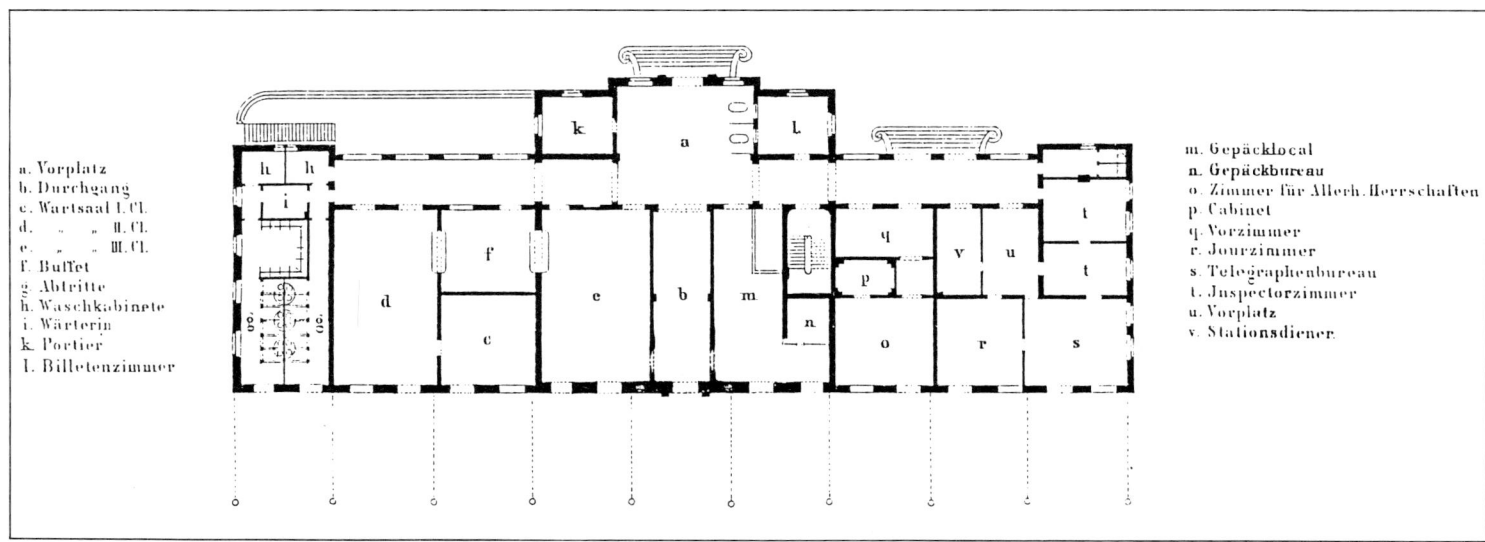

Bild 147: *Ursprünglicher Grundriß zum Erdgeschoß des jetzigen Bahnhofsgebäudes*

Diesem sehr übersichtlichen äußeren Bild entspricht auch der wohldurchdachte Grundriß (Bild 147). Am Haupteingang von der Stadt her lag der geräumige Vorplatz mit der Portiersloge und dem Durchgang zu den Zügen. Im rechten Flügel befanden sich das Buffet und die Wartesäle I., II. und III. Klasse, die sich in der Gestaltung der Räume, in der Möblierung und im Service unterschieden. Interessant ist der aus Bild 148 ersichtliche Brief, der zeigt, daß die „anständigen" Reisenden die II. Klasse bevorzugten. Am Ende dieses Flügels dann die „Abtritte für Männer" samt Pissoir und „Für Frauen", ferner Waschkabinette und die Wärterin. Im linken Flügel gab es, gleich am Vorplatz, die „Billetten-Expedition" (= Fahrkartenschalter) und das Gepäcklokal. Es schlossen sich an das Zimmer für „Allerhöchste Herrschaften" samt Kabinett (=WC) und Vorzimmer, sie mußten auf allen größeren Bahnhöfen für den König und sein Gefolge vorgehalten werden. Und dann die „Bureaux": für die Stationsdiener, für den Stationsmeister, das Telegraphenbureau, das Jourzimmer (für den Fahrdienstleiter), das Inspektorzimmer (für den Bahnhofsvorstand, der im Obergeschoß des Mittelbaues seine 5-Zimmer-Dienstwohnung hatte; dort war auch eine zweite, kleinere Dienstwohnung für den Stationsdiener).

Vom Leben und Treiben am Bahnhofsplatz in alter Zeit kann uns Bild 149 einen Eindruck vermitteln.

Dieses nunmehr 113 Jahre alte imposante Bauwerk war der Stadt Bayreuth, deren Bedeutung ja mit den seit 1876 stattfindenden Richard-Wagner-Festspielen gerade wesentlich gewachsen war, durchaus angemessen. Es genügt auch heute noch vollkommen, weil Zweckbestimmung und Ausstattung der zahlreichen Räume im Laufe der Zeit den sich verändernden Erfordernissen ständig angepaßt werden konnten.

Für die am neuen Bahnhofsgebäude haltenden Züge mußten 1881 anstelle der bisherigen Einsteighalle neue Perrons

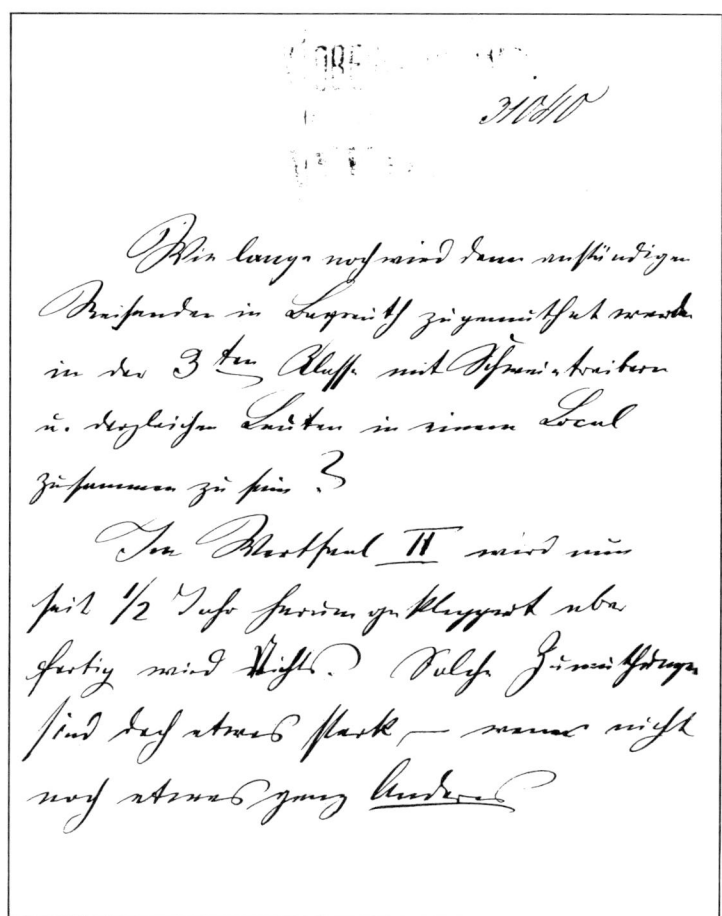

Bild 148: *Ein anonymer Beschwerdebrief: „Wie lange noch wird dem anständigen Reisenden in Bayreuth zugemuthet werden, in der 3ten Klasse mit Schweinetreibern u. dergleichen Leuten in einem Local zusammen zu sein? Im Wartsaal II wird nun seit 1/2 Jahr herumgeklappert aber fertig wird Nichts. Solche Zumuthungen sind doch etwas stark – wenn nicht noch etwas ganz Anderes."*

Bild 149: *Leben und Treiben auf dem Platz vor dem neuen und dem alten Bahnhof um 1905; Pferdekutschen und Handwagen waren die gängigen Beförderungsmittel auf der Straße (Archivbild Bernd Mayer).*

(= Bahnsteige) mit eisernen Überdachungen für die Gleise 1, 2 und 3 geschaffen werden; damit sie ohne Gefährdung zu erreichen waren, wurde ein Perrontunnel, d. i. eine Bahnsteigunterführung, gebaut.

Die Beseitigung des schienengleichen Bahnübergangs, der mitten durch den Bahnhof führte, ist von der Bevölkerung nicht ohne weiteres hingenommen worden; wenigstens für Fußgänger mußte wieder eine kürzere Verbindung vom „Brandenburger" zum Bahnhof hergestellt werden. Zunächst war daran gedacht worden, die Bahnsteigunterführung entsprechend zu verlängern (Bild 150); aber 1885 entschloß man sich dann zu einem eisernen Steg über die ganze Gleisanlage hinweg (Bild 151; auf ihm ist am rechten Rand der „alte Bahnhof" zu erkennen). Die Bahnsteigunterführung wurde in späterer Zeit nur noch bis zum Perron 3 (zwischen den Gleisen 4 und 5) ausgedehnt; der eiserne Steg aber ist 1940 entfernt worden, vermutlich um Stahl für die Kriegswirtschaft zu gewinnen.

Eine „Ladehalle" war schon 1853 für die Pachtbahn geschaffen worden (b. z. vgl. Abschnitt 3.4); man kann ihre Fassade auf Bild 142 ganz am linken Rand erkennen. Sie wurde im Zuge der umfangreichen Baumaßnahmen zu Ende der 1870er Jahre verlängert; und der Güterbahnhof, das sind die Ladestraßen (Bild 152), wurde vergrößert, indem man die Bürgerreuther Straße weiter nach Westen verlegte. Im Jahr 1898 mußte die Güterhalle noch einmal erweitert werden, da der Stückgutverkehr mittlerweile enorm angewachsen war.

Bild 153 zeigt den heutigen Zustand des ehrwürdigen Gebäudes, das mit den einheitlichen Rundbogenfenstern den Stil seiner Entstehungszeit verrät. Die Ostbahn hatte in ihrem Gelände von vornherein schon eine eigene Güterhalle errichtet (b. z. vgl. Bild 38), die man in späteren Jahren als Werkstätte verwendete (Bild 154) und zu Beginn der 1980er Jahre beseitigte.

Jenseits der Gleise, an der Tunnelstraße, liegt das schon in den 1860er Jahren entstandene Dienstwohngebäude: ein nüchterner, schmuckloser Backsteinbau (Bild 155), in dem in neuerer Zeit auch Eisenbahndienststellen untergebracht worden sind.

9.3 Eisenbahn und Post – zwei Schwestern

Als man sich Ende 1879 im neuen Bahnhofsgebäude eingerichtet hatte, verblieben fortan im „alten Bahnhof" nur die Eisenbahn-Betriebs- und Bauinspektion (über die in Abschnitt 12 berichtet wird) und im ersten Stock einige Dienstwohnungen; die anderen Räume waren der Königlich Bayerischen Post überlassen worden (die außerdem eine „Stadtpost" im alten Rathaus in der Maxstraße unterhielt). Auch die Bahnpost mußte sich im Lauf der Zeit weiter ausbreiten, zumal ab 1. Januar 1887 das Vereinigte Post- und Bahnamt Bayreuth aufgehoben und für Eisenbahndienst und für Postdienst je eigene Leiter bestellt worden waren. Die letzte Wohnung im alten Bahnhof wurde 1891 geräumt, und die Post konnte über den ersten Stock allein verfügen. Zur Vergrößerung der Schalterhalle ließ sie 1898 vor die Fassade des Gebäudes und seitlich kastenförmige Anbauten mit flachen Dächern setzen; sie

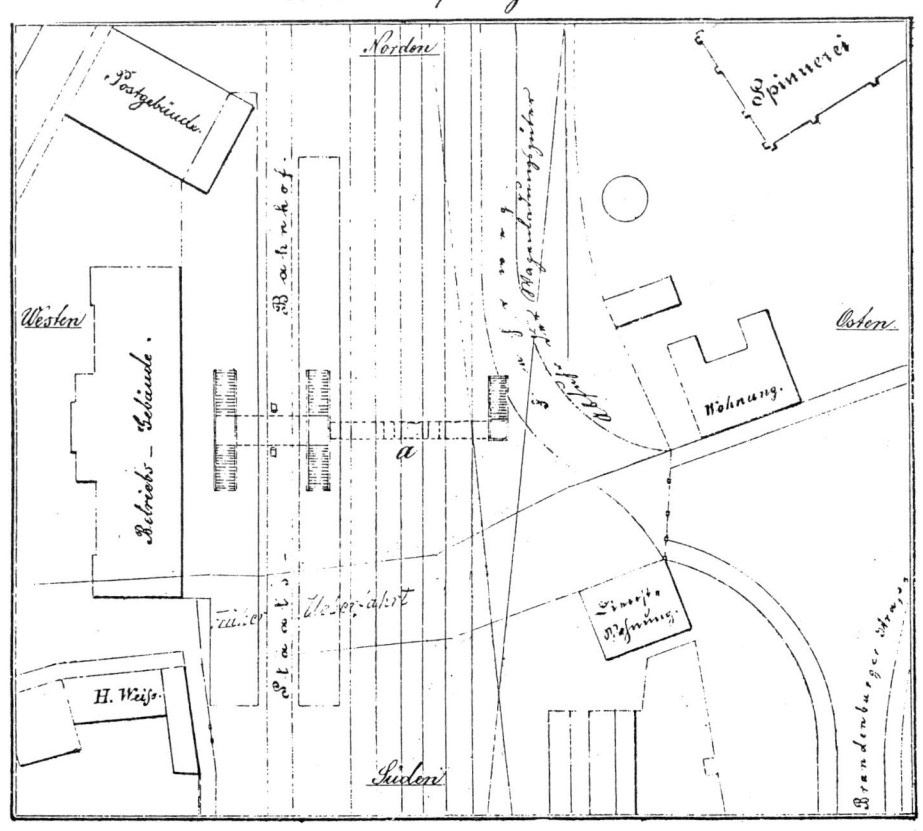
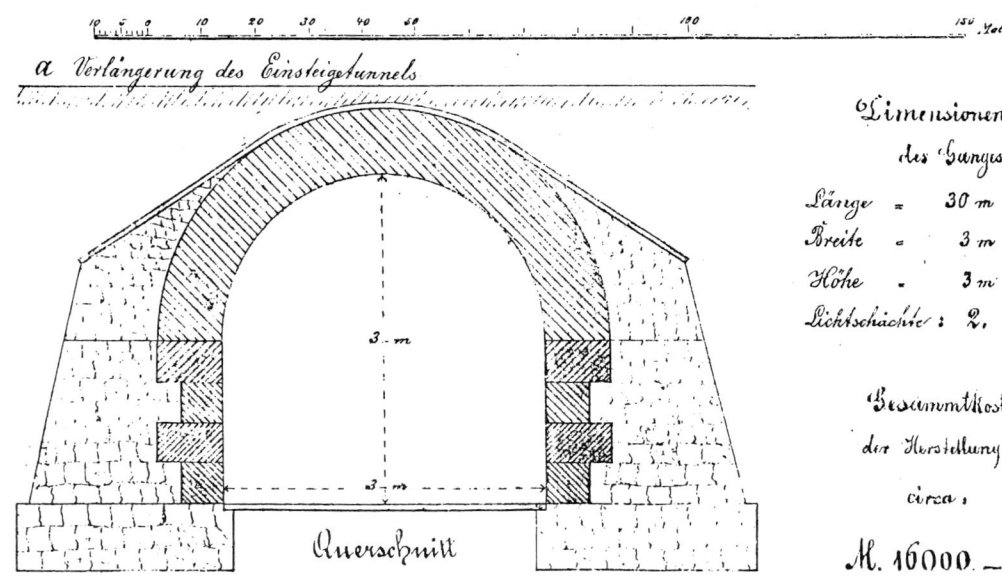

Bild 150: *Projekt von 1881: Verlängerung der Bahnsteigunterführung zum „Brandenburger"*

Bild 151: *Der eiserne Steg über die Gleisanlage des Hauptbahnhofs um 1900*

erhielten die gleichen Spitzbogenfenster wie die alte Bausubstanz (Bild 156). Als auch dann die Räume nicht mehr ausreichten, mußte schräg gegenüber an der Bürgerreuther Straße ein Neubau geschaffen werden, wohin die Post im Jahr 1929 übersiedelte.

Die äußere Erscheinung des alten Bahnhofs ist dann noch manchen Veränderungen unterzogen worden: So wurde der Anbau an der Straßenseite bis unter das Dach hochgeführt, an den Seiten die Fensterteilung geändert; die Räume wurden modernisiert. Das Gebäude blieb Sitz der Eisenbahn-Betriebs- und Bauinspektion (die später als „Reichsbahn-Betriebsamt" firmierte), im Erdgeschoß etablierten sich der Fahrdienstleiter und die Bahntelegraphie sowie Büros des Bahnhofs und der Güterabfertigung.

Die Post ist aber nicht ganz aus dem Getriebe des Bahnhofs verschwunden, die Züge schleppten weiterhin ihre Bahnpostwagen mit, die zum Teil von Postbeamten begleitet wurden.

Bild 152: *Die Ladestraße im sog. Güterbahnhof um 1910; auch hier beherrschen die Pferdefuhrwerke das Geschehen; über allem steht auch hier das Festspielhaus (Archivbild Bernd Mayer).*

Bild 153: *Die ehrwürdige „Güterstation" hat die Zeiten überdauert: Aufnahme von 1988.*

Bild 154: *Die frühere Ostbahn-Güterhalle als Werkstätte; am linken Bildrand die Ruine des Eisenbahnerwohnhauses in der Tunnelstraße, Foto 1948*

Bild 155 (links unten): *Das Dienstwohngebäude jenseits der Gleise, 1951*

Bild 156 (rechts unten): *Das Gebäude des ersten Bahnhofs, durch Vorbauten ergänzt, als Kgl. Bayer. Postamt um 1910; hier haben sich die Postbeamten in Positur gestellt (Archivbild des Verkehrsmuseums Nürnberg).*

An Hebelbänken und Blockfeldern

10.1 Eine ausgedehnte Gleisanlage

Die Vereinigung des Bayreuther Staatsbahnhofs mit dem Ostbahnhof hat umfassende Gleis- und Weichenarbeiten notwendig gemacht, die für lange Zeit für reichlich Beschäftigung sorgten. Sie erstreckten sich von der Einfahrt aus Richtung Neuenmarkt bis zu den Einfahrten aus Richtung Kirchenlaibach und Schnabelwaid. Dabei wuchs das Gleisfeld auch in die Breite, aus den sieben Gleisen des Ostbahnhofs waren bis Ende der 1880er Jahre neun geworden. Der Spurplan von 1890 (Bild 157) zeigt drei Bahnsteiggleise und sechs weitere Gleise. Die letzteren waren bestimmt für die Güterzüge, für Lokomotivfahrten und zur Bedienung der Ladegleise im Osten einschließlich des Privatanschlusses Spinnerei. Mit dem ersten Bahnsteiggleis war die Güterhalle und die westliche Ladestraße verbunden. Diese damals großzügige Gestaltung hat sich im Prinzip bis heute erhalten.

10.2 Wechselwärter – ein Beruf mit großer Verantwortung

Die Weichen, bzw. die Wechsel, wie sie ursprünglich hießen, sind zunächst samt und sonders an Ort und Stelle bedient worden, durch einfache Gewichtshebel mit Übertragungsgestänge (Bild 158). Hierfür waren an den Bahnhofsenden Wechselwärter postiert. Für sie hatte man in der Nähe ihres Arbeitsfeldes kleinere oder größere Wohnungen erbaut. So wurden 1868 für den nördlichen Bahnhofskopf in Bayreuth zwei Wechselwärterhäuser genehmigt, ein „vierwohniges" und ein „zweiwohniges", sie sind in Bild 157 rechts am Rand mit „W.W." bezeichnet. Dieser Lageplan weist auch die „Wechselwärterkaserne" in der Tunnelstraße aus, die dort einige Jahre später entstanden ist.

Die Sicherheit der Zugs- und Rangierbewegungen lag damals noch gänzlich in den Händen dieser Wechselwärter: Sie hatten die Weichen so zu stellen, daß der Zug in das vom „Jourbeamten" (= Fahrdienstleiter) angeordnete Gleis gelangte, und dafür zu sorgen, daß diese „Fahrstraße" nicht durch eine andere Zugs- oder Rangierfahrt in der Flanke bedroht wurde.

Bild 158: *Weiche mit Gewichtshebel für Bedienung an Ort und Stelle und mit Weichensignal; die Weiche wird gerade vom Schnee gesäubert, 1953.*

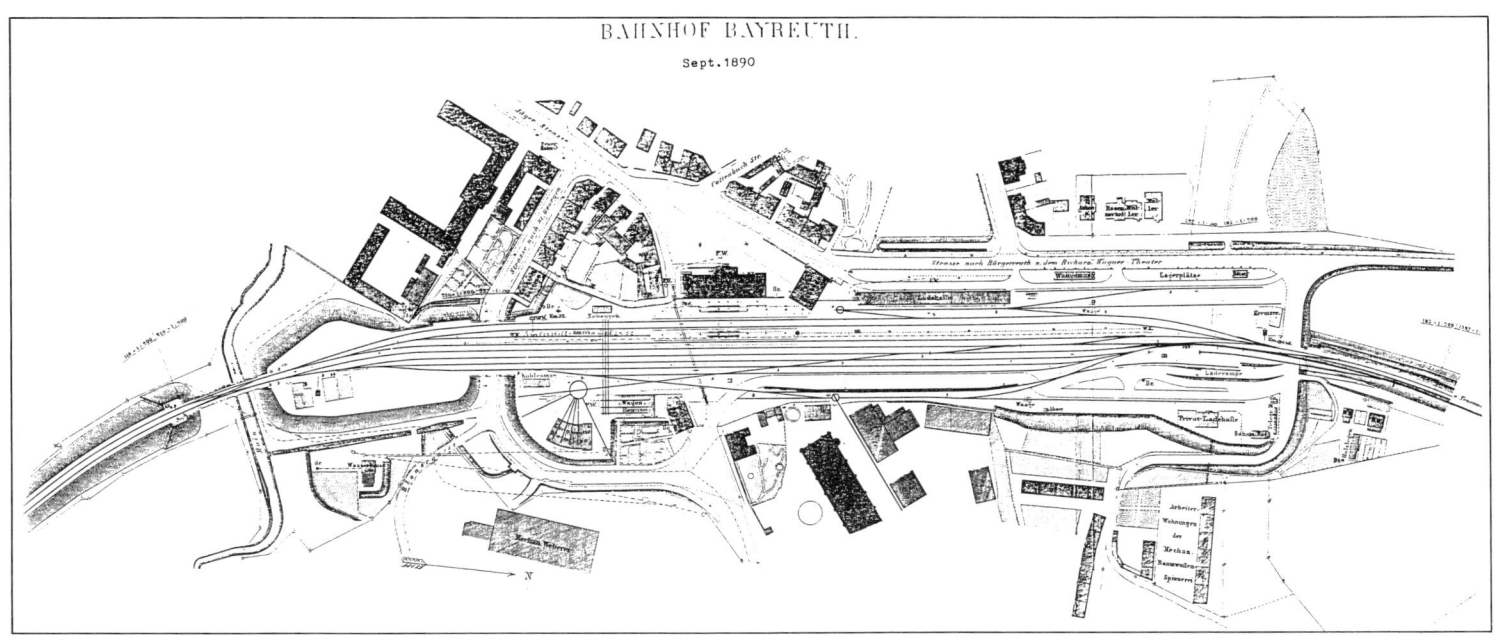

Bild 157: *Gleisplan von 1890*

10.3 Ein entscheidender Fortschritt: Die „Zentralisierung"

Nachdem die Fernbedienung der Weichen über Gestänge- und über Drahtzugleitungen erfunden war, konnten die Weichenhebel an *einer* Stelle, nämlich auf einer Hebelbank im Stellwerk, zusammengefaßt – „zentralisiert" – werden (Bilder 159, 160). Diese Zusammenfassung ermöglichte es, sie in gegenseitige Abhängigkeit und in Abhängigkeit von den Signalen zu bringen. Die schaurigen Lesebuchgeschichten, in welchen sich der Weichenwärter im Gleis kauernd gegen die Weiche stemmt, damit der über ihn hinwegbrausende Zug nicht auf ein falsches Gleis gerät, gehören seitdem in den Bereich der Fabel.

Signalabhängigkeit bedeutet, daß ein Einfahr- oder ein Ausfahrsignal (Bild 161) erst dann auf „Fahrt frei" gestellt werden kann, wenn die vom Zug befahrenen Weichen und die Weichen, welche eine Fahrt in die Flanke dieses Zuges zulassen könnten, richtig liegen und in dieser Stellung verschlossen sind, solange das Signal „Fahrt frei" zeigt. Der sehr robuste, mechanische Verschluß wird bewirkt durch den „Fahrstraßenhebel". Die Weichenhebel und die Signalhebel bestehen aus dem Hebelschaft mit der Drahtseilscheibe, über welche der zur Weiche bzw. zum Signal führende Drahtzug läuft. Wird ein Weichenhebel umgestellt, so wechseln draußen die Weiche und das Weichensignal (siehe Bild 158) und im Stellwerk ein Verschlußbalken ihre Lage. Wenn alle Hebel richtig stehen, kann der Fahrstraßenhebel für das betreffende Zugsgleis gezo-

Bild 159: *Schema einer ferngestellten Weiche mit Drahtzügen und – im Stellwerk – dem Weichenhebel und dem Spannwerk*

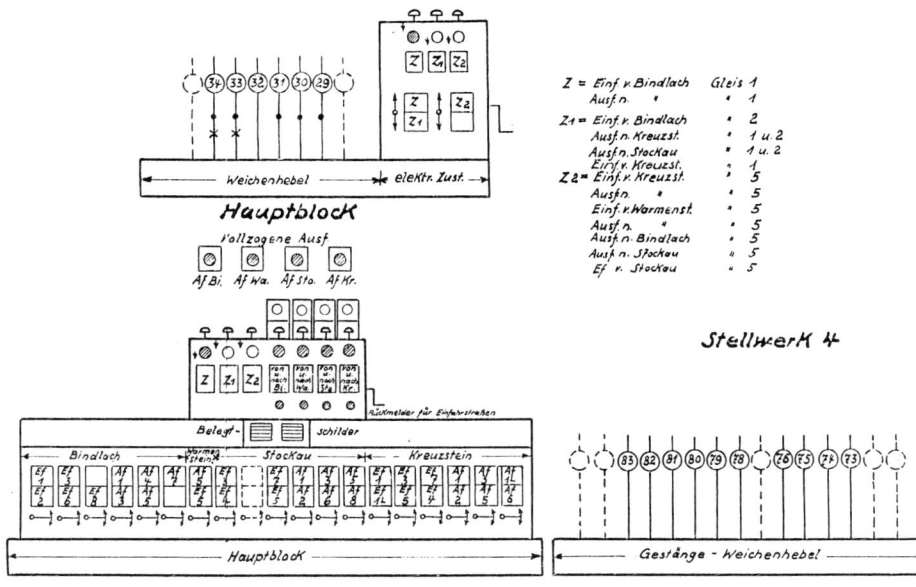

Bild 160 (links): *Schematische Übersicht a) über die Hebelbank des Stellwerks 2 mit 6 Weichenhebeln, die vom Fahrdienstleiter durch Zustimmungen Z–Z 2 unter Blockverschluß gehalten wurden, und b) über die Hebelbank des Stellwerks 4, dessen Weichen noch über Gestängeleitungen angeschlossen waren, und c) über den Hauptblock beim Fahrdienstleiter*

Bild 161: *Die Ausfahrsignale in Richtung Neuenmarkt-W und Warmensteinach mit ihrem Stellwerk 3 (später Stellwerk 2), 1956*

Bild 162: *Stellwerk 1 im ursprünglichen Zustand, 1955; im Vordergrund Teile der Drehscheibe des Bahnbetriebswerks und Lok D XI 98 494*

gen werden. Dabei verschiebt er die an der Rückseite der Hebelbank angeordnete Fahrstraßenschubstange. Auf ihr sitzen Verschlußstücke, welche die Verschlußbalken der beteiligten Weichen festhalten und gleichzeitig den bisher in ähnlicher Weise verschlossenen Signalhebel freigeben. Wird dieser umgelegt, so verschließt er den Fahrstraßenhebel.

10.4 Die Bayreuther Stellwerke

In Bayreuth hat die Zentralisierung im Jahr 1909 stattgefunden; es wurden vier Stellwerke eingerichtet:

- Stellwerk 1 (Bild 162) für die Ein- und Ausfahrten von und nach Kirchenlaibach und Schnabelwaid/Hollfeld/Thurnau mit den Einfahrsignalen A und B, die durch die Vorsignale a und b angekündigt werden, und mit den Ausfahrsignalen C bis J,
- Stellwerk 3 (Bild 163) für die Ein- und Ausfahrten von und nach Neuenmarkt-W und Warmensteinach mit den Einfahrsignalen K und L samt den Vorsignalen k und l sowie den Ausfahrsignalen M bis T,
- Stellwerk 2 für den Rangierdienst im inneren Bahnhofsbereich,
- Stellwerk 4 für den Rangierdienst im nördlichen Bereich.

Auf Bild 164 ersieht man die Lage der Stellwerke und den Zustand der Gleisanlage im Jahr 1930, die seit 1890 nur noch folgende Ergänzungen erfahren hatte:
Neben Gleis 1 ein Sackgleis mit Bahnsteig, den sog. „Thurnauer Stutzen" samt Hinterstellgleis,

Bild 163: *Stellwerk 3 (2) im Jahre 1977; einige Weichenhebel sind zur Auswechslung ausgebaut, sie stehen an der Eingangstür*

zwischen den Gleisen 4 und 5 ein Hinterstellgleis für die Warmensteinacher Züge,
dann die weiteren Hinterstellgleise 10 – 14,
die Ladehof-Gleisgruppe 1 l – 6 l,
die Gleisgruppe 23 – 29 samt Ausziehgleis (für die Güterzugbildung) und
die Privatanschlußgleise Haefner sowie Müller & Co.
Stellwerk 2 fiel später weg, Stellwerk 3 erhielt die Nummer 2, und Stellwerk 4 wurde in Stellwerk 3 umgetauft.

Bayreuth Hbf 1930

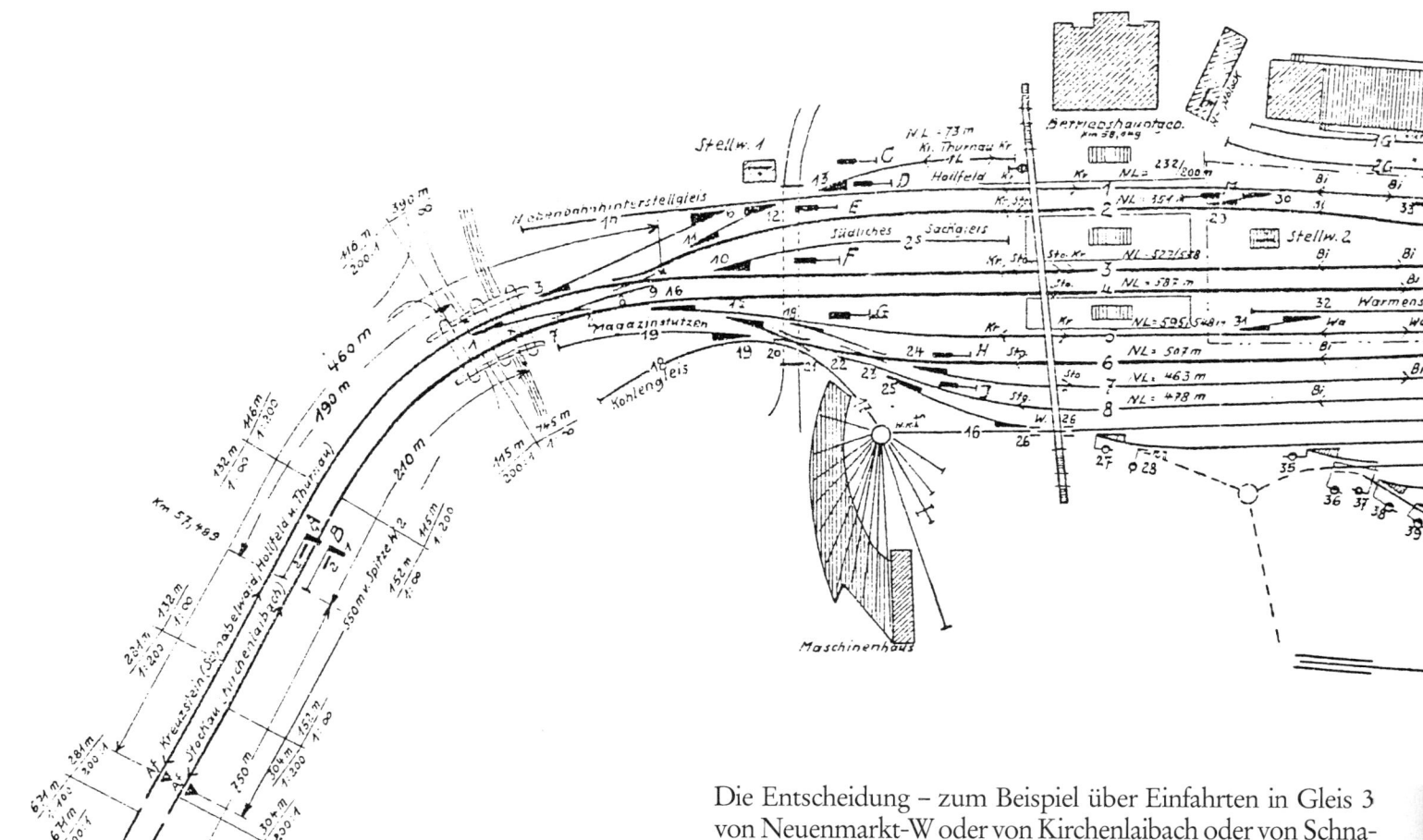

Bild 164: *Gleisplan von 1930*

Die Entscheidung – zum Beispiel über Einfahrten in Gleis 3 von Neuenmarkt-W oder von Kirchenlaibach oder von Schnabelwaid – überließ man nicht den beteiligten Stellwerken; für alle Ein- und Ausfahrten der Züge durfte nur eine Stelle zuständig sein, nämlich der (im alten Bahnhof untergebrachte) Fahrdienstleiter. Die Hebel der Einfahrsignale und der Ausfahrsignale waren zwar – wie gesagt – auf den Stellwerken, aber der Fahrdienstleiter hielt sie unter Blockverschluß mittels mechanischer Sperren (engl. *to block*: sperren), die er durch „Blockfelder" elektrisch lösen konnte, ähnlich wie etwa der elektrische Türöffner an der Gartentür vom Haus aus betätigt wird. Der Hauptblock beim Fahrdienstleiter (Bild 165, siehe auch Bild 160) hatte für jede mögliche Einfahrt oder Ausfahrt ein solches Blockfeld.

Bei der Benutzung der Gleise der freien Strecke arbeiten die zwei Nachbarfahrdienstleiter zusammen. Sobald ein Zug in einen Streckenabschnitt eingelassen worden ist, werden die Ausfahrsignale nach diesem Abschnitt durch ein Blockfeld gesperrt, das der Nachbar erst wieder *ent*blocken kann, wenn der Zug bei ihm angekommen ist und einen elektrischen Kontakt befahren hat. Auf diese Weise wird sichergestellt, daß in einem Streckenabschnitt sich immer nur *ein* Zug befinden kann.

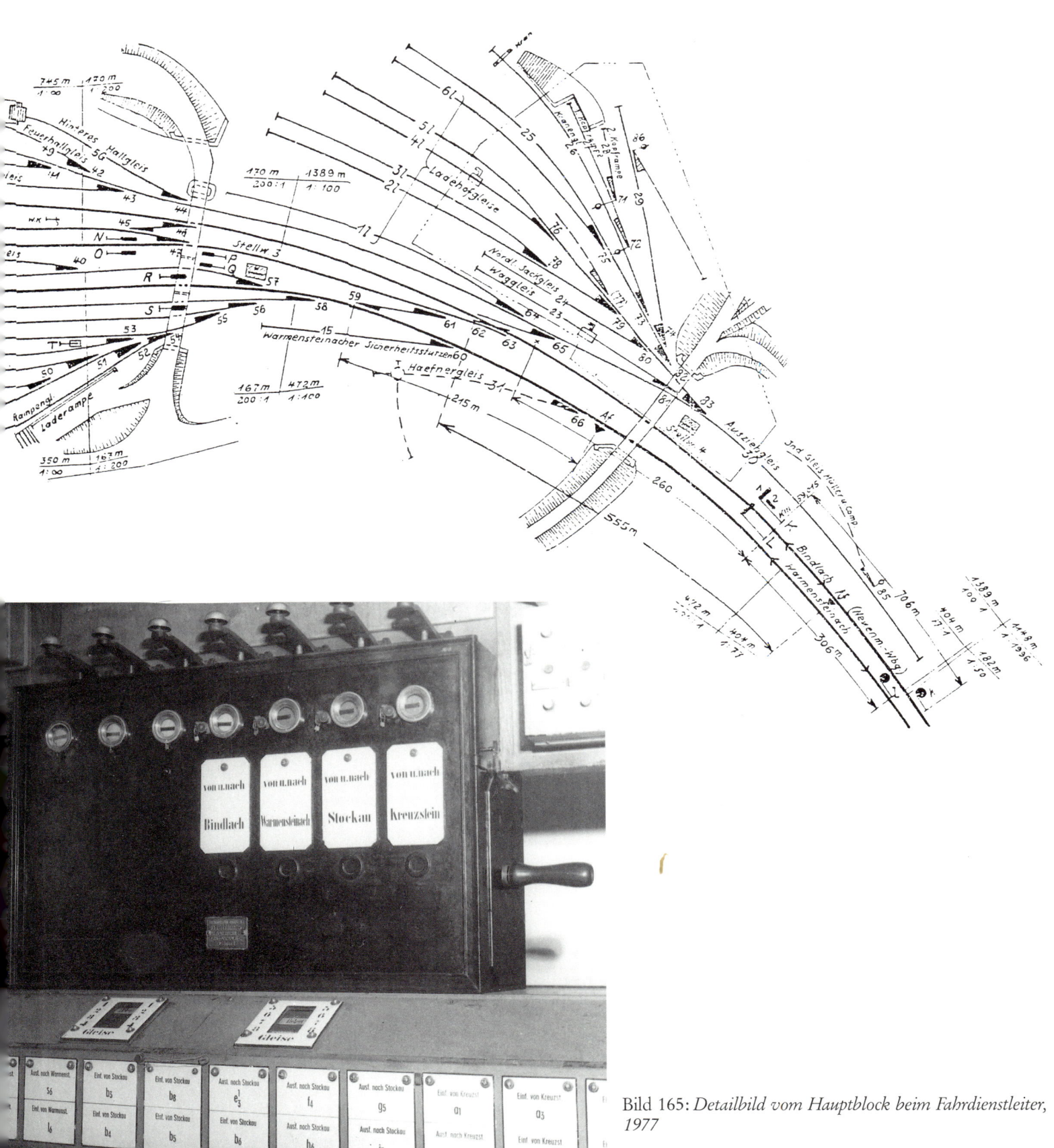

Bild 165: *Detailbild vom Hauptblock beim Fahrdienstleiter, 1977*

Zugkräftige Lokomotiven

11.1 Die Anlagen für den Lokomotivdienst

Zur Bayreuther Ausstattung der Pachtbahn von 1853 gehörte auch eine Lokomotivremise mit zwei Ständen samt Anheizhaus, an der Nordseite des Bahnhofsgeländes gelegen. Sie wurde gegen Ende der 1870er Jahre beseitigt, um Platz für die Vergrößerung der dortigen Laderampe und für ein Rohmaterialienlager zu schaffen.

Schon beim Bau der 1863 eröffneten Ostbahnstrecke Weiden–Bayreuth hatte man ja eine zweite, langgestreckte Lokomotiv- und Wagenremise mit drei Gleisen errichtet (Bild 166). Im Zuge der in Abschnitt 10.1 beschriebenen Erweiterung der Gleisanlage wurde sie in den 1880er Jahren abgebrochen und weiter östlich als „Neue Wagenremise" in leicht veränderter Form wieder aufgebaut (b. z. vgl. Bild 38); ihre drei Stände waren allerdings nur über eine Schiebebühne erreichbar. Das Gebäude ist heute noch vorhanden (Bilder 167, 168) und beherbergt Werkstätten und Büros.

Südöstlich davon entstanden damals auch der erste Teil eines Ringschuppens für die Lokomotiven mit zunächst vier Gleisen und Drehscheibe (Bild 169) sowie ein Kohlenmagazin

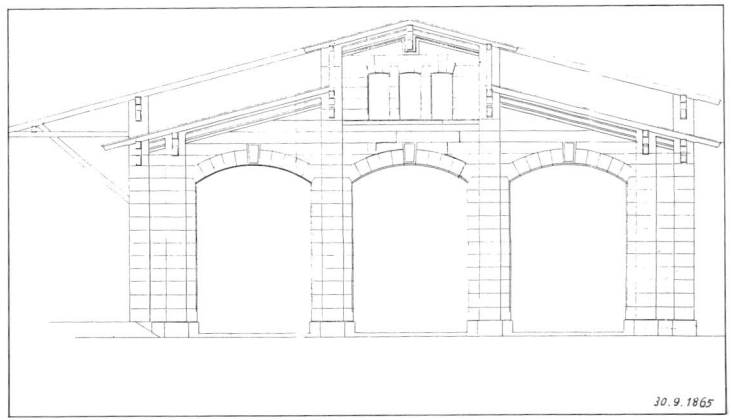

Bild 166: *Fassade der Ostbahn-Lokomotiv- und Wagenremise von 1865*

(b. z. vgl. Bild 157). Später wurde dieser Lokschuppen auf elf Stände ausgestaltet (Bilder 170–172) und seitlich durch ein Verwaltungsgebäude abgeschlossen (Bild 173).

Als weitere Anlagen für den Maschinendienst gab es einige „Putzgräben", in welchen die Fahrzeuge von unten her besichtigt und bearbeitet werden konnten; ferner eine Bekohlungs-

Bild 167 (links unten): *Die „Neue Wagenremise" steht heute noch, aufgenommen 1988.*

Bild 168: *Detail an der „Neuen Wagenremise": das Flügelrad, das althergebrachte Symbol der Eisenbahn in allen Ländern*

Bild 169: *Lok 64 391 auf der Drehscheibe vor dem Lokschuppen, 1956*

Bild 170: *Der ringförmige Lokschuppen mit Drehscheibe und Wasserkran und die Ostbahn-Wagenremise, 1955; Lok G 10, Betriebsnummer 57 1390*

Bild 171: *Die Loks 98 1121 und 98 1125 sind etwas aus dem Lokschuppen herausgefahren, um erst einmal nach dem Wetter zu sehen, 1956.*

Bild 172: *Der Ringschuppen von der Straßenseite her gesehen, 1953; Lok 01 122, gerade ausfahrend nach Nürnberg*

Bild 173: *Das Verwaltungsgebäude des Bahnbetriebswerks im ursprünglichen Zustand; links davon die Ostbahn-Wagenremise; davor eine Nürnberger S 3/6 am Wasserkran, eine D XI und die Drehscheibe im Jahr 1938*

Bild 174 (unten): *Lok 64 391 an der Bekohlungsanlage: die beladenen Loren werden mit Kran hochgezogen und in den Kohlenbehälter der Lok gekippt, 1956.*

anlage, wo ein Kran die mit Kohle beladenen Loren hochzog, so daß ihr Inhalt in den Kohlenbehälter der Lokomotive gekippt werden konnte (Bild 174). Schließlich waren im Bahnhofsbereich mehrere Wasserkräne verteilt (siehe Bild 170), die die Lokomotiven mit dem weiteren „Treibstoff" versorgten. Damit das Wasser auch sprudelte, wurde es erst einmal in einem hochgelegenen Wasserhaus gesammelt. Bild 175 zeigt dieses Bauwerk, das heute noch steht, inzwischen aber zum Geschäfts- und Wohnhaus geworden ist.

11.2 Kleine Lokomotivkunde

Abgesehen von ein paar Lokomotiven aus der Frühzeit des Eisenbahnwesens und von einigen Einzelgängern, waren die bayerischen Dampflokomotiven von den zwei Münchner Lokomotivfabriken J. A. Maffei und Krauß & Comp. geliefert worden. Die Maschinen Maffeischer Prägung bestechen durch ihre stattliche äußere Erscheinung, sie sind ästhetisch gegliedert – wirken elegant und imposant. Krauß baute hauptsächlich kleine, billige Lokomotiven, auf ihr Äußeres hat er weniger gesehen. 1931 sind beide Unternehmen zusammengelegt worden; die Firma Krauß-Maffei existiert heute noch.

Im Lauf der Zeit ist die Dampflokomotive immer weiter vervollkommnet worden. Eine Steigerung der Zugkraft erreichte man durch längere Dampfkessel, durch höheren Dampfdruck und dadurch, daß immer mehr Achsen angetrieben wurden; größere Raddurchmesser führten zu größerer Fahrgeschwindigkeit.

Der Wirkungsgrad der Dampflokomotive ist an sich gering, nur etwa 11 % der in der Kohle gespeicherten Wärmeenergie wird in Arbeit umgewandelt; der größte Teil geht durch Abstrahlung und durch den Schornstein verloren. Eine fühlbare Verbesserung gelang dadurch, daß man den Dampf zunächst in einem Hochdruckzylinder und anschließend noch einmal in einem Niederdruckzylinder arbeiten ließ; diese „Verbundwirkung" ergab eine Dampfersparnis von 15–20 %.

Zu Anfang unseres Jahrhunderts erfand man die Überhitzung des Dampfes: Der „Naßdampf" im Kessel enthält 10 % Wassertröpfchen. Wird er außerhalb des Kessels – in besonderen Rohren – weiter erhitzt, so entsteht „Heißdampf", der nicht so rasch kondensiert; auf diese Weise werden etwa 20 % Kohle eingespart.

Schließlich suchte man auch die hohen Personalkosten zu senken. Man baute leichte Lokomotiven mit halbautomatischer Feuerung, die der Lokführer selbst mit bedienen konnte.

Rein äußerlich bewirkten die größeren Rad- und Kesseldurchmesser, daß der anfänglich recht lange Schlot immer kürzer wurde, schließlich auch die anderen Kesselaufbauten wie Dampf- und Sanddom.

Die Klassifizierung der Lokomotiven bei den Königlich Bayeri-

Bild 175: *Das Wasserhaus an der Nordseite des Hauptbahnhofs, 1988*

schen Staatseisenbahnen richtete sich nach der Anzahl der angetriebenen Achsen:

> Zur Klasse A gehörten die Maschinen mit nur einer angetriebenen Achse,
> zur Klasse B jene, bei denen zwei Achsen durch Kuppelstangen miteinander verbunden waren,
> zur Klasse C die Dreikuppler.
> Alle Lokomotiven ohne besonderen Schlepptender bekamen den Gattungsbuchstaben D; sie hießen Tenderlokomotiven.

Die einzelnen Bauarten dieser Hauptgattungen waren – in zeitlicher Reihenfolge – durch beigesetzte römische Zahlen unterschieden, zum Beispiel D I bis D XII.

Im Jahr 1901 wurde ein neues Bezeichnungsschema eingeführt:

> Die Schnellzuglokomotiven erhielten den Gattungsbuchstaben S
> die Personenzuglokomotiven P
> die Güterzuglokomotiven G
> die Personenzugtenderlokomotiven Pt
> die Güterzugtenderlokomotiven Gt
> die Rangierlokomotiven R

dazu die Zahl der gekuppelten Achsen und die Gesamtachszahl in Bruchform; S 3/6 z. B. stand für eine sechsachsige Schnellzuglok, bei der drei Achsen gekuppelt waren.

Die Lokalbahnlok hatten den Zusatz L, z. B. GtL 4/4.

Seit dem Ersten Weltkrieg waren auch einige preußische Lokgattungen in Bayern vertreten. Für sie galt folgendes Bezeichnungsschema: S = Schnellzuglok, P = Personenzuglok, G = Güterzuglok, T = Tenderlok; weitere Differenzierung durch arabische Zahlen in der Zeitfolge, z. B. T 18.

Als die Eisenbahnen der deutschen Länder 1920 in der Deutschen Reichsbahn aufgegangen waren, wurde ein Nummernschema geschaffen, bei welchem die Lokgattung aus den ersten beiden Ziffern der fünf- oder sechsstelligen Betriebsnummer ersichtlich war; es bestanden die „Baureihen":

- 01–19 für die Schnellzuglok
- 20–39 für die Personenzuglok
- 40–59 für die Güterzuglok
- 60–79 für die Personenzugtenderlok
- 80–96 für die Güterzugtenderlok
- 97 für die Zahnradlok
- 98 für die Lokalbahnlok
- 99 für die Schmalspurlok

Die niedrigen Baureihen-Nummern innerhalb dieser Gruppen wurden den Neubauten zugewiesen, die hohen den Länderbauarten.

Schließlich gibt es noch eine Triebwerksbezeichnung, die auf alle Lokomotiven, auch auf die ausländischen angewendet werden kann. Bei ihr bedeutet z. B.:

2 C 1 – h 4 v:
2 = Zahl der (vorderen) Laufachsen
C = Zahl der gekuppelten, angetriebenen Achsen (C = 3. Buchstabe des Alphabets = 3 Kuppelachsen)
1 = Zahl der (hinteren) Schleppachsen
h = Heißdampflok (oder n = Naßdampflok)
4 = Zahl der Zylinder
v = Verbundwirkung

Ursprünglich trug jede bayerische Lok einen Namen, der in großen Buchstaben auf Messingschildern am Kessel oder am Wasserkasten zu lesen war. Es waren Namen bayerischer und außerbayerischer Orte, Flüsse und Berge, aber auch von bedeutenden Persönlichkeiten und – vor allem bei Tenderlokomotiven – aus der griechischen, römischen und germanischen Mythologie; auch Tiernamen waren vertreten. Später bekamen aber die Neuzugänge nur noch Betriebsnummern.

11.3 Was im Bayreuther Bahnhof rauchte und dampfte

Die Lokomotive, die am 28. November 1853 den Eröffnungszug nach Bayreuth gebracht hat, war die BAYREUTH; sie wurde schon in Abschnitt 3.5 beschrieben.

Die hier aufgeführten Lokomotivgattungen waren entweder in Bayreuth beheimatet (Bild 176), oder sie kamen von Neuen-

Bild 176: *Die Lokomotiven trugen am Führerhaus ein Schild mit der Aufschrift ihres Heimat-Bahnbetriebswerks; hier das des Bw Bayreuth.*

markt-W, Weiden, Nürnberg oder anderen Bahnhöfen mit ihren Zügen nach Bayreuth und fuhren weiter oder wieder zurück. Sie sind geordnet nach dem Verwendungszweck (P, G, S, R, L, Pt) und innerhalb dieser Gruppen nach der Bauzeit. Viele jener Dampfrösser sind uns glücklicherweise im Original oder als präzises Modell erhalten geblieben; hierauf wird im folgenden hingewiesen, soweit sie sich in nächster Nähe befinden: im Deutschen Dampflokomotivmuseum (DDM) Neuenmarkt und im Verkehrsmuseum Nürnberg.

11.4 Personenzuglokomotiven

Die Personenzuglokomotive B V

Von dieser Gattung wurden für die Königlich Bayerischen Staatsbahnen (K.Bay.Sts.B.) 95 Exemplare geliefert, bei der damaligen Ausdehnung des Eisenbahnnetzes eine respektable Anzahl, zumal die Bayerische Ostbahn für ihre Strecken weitere 66 B V beschafft hat.

Baujahre	1853–1865
Lieferfirma	Maffei
Betriebsnummern der Ostbahnlok	1003–1068;
die Staatsbahnlok führten Namen	
Triebwerksbezeichnung	1 B n 2
Treibraddurchmesser	1448–1545 mm
Höchstgeschwindigkeit	70 und 75 km/h

Bild 177 zeigt eine B V, die in Bayreuth stationiert war.

Bild 177: *Bayreuther Ostbahn – B V, Betriebsnummer 1028 auf der Drehscheibe ihres Bahnbetriebswerks (Foto: Jahrhundertwende)*

Bild 178: *Eine Weidener P 3/5, Betriebsnummer 38 445 in Bayreuth, 1938; man sieht den eisernen Steg, der über die Gleise führte.*

Im Verkehrsmuseum Nürnberg ist ein Modell der Ostbahn-B V 1050 im Maßstab 1 : 10 ausgestellt.

Die Personenzuglokomotive P $\frac{3}{5}$ der K.Bay.Sts.B.
Maffei lieferte 1905–1907 36 Stück dieser rassigen Maschinen als Naßdampflok und 1921 – in einem einzigen Jahr – weitere 80 Stück als Heißdampflok.

Alte Betriebsnummern	3801–3916
Neue Betriebsnummern	38 001–38 013
	38 401–38 480
Triebwerksbezeichnung	2 C h 4 v
Treibraddurchmesser	1640 mm
Höchstgeschwindigkeit	90 km/h

Nach Bayreuth kam diese Gattung mit Zügen von Weiden (Bild 178).
Im Verkehrsmuseum Nürnberg ist ein Modell der P $\frac{3}{5}$ 3801 im Maßstab 1 : 10 ausgestellt.

Die Personenzuglokomotive P 8 der Preußisch-Hessischen Staatseisenbahnen
Sie war die in ganz Deutschland und über Deutschland hinaus verbreitete Standardlokomotive für Reisezüge, nicht gerade von klassischer Schönheit, aber leistungsfähig. Von 1906–1924 sind ca. 3370 P 8 gebaut worden. In Bayern waren sie ab 1922 stationiert, in unserer Nähe in Hof, Lichtenfels, Nürnberg und Weiden.

Urherberfirma	Schwartzkopff Berlin
Alte Betriebsnummern	ab 2401
Neue Betriebsnummern	38 1001–38 4051 mit Lücken
Triebwerksbezeichnung	2 C h 2
Treibraddurchmesser	1750 mm
Höchstgeschwindigkeit	100 km/h

(Bild 179)

Nach Bayreuth kamen hauptsächlich die Nürnberger und die Weidener P 8.

Bild 179: *P 8, Betriebsnummer 38 3177, wartet in Bayreuth auf ihren nächsten Zug, 1956.*

Bild 180: *Eine Stuttgarter P 10, Betriebsnummer 39 079, steht auf Gleis 1 in Bayreuth Hbf zur Abfahrt nach Stuttgart bereit, 1957.*

Im Verkehrsmuseum Nürnberg ist ein Modell der P 8 38 1000 im Maßstab 1 : 10 ausgestellt, und die P 8 38 2884 kann dort im Original besichtigt werden.

Das DDM Neuenmarkt beherbergt die P 8 38 2383.

Die Personenzuglokomotive P 10 der Preußisch-Hessischen Staatseisenbahnen

Sie fiel etwas aus dem üblichen Rahmen, einmal wegen der *drei* Zylinder, der Auspuff ging im ³/₄-Takt, 1-2-3, 1-2-3; außerdem wegen der *vier* gekuppelten Achsen: eine Seltenheit bei Reisezugmaschinen.

Von 1922–1927 sind 260 P 10 gebaut worden, die ersten von Borsig/Berlin.

Alte Betriebsnummern	ab 2810
Neue Betriebsnummern	39 001–39 260
Triebwerksbezeichnung	1 D 1 h 3
Treibraddurchmesser	1750 mm
Höchstgeschwindigkeit	110 km/h
(Bild 180)	

Nach Bayreuth kamen in den 1950er und 1960er Jahren P 10 von Stuttgart.

11.5 Güterzuglokomotiven

Die Güterzuglokomotive C III der K.Bay.Sts.B.

Von dieser bewährten Maschine sind – einschließlich der 52 Exemplare der Ostbahn – insgesamt 305 Stück gebaut worden, die Höchstzahl bei allen bayerischen Lokgattungen.

Baujahre	1867–1879
Lieferfirmen	Maffei, Krauß und (aus dem „Ausland") Georg Sigl/Wien
Betriebsnummern der Ostbahnlok	1124–1175;
die Staatsbahnlok führten Namen	
Triebwerksbezeichnung	C n 2
Treibraddurchmesser	1253 und 1274 mm
Höchstgeschwindigkeit	45 km/h
(Bild 181)	

Nach Bayreuth kamen sie mit Güterzügen von Neuenmarkt und Weiden.

Im Verkehrsmuseum Nürnberg ist ein Modell der C III REGENSBURG im Maßstab 1 : 10 ausgestellt; von einer Original-C III wurde dieser Name allerdings nicht geführt.

Bild 181: *C III SONNENBERG in Kulmbach, 1896*

Die Güterzuglokomotive C IV der K.Bay.Sts.B.
Mit dieser Gattung hat die dreiachsige Güterzuglok eine weitere Verstärkung erfahren. Nachdem 87 Exemplare in gewohnter Ausführung beschafft worden waren, wurde sie zur Verbundlok ausgestaltet; damit war die C IV die erste bayerische Lokomotive dieser neuen Bauart. Von 1884–1897 wurden 187 C IV gebaut.

Lieferfirmen	Maffei, Krauß
Alte Betriebsnummern	1401–1550 und Namen
Neue Betriebsnummern	53 8011–53 8168
Triebwerksbezeichnung	C n 2 und C n 2 v
Treibraddurchmesser	1340 mm
Höchstgeschwindigkeit	50 km/h

(Bild 182)

Nach Bayreuth kamen die C IV mit Güterzügen von Neuenmarkt, wo sie häufig auch zum Nachschieben der Züge über die Schiefe Ebene eingesetzt waren.
Im Verkehrsmuseum Nürnberg ist ein Modell der C IV MAXBURG im Maßstab 1 : 10 zu sehen.

Die Güterzuglokomotive $G\frac{3}{4}$ Heißdampf-Ausführung der K.Bay.Sts.B.
Eine fleißige, leichtere Güterzuglok, die auch für Personenzüge verwendet wurde, namentlich im Ausflugsverkehr am Wochenende. Mit insgesamt 225 Exemplaren war sie eine stückzahlmäßig starke Gattung.

Baujahre	1919–1923
Lieferfirmen	Maffei, Krauß
Alte Betriebsnummern	7001–7225
Neue Betriebsnummern	54 1501–54 1725
Triebwerksbezeichnung	1 C h 2
Treibraddurchmesser	1350 mm
Höchstgeschwindigkeit	65 km/h

(Bild 183)

Nach Bayreuth kamen diese Lokomotiven mit Güterzügen von Neuenmarkt und von Weiden – Kirchenlaibach.

Bild 182: *C IV HOF, Ort und Zeit der Aufnahme unbekannt*

Von der $G\frac{3}{4}H$ ist leider weder ein Modell 1 : 10 vorhanden, noch ist ein Originalfahrzeug erhalten geblieben. Nur der Spielzeughandel bietet eine $G\frac{3}{4}H$ in Spur H0 an.

Die Güterzuglokomotive G 10 der Preußisch-Hessischen Staatseisenbahnen
Von dieser universell verwendbaren Maschine sind insgesamt 2 589 Stück gebaut worden. Nach dem Ende der Ländereisenbahnen konnte man sie auch in Bayern überall antreffen.

Baujahre	1910–1924
Urheberfirma	Henschel/Kassel
Alte Betriebsnummern	ab 5401
Neue Betriebsnummern	57 1001–57 3524 mit Lücken
Triebwerksbezeichnung	E h 2
Treibraddurchmesser	1400 mm
Höchstgeschwindigkeit	60 km/h

(Bild 184)

Bild 183: *Eine Weidener G 3/4 (Heißdampfausführung), Betriebsnummer 54 1516, in Bayreuth, 1956*

Bild 184: *G 10, Betriebsnummer 57 1609, in Bayreuth, 1956*

In den 1950er und 1960er Jahren war in Bayreuth mit der G 10 nach langer Zeit wieder eine Lokomotive mit Schlepptender stationiert; sonst hatte man in Bayreuth nur noch Tenderlokomotiven, die, ohne gedreht zu werden, mit dem Kamin voraus oder mit dem Führerhaus voraus fahren konnten.

Im Verkehrsmuseum Nürnberg ist ein Modell der G 10 5405 Cassel im Maßstab 1 : 10 ausgestellt.

Die Güterzuglokomotive Baureihe 50 der Deutschen Reichsbahn

Eine Allzwecklokomotive, von der 1938–1944 rund 3 140 Maschinen gebaut wurden, ab 1942 in „entfeinerter" Bauweise als Kriegslokomotive. Etwa 730 Exemplare wurden mit einem Kabinentender (d. h. mit Zugführerabteil) zur Einsparung der Güterzugpackwagen ausgerüstet.

Urheberfirma	Henschel/Kassel
Betriebsnummern	50 001–50 3171 mit Lücken
Triebwerksbezeichnung	1 E h 2
Treibraddurchmesser	1400 mm
Höchstgeschwindigkeit	80 km/h

(Bild 185)

Nach Bayreuth kamen die 50er mit Zügen von Nürnberg, Neuenmarkt und Weiden – Kirchenlaibach.
Das DDM Neuenmarkt beherbergt die 50 975.

Die Güterzuglokomotive Baureihe 42 der Deutschen Reichsbahn

Eine Kriegslokomotive des Zweiten Weltkriegs – in „entfeinerter" Bauweise. Von ihr sind ab 1943 und noch bis 1949 etwa 860 Exemplare in Dienst gestellt worden.

Urheberfirma	Schwartzkopff/Berlin
Betriebsnummern	42 001–42 2810 mit Lücken
Triebwerksbezeichnung	1 E h 2
Treibraddurchmesser	1400 mm
Höchstgeschwindigkeit	80 km/h

(Bild 186)

Sie war 1950 nur noch in Oberfranken beheimatet, in Bamberg, Lichtenfels, Neuenmarkt-W und Kirchenlaibach. Mit Zügen von dort war sie auch in Bayreuth zu sehen.
Im Verkehrsmuseum Nürnberg sind Modelle der 42 001 und der 42 002 im Maßstab 1 : 10 ausgestellt.

Bild 185: *Lok 50 1198 neben einer V 100, Betriebsnummer 1140, in Neuenmarkt-W, 1964*

Bild 186: *Eine „Kriegslok" der Baureihe 42 schiebt einen Zug auf der Schiefen Ebene nach, 1949*

11.6 Schnellzuglokomotiven

Die Schnellzuglokomotive B IX der K.Bay.Sts.B.
Diese tüchtige und beliebte Lokgattung hat das Erscheinungsbild der bayerischen Eisenbahn an die fünfzig Jahre lang nachhaltig geprägt. Die K.Bay.Sts.B. hatten von 1874–1887 104 dieser Maschinen erhalten, die Ostbahn 24 Umbaulok älteren Datums und 19 Neubauten beigesteuert, so daß es insgesamt 147 B IX gegeben hat.

Lieferfirma	Maffei
Alte Betriebsnummern der Ostbahnlok	1069–1111;
die Staatsbahnlok führten Namen	
Neue Betriebsnummern	34 7421–34 7440
Triebwerksbezeichnung	1 B n 2
Treibraddurchmesser	vorwiegend 1870 mm
Höchstgeschwindigkeit	90 km/h
(Bild 187)	

Nach Bayreuth kamen B IX mit Zügen aus Nürnberg und aus Weiden.
Im Verkehrsmuseum Nürnberg ist ein Modell der B IX MÜNCHEN im Maßstab 1:10 ausgestellt.

Die Schnellzuglokomotive B XI der K.Bay.Sts.B.
Sie war die erste bayerische Schnellzuglok mit vier Achsen. Die Lieferungen von 1892–1893 umfaßten 39 Maschinen der normalen Bauart, die von 1895–1900 100 Lokomotiven der Verbundbauart.

Lieferfirmen	Maffei, Krauß
Alte Betriebsnummern	1201–1339
Neue Betriebsnummern	36 701–36 708
	36 751–36 826
Triebwerksbezeichnung	2 B n 2 und 2 B n 2 v
Treibraddurchmesser	1870 mm
Höchstgeschwindigkeit	90 km/h
(Bild 188)	

In Bayreuth waren Nürnberger und Weidener B XI zu Gast. Im Verkehrsmuseum Nürnberg ist ein Modell der B XI 1201 von 1892 im Maßstab 1:10 ausgestellt.

Die Schnellzuglokomotive C V der K.Bay.Sts.B.
Sie war die erste bayerische Schnellzuglok mit drei gekuppelten Achsen und die erste bayerische Vierzylinder-Verbundlok; Maffei baute 43 Stück. Neben Lokomotiven anderer Gattungen mußten im Jahre 1919 auch 17 C V als Reparationszahlung an Frankreich abgeliefert werden.

Baujahre	1896–1901
Alte Betriebsnummern	2301–2343

Bild 187: *B IX BERCHING, Ort und Zeit der Aufnahme unbekannt*

Bild 188: *B XI, Betriebsnummer 1335, in Lichtenfels, Zeit unbekannt*

Bild 189: *C V, Betriebsnummer 2304 in Regensburg, Zeit unbekannt*

Bild 190: *S 3/5, Betriebsnummer 17 417, Ort und Zeit der Aufnahme von Hermann Maey unbekannt*

Neue Betriebsnummern 17 301–17 322
Triebwerksbezeichnung 2 C n 4 v
Treibraddurchmesser 1870 mm
Höchstgeschwindigkeit 90 km/h
(Bild 189)

In Bayreuth konnte man C V mit Zügen aus Nürnberg antreffen.
Im Verkehrsmuseum Nürnberg ist ein Modell der C V 2305 im Maßstab 1 : 10 ausgestellt.

Die Schnellzuglokomotive $S\frac{3}{5}$ der K.Bay.Sts.B.
Die erste europäische Lokomotive mit Barrenrahmen. Maffei baute 1903–1907 39 Stück in Naßdampfausführung und 1906–1911 weitere 30 Stück als Heißdampflok. Auch von dieser schönen Schnellzuglok mußten nach dem Ersten Weltkrieg 25 Stück an die Feindbundstaaten abgeliefert werden.

Alte Betriebsnummern 3301–3369
Neue Betriebsnummern 17 401–17 417
17 501–17 524
Triebwerksbezeichnung 2 C h 4 v
Treibraddurchmesser 1870 mm
Höchstgeschwindigkeit 110 km/h
(Bild 190)

Nach Bayreuth kamen Nürnberger $S\frac{3}{5}$.
Im Verkehrsmuseum Nürnberg ist ein Modell der $S\frac{3}{5}$ 3301 im Maßstab 1 : 10 ausgestellt.

Die Schnellzuglokomotive $S\frac{3}{6}$, das Paradepferd der K.Bay.Sts.B.
Eine Maschine von wahrhaft königlichem Aussehen. Ihr Erkennungszeichen schon von weitem: die elegante Krempe am Schlot. Wegen ihrer harmonisch gegliederten Formen gilt sie als schönste Dampflok überhaupt. Schon als sie noch im Dienst stand, wirkte sie wie ein Denkmal – einfach monumental.
Maffei lieferte 1908–1930 131 Stück, weitere 18 Stück stammten von der Lokomotivfabrik Henschel in Kassel. Auch von den $S\frac{3}{6}$ wanderten 1919 19 Stück an die Feindbundstaaten.

Bild 191: *Die Nürnberger S 3/6 18 496 mit einem Schnellzug bei Kreuzstein, 1938 (Foto: Ernst Köditz)*

1953–1956 wurden 30 S$\frac{3}{6}$ umgebaut, sie erhielten unter anderem neue, größere Kessel und die Baureihenbezeichnung 18⁶. S$\frac{3}{6}$ sind sie geblieben, doch schöner sind sie nicht geworden; die edlen Proportionen um Kessel, Kesselaufbauten und Führerhaus sind leider beeinträchtigt worden.

Alte Betriebsnummern	3601–3709
Neue Betriebsnummern	18 401–18 548
Umbaulok	18 601–18 630
Triebwerksbezeichnung	2 C 1 h 4 v
Treibraddurchmesser	1870 mm
18 Maschinen sogar	2000 mm
Höchstgeschwindigkeit	120 km/h

(Bilder 191, 192)

In Bayreuth waren die Nürnberger S$\frac{3}{6}$ häufig zu sehen, auch die Umbaulok bis Ende der 1950er Jahre.
Im Verkehrsmuseum Nürnberg ist ein Modell der S$\frac{3}{6}$ 3601 im Maßstab 1:10 ausgestellt. Im DDM Neuenmarkt kann die 18 612 im Originalzustand besichtigt werden.

Die Schnellzuglokomotive Baureihe 01
Sie war die erste Einheitslok der Deutschen Reichsbahn-Gesellschaft; Einheitslokomotiven hießen sie, weil einheitliche Bauteile unter den verschiedenen Lok-Gattungen ausgetauscht werden konnten. Die 01 war eine wuchtige, kraftvolle Erscheinung. Von ihr wurden von 1925–1937 231 Maschinen geliefert.
Hinzu kamen 10 Lok der Baureihe 02, die 1937–1942 in 01 umgebaut wurden. 1958–1961 sind 50 Maschinen mit Hochleistungskesseln ausgerüstet worden. 1939–1940 entstanden noch 55 Lok mit *drei* Zylindern; diese waren für eine Geschwindigkeit von 140 km/h zugelassen. Sie erhielten die Betriebsnummern 01 1001 und 01 1052–01 1105 und waren z.T. für Ölfeuerung eingerichtet.

Urheberfirma	Deutsche Lokomotivbau-Vereinigung
Betriebsnummern	01 001–01 241
	01 1001
	01 1052–01 1105
Triebwerksbezeichnung	2 C 1 h 2 und 2 C 1 h 3
Treibraddurchmesser	2000 mm
Höchstgeschwindigkeit	130 km/h und 140 km/h

(Bild 193)

Nach Bayreuth kamen die 01 von Nürnberg und schließlich von Hof, wo sie bis zur Ausmusterung dieser Lokgattung im Jahr 1973 stationiert waren.
Im Verkehrsmuseum Nürnberg ist ein Modell der 01 011 im Maßstab 1:10 ausgestellt.
Originallok mit den Nummern 01 111 und 01 1061 kann man im DDM Neuenmarkt besichtigen.

Bild 192: *Die Nürnberger S 3/6 18 612 vor der Abfahrt in Bayreuth, 1957*

Bild 193: *Die Nürnberger 01 227 mit Pfingststrauß in Bayreuth, 1953*

11.7 Rangierlokomotiven

Die Rangierlokomotive D IV der K.Bay.Sts.B.
1875–1897 wurden von Maffei und von Krauß 132 Maschinen dieser Gattung geliefert, die sehr langlebig waren, die letzten verschwanden erst 1930.

Alte Betriebsnummern	1701–1737 und Namen
Neue Betriebsnummern	88 7101–88 7201
Triebwerksbezeichnung	B n 2
Treibraddurchmesser	1006 mm
Höchstgeschwindigkeit	45 km/h

(Bild 194)

In Bayreuth war seit Mai 1904 die 1876 von Krauß gebaute D IV PYRRHUS stationiert. Sie machte hier getreulich Dienst, bis sie am 15. Oktober 1923 den „Metallverarbeiten-

Bild 194: *Die Bayreuther Rangierlok D IV PYRRHUS; sie war an der Drehscheibe etwas „danebengetreten"; man hat einen Schwellenstapel untergebaut, um sie wieder an Land zu ziehen.*

den Betrieben in München-Freimann" zur Verschrottung zugeführt wurde. Der griechische König Pyrrhus besiegte 279 v. Chr. die Römer, aber mit großen eigenen Verlusten (im sprichwörtlichen Pyrrhus-Sieg). Das Lokomotivpersonal wußte kaum, woher dieser fremdartige Name seiner Maschine kam; es konnte ihn gar nicht richtig aussprechen; wenn man von dieser Lok redete, hieß es: die „Pier-Hus".
Im Verkehrsmuseum Nürnberg ist ein Modell der D IV ACHERON im Maßstab 1:10 ausgestellt.

Die Rangierlokomotive D II der K.Bay.Sts.B.
Eine brave, überall in Bayern anzutreffende und immer dienstbereite Rangiermaschine. Die ab 1906 gelieferten Lok erhielten die inzwischen eingeführte neue Bezeichnung R$\frac{3}{3}$. Von den 181 Exemplaren baute Krauß 1898-1923 146 Stück und Maffei von 1900-1902 35 Stück.

Alte Betriebsnummern	2400-2490
	4701-4790
Neue Betriebsnummern	89 601-89 670
	89 701-89 717
	89 801-89 890
Triebwerksbezeichnung	C n 2
Treibraddurchmesser	1216 mm
Höchstgeschwindigkeit	45 km/h
(Bild 195)	

In Bayreuth war die D II als Nachfolgerin der D IV bis Ende der 1950er Jahre am Werk, dann übernahmen Diesellokomotiven ihren Dienst.
Im Verkehrsmuseum Nürnberg kann die R$\frac{3}{3}$ 4701 im Original besichtigt werden.

11.8 Lokalbahnlokomotiven

Die Lokalbahnlokomotive D VII der K.Bay.Sts.B.
Als 1880 immer mehr bayerische Lokalbahnen entstanden, konstruierte man für sie typische Lokomotiven, die zweiachsige D VI und die dreiachsige D VII; von letzterer wurden 75 Stück geliefert.

Baujahre	1880-1895
Lieferfirmen	Maffei, Krauß
Alte Betriebsnummern	1851-1874 und Namen
Neue Betriebsnummern	98 7601-98 7681 mit Lücken
Triebwerksbezeichnung	C n 2
Treibraddurchmesser	1006 mm
Höchstgeschwindigkeit	45 km/h
(Bild 196)	

In Bayreuth wurden D VII im Jahre 1896 mit der Inbetriebnahme der Lokalbahn nach Warmensteinach stationiert, bis die stärkere D VIII sie ablöste.
Im Verkehrsmuseum Nürnberg ist ein Modell der D VII REGENSBURG im Maßstab 1:10 ausgestellt.

Die Lokalbahnlokomotive D VIII der K.Bay.Sts.B.
Diese Gattung wurde geschaffen für die Gebirgsstrecke Bad Reichenhall – Berchtesgaden, die eine 5 km lange Steigung 1:25 aufweist. Sie ist die erste bayerische vierachsige Lokomotive. Als 1916 diese Lokalbahn elektrifiziert worden war, wies man die D VIII anderen Strecken mit starken Steigungen zu, auch den Bayreuther Lokalbahnen.

Baujahre	1888-1903
Lieferfirma	Krauß, 19 Stück
Alte Betriebsnummern	1901-1914 und Namen
Neue Betriebsnummern	98 661-98 669
	98 671-98 679
Triebwerksbezeichnung	C 1 n 2
Treibraddurchmesser	1006 mm
Höchstgeschwindigkeit	45 km/h
(Bild 197)	

In Bayreuth waren bis 1935 D VIII anzutreffen.
Im Verkehrsmuseum Nürnberg ist ein Modell der D VIII WATZMANN im Maßstab 1:10 ausgestellt; von einer Originallokomotive wurde dieser Name allerdings nicht geführt.

Die Lokalbahnlokomotive D XI der K.Bay.Sts.B.
Sie gilt als die bayerische Lokalbahnlokomotive schlechthin: ein genügsamer, braver Ackergaul, der das flache Land trefflich versorgte. Krauß lieferte von 1895-1914 99 dieser Maschinen, Maffei von 1895-1903 48 Stück; die letzten 8 Lok bekamen die neue Bezeichnung PtL$\frac{3}{4}$.

Bild 195: *Die Bayreuther Rangierlok D II 89 638 in Bayreuth Altstadt, 1947; der Schaffner unten links hieß Rauh, aber man nannte ihn den „Hindenburg" wegen des markanten Vollbartes.*

Bild 196: *Eine Bayreuther D VII mit dem gesamten Personal vor dem Warmensteinacher Maschinenhaus, um die Jahrhundertwende (Archivbild Ludwig Mayer, Sophienthal)*

Bild 197: *Die Bayreuther D VIII 98 675 (Foto: Hermann Maey)*

Bild 198: *Die Bayreuther D XI 98 494 rangiert 1955 in ihrem Heimatbahnhof.*

Alte Betriebsnummern	1991–2050
	2701–2787
Neue Betriebsnummern	98 411–98 568 mit Lücken
Triebwerksbezeichnung	C 1 n 2
Treibraddurchmesser	1006 mm
Höchstgeschwindigkeit	45 km/h

(Bild 198)

In Bayreuth wurde die D XI 1904 mit der Eröffnung der Lokalbahn nach Hollfeld heimisch; man konnte sie hier bis Mitte der 1950er Jahre antreffen.
Im Verkehrsmuseum Nürnberg ist ein Modell der D XI 98 507 im Maßstab 1 : 10 ausgestellt.

Die Lokalbahnlokomotive ML $\frac{2}{2}$ der K.Bay.Sts.B.
1906 schuf man für kurze Stichbahnen eine kleine zweiachsige Lokomotive, die vermöge einer halbselbsttätigen Schüttfeuerung nur mit dem Lokführer besetzt zu werden brauchte: Beim Bedienen eines Rüttelhebels fielen die Kohlen aus dem trichterförmigen Kohlenkasten auf den Rost. Übergangsbrücken und Türen im Führerhaus ermöglichten es dem Zugführer, während der Fahrt auf die Maschine zu gelangen.
In der Mitte des Triebwerks lagen die Dampfzylinder; in jedem befanden sich zwei Dampfkolben, die sich immer voneinander weg und aufeinander zu bewegten und dabei die zwei Achsen antrieben. Deshalb bezeichnete man diese Gattung zunächst als Motorlokomotive, abgekürzt ML; später wurde die Bezeichnung PtL $\frac{2}{2}$ gewählt.

Baujahre	1906–1908
Lieferfirma	Maffei, 24 Stück
Betriebsnummern	4001–4024
Triebwerksbezeichnung	B h 2
Treibraddurchmesser	990 mm
Höchstgeschwindigkeit	50 km/h

(Bild 199)

Diese Maschinchen waren auch in Thurnau stationiert und kamen von hier seit 1909 nach Bayreuth. Sie waren ziemlich störanfällig und wurden schon anfangs der 1920er Jahre ausgemustert.
Im Verkehrsmuseum Nürnberg ist ein Modell der PtL $\frac{2}{2}$ 4001 im Maßstab 1 : 10 ausgestellt.

Die Lokalbahnlokomotiven 98 1001 bis 98 1045 der Deutschen Reichsbahn-Gesellschaft
Noch 1929 – neun Jahre nach dem Ende der Ländereisenbahnen – erfolgte die Neuschöpfung einer fünfachsigen, typisch bayerischen Lokalbahnmaschine von elegantem Aussehen. Die 45 Exemplare wurden 1929–1931 von Krauß, 1932–1933 von der vereinigten Lokomotivfabrik Krauß-Maffei geliefert.

Triebwerksbezeichnung	D 1 h 2
Treibraddurchmesser	1006 mm
Höchstgeschwindigkeit	45 km/h

(Bild 200)

Bild 199: *ML 2/2, Betriebsnummer 4004, Ort und Zeit unbekannt*

Bild 200: *Die Bayreuther Lokalbahnlok 98 1032 mit dem Thurnauer Zug bei Kreuzstein, 1946; der Personenwagen trägt noch die zu jener Zeit obligatorische Aufschrift „Allied forces"* (Besitz der Vereinten Streitkräfte im II. Weltkrieg).

Das Betriebswerk Bayreuth bekam damit ganz moderne Maschinen; sie wurden auf allen drei Nebenbahnen eingesetzt, 1949 jedoch abgelöst durch Maschinen der Nummernreihe 98 1101–98 1129.

Von der Baureihe 98^{10} ist leider weder ein Modell vorhanden, noch ist ein Originalfahrzeug erhalten geblieben.

Die Lokalbahnlokomotiven 98 1101 bis 98 1129 der Deutschen Reichsbahn-Gesellschaft

Diese Gattung geht zurück auf die Nachfolgerin der Standard-Lokalbahnlok D XI, nämlich auf die $GtL\frac{4}{4}$, von welcher Krauß in den Jahren 1911–1927 117 Stück geliefert hatte. Da sie nur 40 km/h erreichten, hat man von 1934–1941 29 dieser Maschinen umgebaut, indem man eine (vordere) Laufachse zufügte.

Triebwerksbezeichnung	1 D h 2
Treibraddurchmesser	1006 mm
Höchstgeschwindigkeit	55 km/h

(Bilder 201, 202)

In Bayreuth waren diese Lokomotiven von 1949 an auf den drei Lokalbahnen emsig tätig, bis 1962 die „Verdieselung" begann.

Von der Baureihe 98^{11} ist leider auch kein Modell vorhanden, noch ist ein Originalfahrzeug erhalten geblieben.

Bild 202 (rechts): *Eine Bayreuther 98^{11} hat ihren Zug durch den Wintersturm nach Bayreuth gebracht, Foto 1953.*

Bild 201: *Zwei Lokalbahnloks der Gattung 98^{11} und eine Lok der Baureihe 64 haben Wintersportanzüge nach Warmensteinach gebracht und stehen zur Rückfahrt nach Bayreuth bereit, Foto 1949.*

Bild 203: *D IX, Betriebsnummer 1935. Solche Loks waren in Thurnau stationiert; sie kamen jeweils mit dem Frühzug nach Bayreuth.*

11.9 Personenzugtenderlokomotiven

Die Personenzugtenderlokomotive D IX der K. Bay. Sts.B.
Sie war 1888 für die leichten Personenzüge auf der Strecke Bad Reichenhall – Freilassing – Salzburg beschafft und später im Vorortverkehr um München, Augsburg und Nürnberg eingesetzt worden. Schließlich landete sie im Lokalbahndienst. So kam sie auch nach Thurnau und mit den Thurnauer Zügen während der 1920er Jahre nach Bayreuth.

Baujahre	1888–1899
Lieferfirma	Maffei, 55 Stück
Alte Betriebsnummern	1931–1960
	2101–2115 und Namen
Neue Betriebsnummern	70 7101–70 7154
Triebwerksbezeichnung	1 B n 2
Treibraddurchmesser	1340 mm
Höchstgeschwindigkeit	65 km/h
(Bild 203)	

Im Verkehrsmuseum Nürnberg ist ein Modell der D IX 1931 im Maßstab 1 : 10 ausgestellt.

Die Personenzugtenderlokomotive D XII der K.Bay.Sts.B.
Die Nahverkehrslok von der Jahrhundertwende bis in die 1930er Jahre. Krauß lieferte von 1897–1907 insgesamt 105 Stück dieser Gattung, die letzten 9 wurden als Pt$\frac{2}{5}$ bezeichnet.

Alte Betriebsnummern	2201–2296
	5202–5210
Neue Betriebsnummern	73 031–73 124
	73 131–73 139
Triebwerksbezeichnung	1 B 2 n 2
Treibraddurchmesser	1640 mm
Höchstgeschwindigkeit	90 km/h (Bild 204)

In Bayreuth waren D XII eingesetzt für die Nahverkehrszüge nach Neuenmarkt und Pegnitz.
Im Verkehrsmuseum Nürnberg ist ein Modell der D XII 2201 im Maßstab 1 : 10 ausgestellt.

Die Personenzugtenderlokomotive T 18 der Preußisch-Hessischen Staatseisenbahnen
Sie war erstmals für den Schnellzugsverkehr nach der Insel Rügen beschafft worden, mit 7 Achsen eine ungewöhnliche Tenderlokomotive. Von 1912–1927 wurden 528 T 18 gebaut, einige auch für Württemberg und das Saarland.

Urheberfirma	Vulcan/Stettin
Alte Betriebsnummern	ab 8401
Neue Betriebsnummern	78 001–78 528
	mit Lücken

Bild 204: *D XII, Betriebsnummer 2201. Solche Loks waren in Bayreuth stationiert für die Nahverkehrszüge nach Neuenmarkt und Pegnitz.*

Bild 205: *T 18, Betriebsnummer 78 099. Auch diese Gattung war in Bayreuth für die Nahverkehrszüge auf den Hauptbahnen stationiert.*

Triebwerksbezeichnung	2 C 2 h 2
Treibraddurchmesser	1650 mm
Höchstgeschwindigkeit	100 km/h
(Bild 205)	

In Bayreuth war die T 18 nach dem Zweiten Weltkrieg bis Anfang der 1950er Jahre für die Nahverkehrszüge nach Neuenmarkt und Pegnitz stationiert.
Im Verkehrsmuseum Nürnberg ist ein Modell der T 18 8401 Stettin im Maßstab 1 : 10 ausgestellt, und die T 18 78 510 kann im Original besichtigt werden.
Das DDM Neuenmarkt beherbergt die T 18 78 246.

Die Personenzugtenderlokomotive Baureihe 64 der Deutschen Reichsbahn-Gesellschaft
Eine vielseitig verwendbare Maschine für den Nahverkehr und auf Nebenbahnen. Hierzulande hieß sie nur der „Bubikopf", ein Scherzname, der auf die Damenfrisur zu Ende der 1920er Jahre anspielte; von 1928–1940 sind 520 Lok dieser Gattung gebaut worden. In Bayern war sie fast bei allen Bahnbetriebswerken stationiert, auch in Bayreuth von den 1930er bis in die 1960er Jahre. Sie fuhr auf allen Bayreuther Strecken außer Bayreuth – Thurnau – Kulmbach.

Urheberfirma	Borsig/Berlin
Betriebsnummern	64 001–64 520
Triebwerksbezeichnung	1 C 1 h 2
Treibraddurchmesser	1500 mm
Höchstgeschwindigkeit	90 km/h
(Bild 206)	

Im Verkehrsmuseum Nürnberg ist ein Modell der 64 001 im Maßstab 1 : 10 ausgestellt.
Das DDM Neuenmarkt beherbergt die 64 295.

In Bayreuth ist übrigens auch eine „Denkmalslok" zu sehen: Eine preußische Rangierlok der Gattung T 3 (von welcher ab 1882 1345 Exemplare geliefert worden waren). Das dreiachsige Maschinchen steht auf dem städtischen Kinderspielplatz in der Hindenburgstraße (Bild 207).
Mitunter kamen sogar Exoten nach Bayreuth, zumal nach 1945, als der im Krieg durcheinandergewürfelte Lokomotivpark wieder geordnet werden mußte. So konnte z. B. im Frühjahr 1952 eine K. K. Güterzuglokomotive der österreichischen Baureihe 73 von 1885 im Bayreuther Hbf fotografiert werden (Bild 208).

Bild 206: *Die Baureihe 64 war die letzte Dampflok-Gattung für den Bayreuther Nahverkehr. Hier die 64 106 vor der alten Ostbahn-Wagenremise im Sommer 1956*

Bild 207: *Die Bayreuther Denkmalslok, Gattung pr. T 3, Betriebsnummer 89 7296, auf dem Kinderspielplatz in der Hindenburgstraße im Jahre 1976. Sie trägt die verheißungsvolle Aufschrift „Main-Expreß"; die Stiege und das Geländer auf dem Führerhaus sind natürlich erst für die jetzige Verwendung installiert worden.*

Bild 208 (unten): *Eine altösterreichische Güterzuglok auf dem Durchzug durch Bayreuth, 152; sie hatte in Polen Rangierdienst geleistet, Betriebsnummer 55 5832. Für den Transport hat man ihr zwei Achsen abgenommen und auf dem Tender verstaut.*

Bayreuther Eisenbahndienststellen

12. Das Bahnbetriebswerk Bayreuth, um an Abschnitt 11 anzuschließen, war die maschinentechnische Dienststelle am Ort. Es hatte die Aufgabe, die zugewiesenen Lokomotiven (und später auch die Bahnbusse) sowie ihr Personal zweckdienlich und wirtschaftlich einzusetzen, die Fahrzeuge zu pflegen und, wenn nötig, kleinere Reparaturen auszuführen. Bevor dieses „Bw" selbständige Dienststelle wurde, ist es – jedenfalls schon um die Jahrhundertwende – eine Lokomotivstation des Bahnbetriebswerks Weiden gewesen. Als in den 1960er Jahren der „Strukturwandel" begann, d. h. als die Dampflokomotiven nach und nach durch Diesellokomotiven und -triebwagen mit bedeutend größerem Aktionsradius verdrängt wurden, konnten viele Bahnbetriebswerke aufgehoben werden, auch das Bw Bayreuth.

Seit 1982 gibt es hier nur einen Stützpunkt des Bw Hof für den Dienst des ortsansässigen Personals. In jenem Jahr sind der ringförmige Lokschuppen und das anschließende Verwaltungsgebäude abgebrochen worden. Auch die Bekohlungsanlage war überflüssig geworden.

Die Bayreuther Bahnmeistereien
Diese bautechnischen Dienststellen hatten die Gleise und Weichen, die Brücken und Durchlässe und die bahneigenen Gebäude zu unterhalten. Ihnen oblag ferner die Verwaltung des Grundeigentums und die Regelung des Schrankenwärterdienstes. Die von Bayreuth ausgehenden sechs Strecken waren schon zu Zeiten der Königlich Bayerischen Staatseisenbahnen aufgeteilt auf die Bahnmeistereien Bayreuth 1, Bayreuth 2 und Bayreuth 3, die ihre Büros in der früheren Ostbahn-Wagenremise, in der früheren Ostbahn-Güterhalle und in einem Eisenbahner-Wohnhaus hatten, das im westlichen Teil der Tunnelstraße anstelle der alten Wechselwärterkaserne errichtet worden war. Letzteres ist im Zweiten Weltkrieg bombardiert und nicht wieder aufgebaut worden (siehe Bild 154). Die modernen Baumaschinen ermöglichten es, die Bezirke immer weiter auszudehnen und dabei Bahnmeistereien aufzulösen; zum 1. Januar 1979 wurden dann Groß-Bahnmeistereien geschaffen. Seitdem gehört der „Baubezirk Bayreuth" neben den Baubezirken Neuenmarkt-W, Kronach, Coburg und Breitengüßbach zur Bahnmeisterei Lichtenfels.

Der „Bahnhof Bayreuth Hbf", d. h. die Bahnhofsverwaltung nannte sich ursprünglich „Bahnamt" (analog zum Postamt); um die Jahrhundertwende wurde er zur „Bahnstation I. Klasse". Die „Güterexpedition Bayreuth" führte später den Namen Güterstation und heißt schließlich Güterabfertigung. Sie war lange Zeit selbständige Dienststelle; seit dem 1. November 1983 ist sie wieder mit dem Bahnhof vereinigt.

Die Aufgaben eines großen Bahnhofs sind unter anderem die Regelung des Zug- und Rangierbetriebs und des Stellwerksdienstes, der wirtschaftliche Einsatz des Personals, auch der Zugführer und Schaffner, die Betreuung der Kunden in der Reiseauskunft, am Fahrkarten- und Gepäckschalter und im gesamten Güterdienst, angefangen vom Expreßgut und Stückgut bis hin zu den Wagenladungen.

Auf die weiteren Bahnhöfe im Bayreuther Stadtgebiet, nämlich

Eremitage, Bayreuth St. Georgen und Bayreuth Altstadt

und auf ihr Schicksal wurde bereits in den vorigen Abschnitten hingewiesen.

Das Eisenbahnbetriebsamt Bayreuth war die Mittelinstanz zwischen den Bahnhöfen und Bahnmeistereien seines Bezirks und der Eisenbahndirektion Nürnberg. Zu Zeiten der Kgl. Bayer. Sts.B. trug es den Namen „Eisenbahn-Betriebs- und Bauinspektion". Die Geschäftsräume befanden sich im alten Bahnhof; nachdem dieser im letzten Krieg zerstört worden war, wurden sie in das jetzige Bahnhofsgebäude verlegt.

Die Betriebs- und Bauinspektion Bayreuth reichte über ein weites Gebiet: nämlich bis Trebgast, Parksteinhütten, Michelfeld (Opf), Immenreuth, Kirchenthumbach, Warmensteinach, Hollfeld und Limmersdorf. Diese Grenzen wurden zum 1. April 1930 geändert. Der Bezirk reichte von da ab im Norden bis Stammbach und bis Mainroth, im Osten aber nur noch bis Eremitage und bis vor Engelmannsreuth (von Schnabelwaid her) sowie bis Michelfeld (Opf); einbezogen waren die Nebenbahnen nach Warmensteinach, Hollfeld, Thurnau – Kulmbach, ferner Neuenmarkt-W – Bischofsgrün, Falls – Gefrees und Untersteinach – Stadtsteinach. Die Strecke nach Nürnberg wurde ab 1. Januar 1954 bis Vorra übernommen, womit auch die Nebenbahn Ranna – Auerbach (Opf) erfaßt wurde.

Die große Verwaltungsvereinfachung bei der Deutschen Bundesbahn führte auch zur Verringerung und schließlich zur Aufhebung der Betriebsämter. So wurde das Bundesbahnbetriebsamt Bayreuth zum 31. Dezember 1975 aufgelöst und sein Geschäftsbereich dem Betriebsamt Lichtenfels zugeschlagen. Seit am 1. Oktober 1986 auch letzteres samt den anderen noch bestehenden Betriebsämtern verschwunden ist, gehört der Bahnhof Bayreuth Hbf zur Regionalabteilung Bamberg der Bundesbahndirektion Nürnberg.

Diese Maßnahmen bewirkten auch, daß dem Bahnhof Bayreuth Hbf im Lauf der Zeit immer mehr umliegende kleine Bahnhöfe zur Mitverwaltung übertragen wurden – sein „Bezirk" erstreckt sich nunmehr bis Harsdorf, Stockau, Creußen, Warmensteinach und Bayreuth Altstadt.

„Eisenbahnwüste" Bayreuth?

Als Eisenbahnwüste hatte man erstmals 1899 das Gebiet auf der Jurahochfläche zwischen Bayreuth und Bamberg bezeichnet. Noch 1985 bezog man diesen Ausdruck auf den Eisenbahnknoten Bayreuth selbst.

Als der Bahnbau in diesem Gebiet zu Ende war, lag der Bayreuther Hauptbahnhof im Zentrum eines ausgewogenen Eisenbahnsterns, der gleichmäßig nach sechs Richtungen ausstrahlte (Bild 209).

13.1 Was Bayreuth an Eisenbahn bekommen hat

Bayreuth wollte möglichst sofort an die Ludwigs-Süd-Nordbahn angeschlossen werden. Es bekam seinen Eisenbahnanschluß lange vor einer ganzen Reihe anderer großer bayerischer Städte.
Bayreuth suchte die Eisenbahnverbindung mit der Oberpfalz – es hat sie erhalten, und damit war sein Sackbahn-Dasein beendet.
Bayreuth verlangte eine direkte Anbindung an Nürnberg: Auch das wurde erfüllt.
Bayreuth strebte eine Bahn ins Fichtelgebirge an – und wurde damit bedient.
Bayreuth wünschte eine Eisenbahn, die in den Fränkischen Jura vordringt. Es bekam zwei solche Strecken: die nach Plankenfels – Hollfeld und die nach Thurnau – Kasendorf (– Kulmbach).

13.2 Was die Fahrpläne brachten

Seit Ende des vorigen Jahrhunderts ist Bayreuth durch direkte Züge und Wagen („Kurswagen") immer mehr in den deutschen und internationalen Fernverkehr einbezogen worden. Wenn die „Fahrt in die weite Welt" auch für Bayreuth erst damals begann, darf man die Zeitspanne nicht bis 1835 zur ersten deutschen Eisenbahn zurück berechnen; der Fernverkehr konnte natürlich erst einsetzen, als ein weitreichendes und geschlossenes Eisenbahnnetz hierfür zur Verfügung stand, und das kann man für die 1880er Jahre annehmen.
Die Kursbücher sind allerdings zunächst noch etwas unübersichtlich, so daß Zuglauf und Kurswagenlauf nicht immer eindeutig ausgemacht bzw. unterschieden werden können.
Der Fahrplan ab *1. Mai 1899* zum Beispiel bietet eine direkte Schnellzugsverbindung Berlin – Leipzig – Hof – Bayreuth – Nürnberg – Stuttgart und zurück.
Im *Sommer 1902* erscheinen die D-Züge 117/118 Dresden –

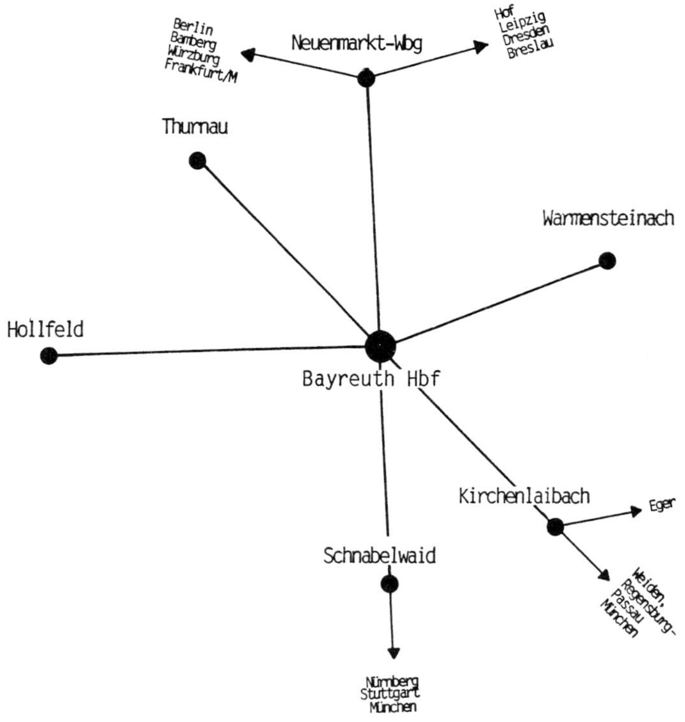

Bild 209: *Eisenbahnstern Bayreuth*

Bild 210: D 298 Karlsbad – Bayreuth – Eisenach – Köln bei Kauernburg, 1931; Lok P 3/5 3819, sechsachsiger Speisewagen (Foto: Ernst Köditz)

Hof – Bayreuth – Nürnberg – Stuttgart/Friedrichshafen und zurück; sie ermöglichen direkte Verbindungen mit Metz – Saarbrücken und mit Leipzig – Berlin; ab Sommer 1906 auch mit Breslau.

Hier die Zahl der Nahverkehrszüge pro Tag im *Sommer 1914*:

10	aus Richtung Neuenmarkt-W	10 in Richtung Neuenmarkt-W
7	aus Richtung Kirchenlaibach	7 in Richtung Kirchenlaibach
6	aus Richtung Schnabelwaid	7 in Richtung Schnabelwaid
3	aus Richtung Warmensteinach	3 in Richtung Warmensteinach
3	aus Richtung Hollfeld	3 in Richtung Hollfeld
3	aus Richtung Thurnau	3 in Richtung Thurnau

Der Erste Weltkrieg (1914–1918) bringt allenthalben Einschränkungen im Zugverkehr; die Bayreuther D-Züge 117/118 verkehren aber noch bis ins Frühjahr 1917.

Erst im *Sommer 1920* leben sie wieder auf, ab Sommer 1921 bis und ab Karlsruhe und mit Schlafwagen Nürnberg – Bayreuth – Berlin und zurück.

Im Lauf der nächsten Jahre entstehen immer weiter reichende Fernverbindungen, so

die „Beschleunigten Personenzüge" 860/861 Ludwigshafen – Stuttgart – Nürnberg – Bayreuth – $\frac{\text{Leipzig}}{\text{Dresden}}$

die D 17/18 Stuttgart – Nürnberg – Bayreuth – $\frac{\text{Leipzig – Berlin}}{\text{Dresden – Breslau – Warschau}}$

die D 179/180 $\frac{\text{Paris}}{\frac{\text{Lindau}}{\frac{\text{Berlin}}{\text{Dresden}}}}$ – Stuttgart – Nürnberg – Bayreuth – bzw. Eger – Prag

die D 298/297 Karlsbad – Eger – Bayreuth – Eisenach – Köln (Bild 210)

Im *Sommer 1913* kam in dieser Relation ein zweites Schnellzugspaar hinzu, die D 141/144 Bodensee – Stuttgart – Nürnberg – Bayreuth – $\frac{\text{Leipzig – Berlin}}{\text{Dresden – Breslau}}$ und zurück, mit Speisewagen Nürnberg – Leipzig bzw. Dresden – Nürnberg.

die D 325/326 Genf – Lindau – Nürnberg – Bayreuth – Dresden – Breslau – Warschau

die D 391/392 Luzern – Zürich – Stuttgart – Nürnberg – Bayreuth – $\frac{\text{Dresden – Breslau}}{\text{Leipzig – Berlin}}$ – mit Schlafwagen Bayreuth – Berlin und zurück.

Die in Bayreuth beginnenden bzw. endenden D 479/480 führten Kurswagen ab Friedrichshafen nach Berlin und nach Dresden,

die D 117/118 vermittelten nunmehr die Verbindung

$\frac{\text{Straßburg}}{\text{Ventimiglia – Mailand – Zürich}}$ – Stuttgart – Nürnberg – Bayreuth – Dresden – Breslau – Warschau.

Im *Sommer 1939* zum Beispiel war Bayreuth ein bedeutender Treffpunkt von 24 nationalen und internationalen Schnell- und Eilzügen (Bild 211):

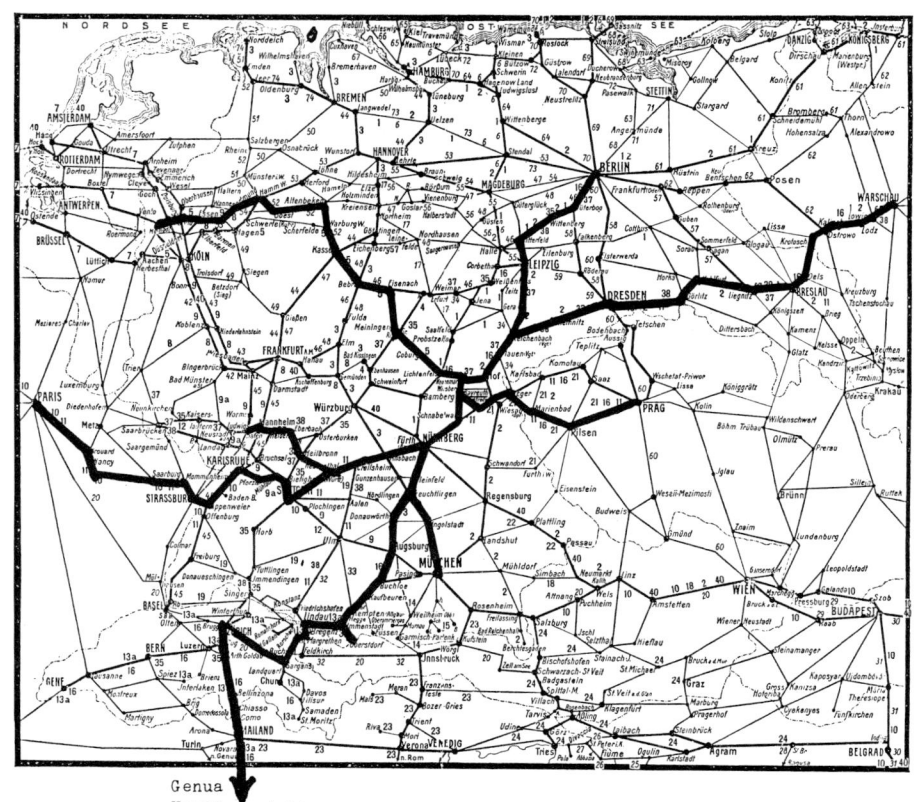

Bild 211: *Direkte Verbindungen ab Bayreuth im Sommer 1939*

an 0.36	ab 0.45	D 415	Nürnberg – Bayreuth – Hof – Berlin mit Schlafwagen
an 0.50	ab 0.52	D 391	$\frac{\text{Stuttgart}}{\text{Zürich – Lindau}}$ – Nürnberg – Bayreuth – Dresden – Breslau
an 4.27	ab 4.28	D 392	Breslau – Dresden – Bayreuth – Nürnberg – $\frac{\text{Lindau – Zürich}}{\text{Stuttgart}}$
an 5.57	ab 6.07	D 416	Berlin – Hof – Bayreuth – Nürnberg mit Schlafwagen
an 7.42	ab 7.44	E 176	Hof – Bayreuth – Nürnberg
an 8.25	ab 8.28	E 229	Nürnberg – Bayreuth – Hof
	ab 8.27	D 2002	Bayreuth – Nürnberg – München
an 10.46	ab 10.50	D 321	Nürnberg – Bayreuth – Hof – $\frac{\text{Berlin}}{\text{Breslau}}$
an 11.43	ab 11.45	D 298	Eger – Bayreuth – Eisenach – M. Gladbach
an 12.37	ab 12.41	E 860	(beschl. P) Leipzig – Hof – Bayreuth – Nürnberg – Ludwigshafen
an 13.35		D 2003	Nürnberg – Bayreuth
an 14.16 / an 14.23	ab 14.34	D 180 / D 680	$\left.\begin{array}{l}\text{Prag – Eger}\\ \frac{\text{Dresden}}{\text{Berlin}} – \text{Hof}\end{array}\right\}$ – Bayreuth – Nürnberg – $\frac{\text{Paris}}{\text{Lindau – Zürich}}$ und Oberstdorf; mit Speisewagen
an 14.30	ab 14.50	E 861	(beschl. P) Ludwigshafen – Nürnberg – Bayreuth – Hof – Leipzig
an 14.48	ab 14.49	D 118	Warschau – Breslau – Dresden – Hof – Bayreuth – Nürnberg – Stuttgart – $\frac{\text{Zürich – Genua – Venzimiglia}}{\text{Straßburg}}$ mit Speisewagen (Bild 212)
an 15.40	ab 15.41	D 117	Straßburg – Stuttgart – Nürnberg – Bayreuth – Hof – Dresden – Breslau – Warschau
an 15.51	ab 15.57 / ab 15.57	D 179 / D 679	$\frac{\text{Paris – Stuttgart}}{\text{Zürich – Lindau und Oberstdorf}}$ – Nürnberg – Bayreuth – $\left\{\begin{array}{l}\text{Eger – Prag}\\ \text{Hof} – \frac{\text{Dresden}}{\text{Berlin}}\end{array}\right.$ mit Speisewagen
an 18.54	ab 19.02	D 297	M. Gladbach – Eisenach – Bayreuth – Eger
an 20.20	ab 20.22	D 324	$\frac{\text{Berlin}}{\text{Breslau}}$ – Hof – Bayreuth – Nürnberg
an 21.05		E 2001	Nürnberg – Bayreuth
an 22.13	ab 22.17	E 181	München – Nürnberg – Bayreuth – Hof
an 22.16	ab 22.23	E 232	Hof – Bayreuth – Nürnberg
	ab 23.23	D 2004	Bayreuth – Nürnberg.

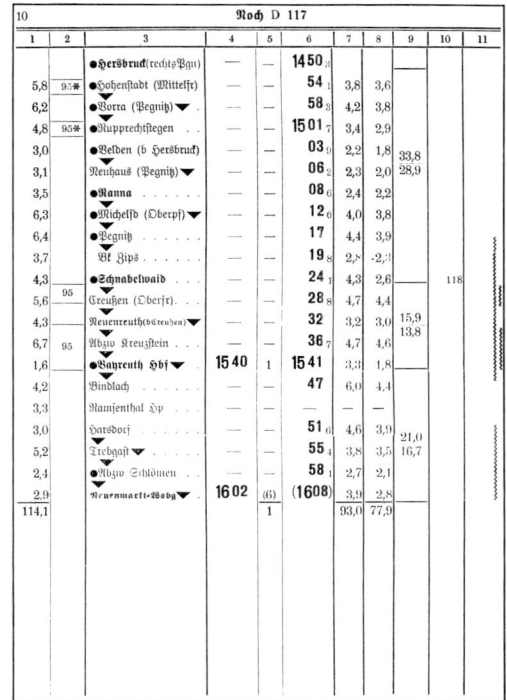
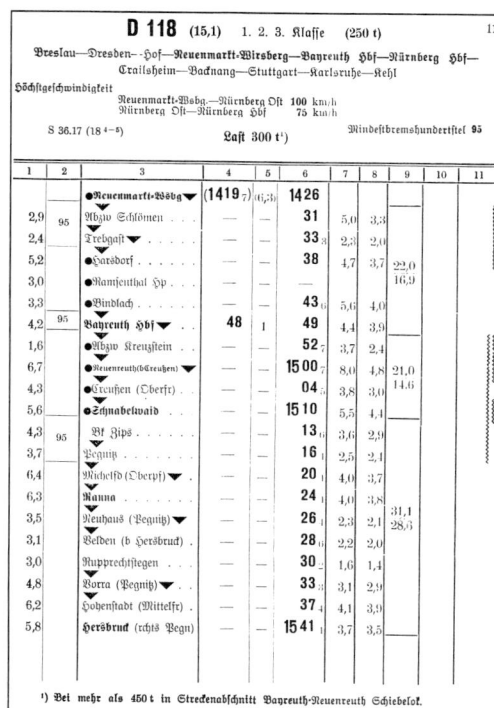

Bild 212: *Aus dem Dienstfahrplan vom 15. Mai 1939 für D 117 und D 118; die Blockstelle Zips zwischen Pegnitz und Schnabelwaid war übrigens um jene Zeit in Funktion (b. z. vgl. Abschnitt 5.6).*

Dazu kamen jeden Tag noch 80 Nahverkehrszüge (Personenzüge hießen sie damals):

8 aus Richtung Neuenmarkt-W	9 in Richtung Neuenmarkt-W
12 aus Richtung Kirchenlaibach	12 in Richtung Kirchenlaibach
8 aus Richtung Schnabelwaid	7 in Richtung Schnabelwaid
4 aus Richtung Warmensteinach	4 in Richtung Warmensteinach
4 aus Richtung Hollfeld	4 in Richtung Hollfeld
4 aus Richtung Thurnau	4 in Richtung Thurnau.

Auch mit Ausbruch des Zweiten Weltkrieges ist der Zugverkehr in ganz Deutschland schlagartig und dann immer mehr eingeschränkt worden. So gab es im Fahrplan vom *20. September 1939* nur noch folgende Schnell- bzw. Eilzüge für Bayreuth:

D 117/118	Stuttgart – Bayreuth – Hof – Leipzig – Berlin / Dresden und zurück
D 179/180	Bayreuth – Eger und zurück
E 176	Bayreuth – Nürnberg
bP 861/860	Stuttgart – Bayreuth – Hof und zurück (bP = Beschleunigter Personenzug)

und im *Sommer 1943* nur noch

D 391/392	Augsburg – Nürnberg – Bayreuth – Hof – Dresden – Breslau und zurück und
bP 861/860	Nürnberg – Bayreuth – Hof – Leipzig und zurück

Im Fahrplan vom *3. Juli 1944* erscheinen noch

D 247/248	Stuttgart – Nürnberg – Bayreuth – Eger – Prag und zurück
und	
D 391/392	Augsburg – Nürnberg – Bayreuth – Hof – Dresden – Breslau – Krakau und zurück

Die Zahl der Nahverkehrszüge ist ebenfalls stetig zurückgegangen; im *Sommer 1943* verkehrten:

von und nach Neuenmarkt-W je 7
von Kirchenlaibach 3, nach Kirchenlaibach 4
von und nach Schnabelwaid je 7
von und nach Warmensteinach je 4
von und nach Hollfeld je 4
und
von und nach Thurnau je 3 Personenzüge

Dieser Stand wurde auch im Fahrplan vom 3. Juli 1944 noch im großen und ganzen gehalten.

Nach Beendigung des Krieges ist der Eisenbahnverkehr nur langsam wiederangelaufen und natürlich erst, nachdem die betreffenden Strecken befahrbar gemacht werden konnten, wenn betriebsfähige Lokomotiven und Wagen zur Verfügung standen und wenn die Militärregierung die Genehmigung erteilt hatte.

Ein Fahrplan vom *1. August 1945* nennt für Bayreuth folgende 10 Personenzüge:

    an   6.43 werktags von Kirchenlaibach
    an   6.58 werktags von Pegnitz
    an   7.02 werktags von Neuenmarkt-W
    an   7.02 werktags von Kulmbach – Thurnau bis Herzoghöhe
    ab   7.15 werktags nach Kirchenlaibach
    an 16.43 werktags von Kirchenlaibach
    ab 17.00 werktags von Herzoghöhe nach Thurnau – Kulmbach
    ab 17.00 werktags nach Kirchenlaibach
    ab 17.30 werktags nach Neuenmarkt-W
    ab 17.40 werktags nach Pegnitz

Ab *15. September 1945* gab es wieder einen Zug von Warmensteinach bis Bayreuth St. Georgen (an 6.56 werktags) und einen von Bayreuth St. Georgen (ab 17.49 werktags) nach Warmensteinach.

Erst der Fahrplan vom *10. April 1946* enthält auch die Strecke nach Hollfeld wieder: Bayreuth an 7.40 von Hollfeld, Bayreuth ab 17.40 nach Hollfeld, nunmehr schon täglich verkehrend. In diesem Fahrplan sind die Personenzüge zwischen Bayreuth und Neuenmarkt-W auf vier Paare und zwischen Bayreuth und Schnabelwaid ebenfalls auf vier Paare vermehrt worden. Schnell- und Eilzüge waren beim Wiederaufbau des Fahrplans zunächst überhaupt nicht vorgesehen. Im *Fernverkehr* war Bayreuth vor dem Krieg ein Tor nach dem Osten und Norden geworden: ein Tor, das durch die *rigorose Grenze zum Ostblock* nun fest verschlossen war.

Hier liegt der Grund, warum Bayreuth seine große Bedeutung als Schnellzugstation nicht hat zurückgewinnen können.

Es gelangen nur wenige wirklich weittragende Verbindungen. So erscheinen ab *Sommer 1964*

    ein nur an Samstagen und Sonntagen verkehrender D 115 Nürnberg – Bayreuth – Karlsbad – Prag

    oder ab 1970 die D 765/764 (mit Kurswagen) Straßburg – Stuttgart – Nürnberg – Bayreuth und zurück

    oder ab 1973 die D 459/458 Nürnberg – Bayreuth – Prag und zurück

    oder ab 1987 die D 382/383 $\frac{\text{Chiasso – Zürich}}{\text{Konstanz}}$ – Stuttgart – Nürnberg – Bayreuth (Bild 213)

Dafür ist aber ein verhältnismäßig dichtes Eilzugnetz aufgebaut worden;

schon ab 1950 in den Relationen
    Nürnberg – Bayreuth – Hof
    München – Nürnberg – Bayreuth
    und
    Weiden – Bayreuth – Coburg

ab 1953 erweitert auf
    $\frac{\text{Stuttgart}}{\text{Kaiserslautern}}$ – Nürnberg – Bayreuth – Hof

ab 1968 auch in der Relation
    Konstanz – Stuttgart – Nürnberg – Bayreuth,

allerdings haben dabei die Durchläufe bis an den Zonenrand, d. h. bis Hof und bis Coburg, nach und nach abgenommen, eben weil der Verkehrsfluß über die Grenze hinaus und herein zu schwach war.

Im *Sommer 1989* gestaltete sich der Fernverkehr mit werktäglich 29 Schnell- und Eilzügen von und nach Bayreuth wie folgt:

Bild 213: *Laufschild des Schweizer Wagens Chiasso – Zürich – Stuttgart – Nürnberg – Bayreuth*

an 1.34	ab 1.44	D 357	Stuttgart – Nürnberg – Bayreuth – Eger – Prag mit Liegewagen
an 4.15	ab 4.28	D 2852	Hof – Marktredwitz – Bayreuth – Nürnberg – Stuttgart mit Kurswagen Rostock – Stuttgart und Liegewagen Berlin – Stuttgart
an 5.08	ab 5.30	D 356	Prag – Eger – Bayreuth – Nürnberg – Stuttgart – Zürich – Chiasso mit Liegewagen Prag – Stuttgart
	ab 5.57	E 3662	Bayreuth – Nürnberg
an 7.20		E 3661	Nürnberg – Bayreuth
	ab 7.48	E 3666	Bayreuth – Nürnberg
an 8.18		E 3663	Nürnberg – Bayreuth
	ab 8.32	E 3694	Bayreuth – Nürnberg – Stuttgart – Karlsruhe – Straßburg
an 9.41		E 3665	Nürnberg – Bayreuth
an 10.17		E 3532	Weiden – Bayreuth
	ab 10.29	E 3668	Bayreuth – Nürnberg
an 10.56		E 3667	Nürnberg – Bayreuth
an 10.56	ab 10.58	D 2856	Neuenmarkt-W – Bayreuth – Nürnberg – Stuttgart
	ab 12.31	E 3670	Bayreuth – Nürnberg
an 13.59		E 3671	Nürnberg – Bayreuth
	ab 14.00	E 3672	Bayreuth – Nürnberg
an 14.37		E 3673	Nürnberg – Bayreuth
	ab 15.27	E 3676	Bayreuth – Nürnberg – Stuttgart
	ab 16.23	E 3678	Bayreuth – Nürnberg
an 16.41		D 382	Chiasso – Zürich – Stuttgart – Nürnberg – Bayreuth mit Kurswagen Konstanz – Bayreuth
an 17.32	ab 17.40	E 3677	Nürnberg – Bayreuth – Kulmbach
an 18.06		E 3679	Nürnberg – Bayreuth
an 19.15		E 3681	Nürnberg – Bayreuth
an 20.09		E 3683	Nürnberg – Bayreuth
an 20.24	ab 20.29	E 3684	Neuenmarkt-W – Bayreuth – Nürnberg
an 21.25		E 3695	Straßburg – Karlsruhe – Stuttgart – Nürnberg – Bayreuth
	ab 21.40	E 3688	Bayreuth – Nürnberg
an 22.11		E 3687	Nürnberg – Bayreuth
an 23.13		D 2857	Stuttgart – Nürnberg – Bayreuth

Ein Wort zur *Reisegeschwindigkeit:* Der E 3667 z. B. brauchte für die 94 km von Nürnberg nach Bayreuth bei fünf Unterwegshalten 67 Minuten, das entspricht einer Reisegeschwindigkeit von 84 km/h. 1939 brauchte der E 229 für diese Strecke bei vier Unterwegshalten noch 90 Minuten und erreichte somit eine Reisegeschwindigkeit von nur 63 km/h.

Von den auf die ganz großen Durchgangslinien beschränkten *Intercity-Zügen* können viele Bahnhöfe großer Städte nicht angelaufen werden, in Nordbayern zum Beispiel so bedeutende Städte wie Schweinfurt, Bamberg, Coburg, Hof, Bayreuth, Weiden, Amberg. Bayreuth erhielt jedoch über die oben genannten Schnell- und Eilzüge in Nürnberg günstige Intercity-Anschlüsse nach dem Süden sowie nach dem Westen und Norden. Hierüber gab das Heftchen „Städteverbindungen Bayreuth" in übersichtlicher Form Auskunft. In den Bildern 214–216 sind einige Seiten aus ihm dargestellt.

Der Sommerfahrplan 1989 bot außerdem natürlich noch eine ganze Anzahl Nahverkehrszüge:

18 aus Richtung Neuenmarkt-W   18 nach Richtung Neuenmarkt-W
12 aus Richtung Kirchenlaibach   12 nach Richtung Kirchenlaibach
 6 aus Richtung Schnabelwaid   10 nach Richtung Schnabelwaid
 3 aus Richtung Warmensteinach   2 nach Richtung Warmensteinach,

das sind insgesamt 81, gegenüber Sommer 1939 eine beträchtliche Zunahme, wenn man bedenkt, daß 1939 noch 16 Züge der inzwischen stillgelegten Strecken nach Hollfeld und nach Thurnau mitzählten.

Bei Beurteilung des Fahrplan-Angebots darf nicht vergessen werden, daß zwar das Bedürfnis nach Mobilität und für weite Reisen gestiegen ist, daß aber in immer stärkerem Maße *der eigene Pkw* zum Verkehrsmittel wurde und daß für große Entfernungen zunehmend *das Flugzeug* verfügbar und erschwinglich geworden ist.

Die weitere Entwicklung der Fahrpläne wird im Abschnitt 16 behandelt.

Bild 214: *Städteverbindungen Bayreuth, Sommer 1989, Titelseite*

Bild 215: *Ortsverzeichnis der günstigen Reiseverbindungen von Bayreuth nach 37 ausgewählten Zielen, Sommer 1989 (links unten)*

Bild 216: *z. B. von Bayreuth nach Amsterdam und zurück im Sommer 1989 (rechts unten)*

Bild 217: *Eine T 18 bringt einen Festspielkurswagen samt Packwagen als kleinen Schnellzug von Schnabelwaid nach Bayreuth; 1951 auf der Eimersmühlbrücke in Neuenreuth b. Cr., wo gerade Bauarbeiten ausgeführt werden.*

13.3 Bayreuther Festspiel- und Wintersportverkehr

Eine Bayreuther Spezialität waren die Sonderzüge und die Sonderkurswagen zu den *Richard-Wagner-Festspielen*.
Sie tauchen erstmals im Kursbuch für Sommer 1902 auf mit einem Sonderzugpaar Paris – Metz – Mannheim – Würzburg – Bamberg – Bayreuth – Eger und zurück.
Für die Festspiele 1904 verkehrten ein Zugpaar Eger – Bayreuth und zurück und drei Zugpaare Nürnberg – Bayreuth und zurück sowie Kurswagen von und nach Berlin, Dresden, Karlsbad, Frankfurt (Main), Ludwigshafen und Saarbrücken. Diese Sonderleistungen waren nicht für jedes Festspieljahr gleich, da sie ja eine Ergänzung des Regelfahrplans darstellten, der seinerseits ständigen Veränderungen unterlag.
So gab es 1909 unter anderem ein Sonderzugpaar Bamberg – Bayreuth und einen Sonder-Kurswagen Eisenach – Bayreuth und zurück oder 1912 unter anderem ein Sonderzugpaar München – Bayreuth. Von 1915–1923 ruhte dieser Sonderverkehr, von 1924–1939 wurden nur mehr oder weniger Festspielzüge Nürnberg – Bayreuth und zurück gefahren, 1927 allerdings auch wieder ein Sonderzugpaar Eger – Bayreuth.
Nach dem Zweiten Weltkrieg haben die Festspiele erst 1951 wieder begonnen. Da der Jahresfahrplan 1951/52, wie oben erwähnt, schon zahlreiche schnellfahrende Züge vorsah, wurden zusätzlich für die Festspielzeit lediglich noch Kurswagen eingerichtet von und nach Amsterdam, Emmerich, Hamburg, Wien, Salzburg, München, Stuttgart, Zürich, Ludwigshafen (Bild 217). Betrachten wir aber nicht nur die Ziele! Das erfaßte Gebiet ist im Bild 218 skizziert, es bestanden *mit nahezu 150 bedeutenden Orten im In- und Ausland direkte Verbindungen*

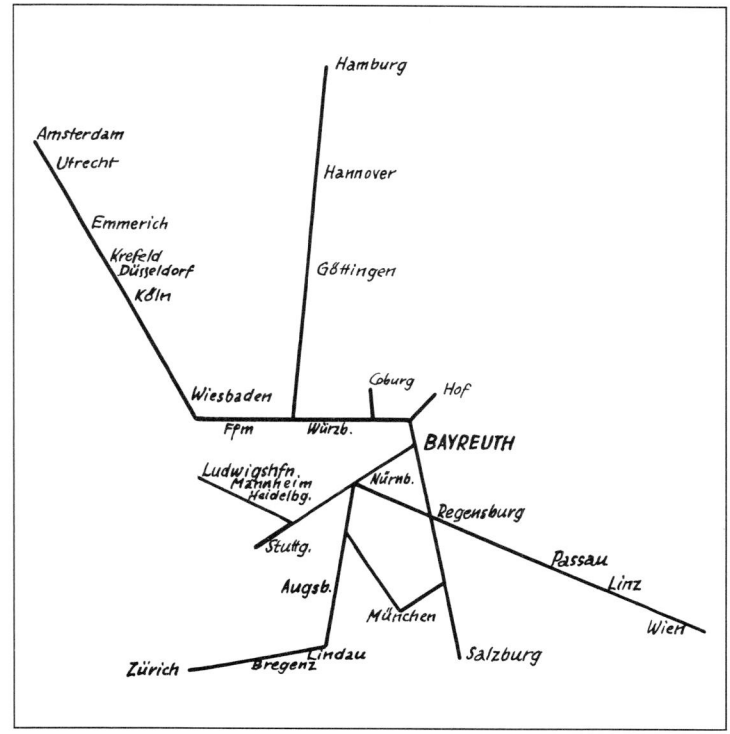

Bild 218: *Im Bayreuther Festspieljahr 1951, dem ersten nach dem Krieg, bestanden nach nahezu 150 bedeutenden Orten im In- und Ausland direkte Verbindungen mit schnellfahrenden Zügen von und nach Bayreuth; hier das betr. Streckennetz.*

mit schnellfahrenden Zügen von und nach Bayreuth. Die Bahnhofsverwaltung hatte die Kurswagen-Laufschilder voller Stolz aufreihen und fotografieren lassen (Bild 219). 1953 wurden in die Kurswagenläufe auch Bologna und Paris einbezogen und, wie aus Bild 220 ersichtlich, der Presse mitgeteilt.

Bild 219: *Laufschilder der Bayreuther Kurswagen zu den Festspielen im Jahre 1951; sie stehen an der Dienstbude des Aufsichtsbeamten auf Bahnsteig 2.*

Die besonderen Festspielzüge zwischen Nürnberg und Bayreuth kamen erstmals 1952 wieder in Gang. Ihre Fahrpläne waren speziell auf den voraussichtlichen Schluß der Aufführungen abgestellt; für den Fall einer verspäteten Beendigung stand der Bahnhof mit der Festspielleitung in Verbindung; der Festspielzug Bayreuth – Nürnberg wartete dann entsprechend zu.

Mit dem Anwachsen des Individualverkehrs in eigenem Pkw nahm die Benutzung dieser Sonderleistungen immer mehr ab, so daß im Sommer 1966 die letzten Festspielzüge und im Sommer 1981 die letzten Festspielkurswagen eingesetzt worden waren.

Eine weitere Besonderheit soll nicht vergessen werden, die *Wintersportzüge nach Warmensteinach* (Bild 221).

Der erste fuhr am 9. 2. 1908, und ab 1909 erscheinen sie im Kursbuch als Bedarfs-Wintersportzüge Nürnberg – Bayreuth – Warmensteinach und zurück mit dem Vermerk: „Die Abfertigung wird jedesmal durch Anschlag in den Bahnhöfen und durch die Tageszeitungen bekanntgegeben" (Bild 222). Dieser Eintrag wiederholt sich Jahr für Jahr bis zum Winter 1932/33, nur unterbrochen in der Kriegs- und Nachkriegszeit von 1917–1921.

Erst nach dem Zweiten Weltkrieg leben sie noch einmal vom Winter 1951/52 bis zum Winter 1963/64 auf; der Hinweis im Fahrplan lautet nun: „Verkehrt bei günstiger Schneelage an Sonn- und Feiertagen auf besondere Anordnung" (Bild 223). Wegen der direkten Abhängigkeit vom Winterwetter konnte

Bild 220: *Aus den Bundesbahn-Mitteilungen für die Presse vom Sommer 1953: Hinweis auf direkte Verbindungen und von Reisemöglichkeiten mit der Bundesbahn in die reizvolle Umgebung*

Mit der DB nach Bayreuth
Festspielzüge schaffen direkte Verbindungen

Auch in diesem Jahre finden in Bayreuth „Richard-Wagner-Festspiele" statt. Sie beginnen am 23. Juli und enden am 23. August. Auf dem Programm stehen „Lohengrin", „Parsifal", „Tristan und Isolde" und „Der Ring der Nibelungen". Wie in allen Festspieljahren werden auch diesmal wieder Besucher aus aller Herren Länder erwartet. Die Bundesbahn hat für eine bequeme und schnelle Anreise Sorge getragen und durch Kurswagen und „Festspielzüge" direkte Verbindungen von und nach Bayreuth geschaffen.

Internationale Kurswagen

Amsterdam (ab 7.15) — Utrecht — Emmerich — Duisburg — Düsseldorf — Köln (mit Anschluß von London) — Beuel (Bonn) — Wiesbaden — Frankfurt (Main) — Würzburg — Bamberg — Bayreuth (an 22.28).

Bayreuth (ab 8.05) — Köln (mit Anschluß nach London) — Amsterdam (an 22.35).

Bern (ab 6.55) — Zürich-Bregenz — Lindau — Kempten — Augsburg — Nürnberg — Bayreuth (an 22.13).

Bayreuth (ab 7.59) — Bern (an 22.58).

Bologna (ab 17.50 mit Anschluß von Rom) — Brenner — Innsbruck — Kufstein — Rosenheim München — Nürnberg — Bayreuth (an 12.41).

Bayreuth (ab 15.58) — Bologna (an 10.18 mit Anschluß nach Rom).

Ostende (ab 16.55 mit Anschluß von London) — Brüssel — Aachen — Köln — Beuel (Bonn) — Wiesbaden — Frankfurt (Main) — Würzburg — Bamberg — Bayreuth (an 10.21).

Bayreuth (ab 19.42) — Ostende (an 13.43 mit Anschluß nach London).

Paris (ab 22.00) — Straßburg — Karlsruhe — Stuttgart — Nürnberg — Bayreuth (an 14.38).

Bayreuth (ab 15.58) — Paris (an 8.15).

Salzburg (ab 7.35) — Landshut (Bay.) — Regensburg — Bayreuth (an 14.37).

Bayreuth (ab 7.02) — Salzburg (an 13.37 mit Anschluß nach Wien).

Wien (ab 0.30) — Linz — Wels — Passau — Regensburg — Bayreuth (an 12.41).

Bayreuth (ab 17.20) — Wien (an 5.25).

Innerdeutsche Kurswagen

Hamburg-Altona (ab 7.48 mit Anschluß von Kopenhagen) — Hannover — Göttingen — Fulda Würzburg — Bamberg — Bayreuth (an 22.28).

Bayreuth (ab 8.05) — Hamburg-Altona (an 22.03 mit Anschluß nach Kopenhagen).

Kaiserslautern (ab 14.39) — Ludwigshafen — Mannheim — Heidelberg — Heilbronn — Crailsheim — Ansbach — Nürnberg — Bayreuth (an 23.08).

Bayreuth (ab 6.05) — Kaiserslautern (an 15.12).

München (ab 9.00   9.58   17.50)
                            (m. Anschl. v. Salzburg)
Bayreuth (an 14.37   14.38   23.17)
über Landshut (Bay) — Regensburg bzw. Ingolstadt — Nürnberg.

Bayreuth (ab 4.46   7.02   15.07)
München (an 10.10   12.10   20.07)
(mit Anschlüssen nach Rom, Salzburg).

Stuttgart
ab 7.18   11.50   14.14   19.24
           (mit Anschuß   (mit Anschluß von
            von Zürich)   Basel, Karlsruhe)
Bayreuth
(an 12.41   16.43   19.45   0.14
über Crailsheim — Ansbach — Nürnberg

Bayreuth
(ab 4.09   7.59   12.23   15.58
Stuttgart
(an 9.34   13.36   17.13   21.39)
(m. Anschl.   (m. Anschl.   (m. Anschl.   (m. Anschl.
nach Karls-   n. Zürich,   n. Karls-   n. Karlsruhe, Basel)   Karlsruhe, Basel   ruhe, Basel   ruhe)
                Basel)   Zürich)

An spielfreien Tagen veranstaltet die Deutsche Bundesbahn für die Festspielgäste Sonderfahrten mit modernen Schienenomnibussen in die reizvolle Umgebung und zwar nach Thurnau (Schloß derer von Giech, kunstkeramische Werkstätten), Kulmbach (alte Markgrafenstadt mit Plassenburg, weltbekannte Bierbrauereien), Kronach (Heimat des Malers Lukas Cronach, Festung Rosenberg) und Coburg (Veste Coburg, Stadtschloß Ehrenburg).

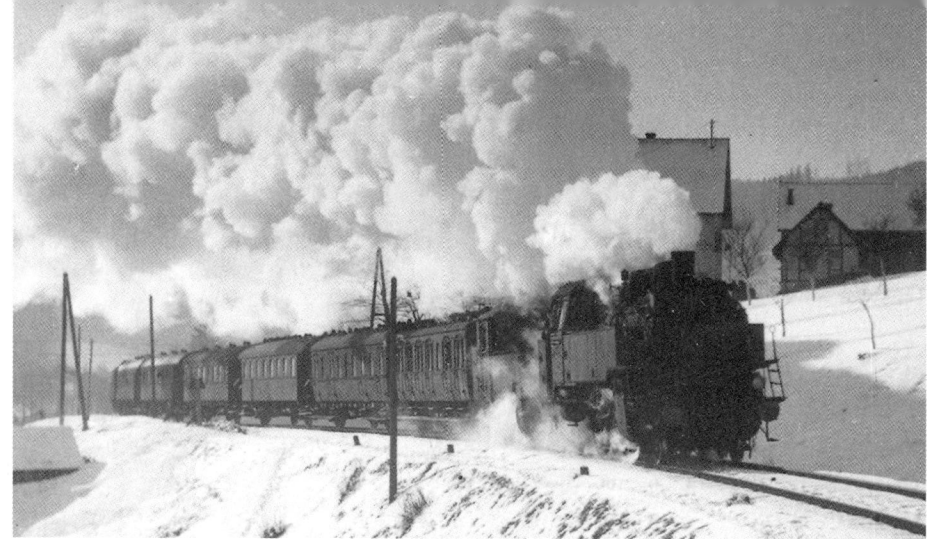

Bild 221: *Mit Volldampf in das Wintersportparadies Warmensteinach: ein Sonderzug von Nürnberg im Februar 1949; Lok Baureihe 64*

Bild 222: *Kursbuchseite vom 1. November 1909 mit den ersten Bedarfs-Wintersportzügen Nürnberg – Warmensteinach und zurück*

Bild 223 (unten): *Kursbuchseite vom Winter 1953/54 mit den Wintersportzügen Nürnberg – Warmensteinach und zurück*

Winter-Sport in Bayern.

						km							
...	8 45	...	2 50	...	§8 34	22,4	Ab **Kötzting** .... An	3 48	o 7 6	11 13	...	5 6	...
...	8·50	...	2·55	...	§8 39	23,5	Zellerthal........	3 44	o 7· 2	11· 9	...	5· 2	...
...	9· 1	...	3· 5	...	§8 50	27,0	Grafenwiesen....	3 33	o 6·51	10·59	...	4·52	...
...	×9· 7	...	×3·10	...	×8 56	28,8	Watzelsteg	×3 26	o×6·44	×10·53	...	×4·46	...
...	9·18	...	3·20	...	§9 7	32,0	Hohenwarth	3 17	o 6·35	10·45	...	4·38	...
...	9·32	...	3·33	...	§9 22	36,6	Arrach	3 3	o 6·21	10·32	...	4·24	...
...	9 42	...	3 43	...	§9 33	40,2	An **Lam**........... Ab	2 52	o 6 10	10 22	...	4 14	...

§ Von Kötzting bis Lam nur 3. Kl., an Freitagen auch 2. Kl. o Unterbleibt zwischen Lam und Kötzting an Samstagen
‡ Verkehrt zwischen Lam und Kötzting nur an Samstagen

228. Ranna—Auerbach

		LZ 3 2.3.	LZ 5 2.3.	LZ 7 2.3.	LZ 9 2.3.	km	(Bayer. Staats-Eisenb.)	LZ 2 2.3.	LZ 4 2.3.	LZ 6 2.3.	LZ 8 2.3.		
...	...	6·51	11· 5	3·27	9 20		Ab *Schnabelwaid* 224 An	9·13	1·35	4·42	9 58	...	...
...	...	7· 0	11·18	2·12	7 22		Ab *Nürnberg* Hbf. 224 An	8·59	1·15	5·40	8 12	...	...
...	...	8 50	1 14	4 15	9 52	0,0	Ab **Ranna**.......... An	7 7	11 20	3 42	6 52	...	...
...	...	×8·58	×1·22	×4·23	×10 0	2,0	Rauhenstein ...	×7· 0	×11·13	×3·35	×6 45	...	...
...	...	×9· 7	×1·31	×4·32	×10 9	4,3	Hohe Tanne ...	×6·52	×11· 5	×3·27	×6 37	...	...
...	...	×9·15	×1·39	×4·40	·10 17	6,7	Welluck.......	×6·45	×10·58	×3·20	×6 30	...	...
...	...	9 21	×1 45	4 46	10 23	8,1	An **Auerbach** i/Opf. .. Ab	6 40	10 53	3 15	6 25	...	...

229. Bayreuth—Warmensteinach

P 1591 8.	LZ 3 2.3.	LZ 5 2.3.	LZ 7 2.3.		km	(Bayer. Staats-Eisenb.)	LZ 2 2.3.	LZ 4 2.3.	LZ 4 2.3.	LZ 6 2.3.	P 1592 3.
...	6·22	¦1·25	6 45	6 45		Ab *Neuenmarkt-W.* 234 An	9·32	12· 9	¦1· 9	9 47	...
§7·28	8 5	2 5	• 7 40	o 9 5	0,0	Ab **Bayreuth** 226.234 An	7 40	* 11 10	▯ 12 30	7 20	§8 33
»	8·13	2·13	• 7 48	o 9 13	1,9	St. Georgen b/B. ..	7·34	* 11· 4	▯ 12·24	7 14	»
»	×8·19	×2·19	•×7 54	o×9 19	3,6	Laineck........	×7·26	*×10·56	▯×12·16	×7 6	Gegenzug zu Zug 1591.
»	8·24	2·24	• 7 59	o 9 24	4,5	Friedrichsthal b/Bayr.	7·22	* 10·52	▯ 12·12	7 2	Siehe Bemerkung hierzu.
»	×8·31	×2·31	•×8 6	o×9 31	6,9	Döhlau	×7·14	*×10·44	▯×12· 4	×6 54	
»	8·41	2·41	• 8 16	o 9 41	10,0	Untersteinach b/Bayr.	7· 5	* 10·35	▯ 11·55	6 45	
»	×8·47	×2·47	•×8 22	o×9 47	11,7	Görschnitz	×6·58	*×10·28	▯×11·48	×6 38	
»	8·55	2·57	• 8 30	o 9 55	14,0	Weidenberg	6·51	* 10·21	▯ 11·41	6 31	
»	×9· 1	×3· 3	•×8 36	o×10 1	15,6	Mengersreuth ..	×6·44	*×10·14	▯×11·32	×6 24	
»	9· 9	3·11	• 8 44	o 10 9	17,6	Sophienthal	6·37	* 10· 7	▯ 11·25	6 17	
»	9·18	3·20	• 8 53	o 10 18	19,8	Zainhammer	6·29	* 9 59	▯ 11·17	6 9	»
§8·33	9 28	3 30	• 9 3	o 10 28	22,9	An **Warmensteinach** . Ab	6 20	* 9 50	▯ 11 8	6 0	§7 30

§ Bedarfs-Wintersportzug Nürnberg-Warmensteinach. Die Abfertigung wird jedesmal durch Anschlag in den Bahnhöfen u. durch die Tageszeitungen bekannt gegeben. • Nur an Werkt. o Nur an Sonn- u. Feiert. * Nur Donnerstags u. Samstags, sowie am 24. u. 31. Dez.; unterbl. jedoch am 25. Dez. u. 1. Januar. ▯ Unterbl. Donnerstags u. Samstags, sowie am 24. u. 31. Dez.; verkehrt jedoch am 25. Dez. u. 1. Jan.

421 e Bayreuth—Warmensteinach

Bayreuth – Würzburg Nr 1419 e, Nürnberg – Bayreuth – Hof Nr 1421, Creußen – Bayreuth Nr 1421 a, Bayreuth – Hof Nr 1425 k

X 8863 ■ 2. 3.	4715 3.	To 2423 3.	4711 3.	To 2427 3.	To 2429 ♦ 2. 3.	2433 2. 3.	To 2435 ◊ 2. 3.	To 2437 3.	To 2439 3.	Zug Nr Klasse	BD Nürnberg	Zug Nr Klasse
...	...	¦ 6.00	h 6.18	8.30	¦11.07	¦15.16	...	§17.16	¦18.10 §19.14		ab *Nürnberg Hbf* 421 ..... an	
X 5.20	h7.03	7.50	h 8.14	11.00	12.56	a 17.22	18.26	a 21.08	c22.34	km	ab **Bayreuth** Hbf 421 g, h an	
5.24	7.07	7.54	Nürnberg-Warmensteinach	11.04	13.00	17.27	18.30	21.12	22.38	1,9	Bayreuth St Georgen ...	
X5.29	|	7.59		11.09	13.06	17.33	18.36	21.17	22.43	3,6	Laineck	
5.34	7.15	8.02	8.25	11.12	13.09	17.36	18.39	21.20	22.46	4,5	Friedrichsthal (b Bayreuth)	
X5.39	|	8.08		11.17	13.15	17.42	18.45	21.26	22.52	6,9	Döhlau	
5.46	|	8.15		11.24	13.23	17.50	18.53	21.33	22.59	10,0	Untersteinach (b Bayreuth).	
X5.50	|	8.19		11.27	13.27	17.54	18.57	21.37	23.03	11,7	Görschnitz	
6.00	7.35	8.24	8.44	11.32	13.32	18.01	19.02	21.42	23.08	13,9	Weidenberg	
X6.04	|	8.29		X11.36	13.37	18.06	19.07	21.47	23.13	15,6	Mengersreuth	
6.11	7.45	8.34	8.54	11.40	13.42	18.11	19.12	21.52	23.18	17,6	Sophienthal	
6.16	|	8.39	|	X11.44	13.47	18.17	19.17	21.57	23.23	19,8	Zainhammer	
X 6.24	h7.57	8.45	h 9.06	11.50	13.54	a 18.24	19.24	a 22.03	c23.29	22,9	an **Warmensteinach** ..... ab	

BD Nürnberg	To 2422 3.	X 2424 ■ 2. 3.	To 2426 3.	To 2428 3.	To 2432 ♦ 2. 3.	4712 3.	4716 3.	To 2436 ◊ 2. 3.
ab *Nürnberg Hbf* 421 ..... an	9.43	¦ 9.55	13.48	...	¦ 17.44	h 20.09	...	¦ 22.09
ab **Bayreuth** Hbf 421 g, h an	6.34	X 7.35	10.50	12.45	15.45	h 18.12	h18.35	20.30
Bayreuth St Georgen ...	6.30	7.31	10.46	12.41	15.41	Nürnberg Warmenstei nach-	18.31	20.26
Laineck	6.25	7.27	10.41	12.37	15.37		|	20.22
Friedrichsthal (b Bayreuth)	6.22	7.23	10.38	12.34	15.33		18.22	20.18
Döhlau	6.16	7.17	10.33	12.29	15.27		|	20.12
Untersteinach (b Bayreuth).	6.10	7.10	10.26	12.22	15.21		|	20.06
Görschnitz	6.06	7.06	10.22	12.18	15.16		|	20.01
Weidenberg	6.01	7.01	10.17	12.13	15.11	17.44	18.03	19.56
Mengersreuth	5.54	X6.55	10.12	X12.09	15.06		|	19.51
Sophienthal	5.49	6.51	10.07	12.05	15.01		|	19.46
Zainhammer	5.44	X6.46	10.02	X12.00	14.56		|	19.41
an **Warmensteinach** ..... ab	5.38	X 6.40	9.56	11.55	14.49	h 17.25	h17.44	19.34

■ X außer Sa, nicht 24., 31. XII. u. 6. I. c † u. Sa, auch 24., 31. XII. u. 6. I. ♦ 2. Kl. nur Sa ◊ 2. Kl. nur † ■ verk. nicht 6. I.
h verkehrt bei günstiger Schneelage an † auf besondere Anordnung

Beachten Sie bitte: Jeder Zug führt Raucher- und Nichtraucherabteile UER

Bild 224: *Bayreuth Hbf 1951: großer Andrang an Skifahrern nach Warmensteinach; Lok 98[11]*

Bild 226: *Warmensteinach 1949: Bei einer Wintersport-Veranstaltung stehen am Abend 4 Sonderzüge bereit zur Abfahrt nach Bayreuth, Bamberg und Nürnberg; links die ans Maschinenhaus angebaute Dienstwohnung.*

nur ganz kurzfristig disponiert werden, deshalb wurde in der Presse darauf hingewiesen, daß auf dem Gebäude des Nürnberger Hauptbahnhofs eine gelbe Flagge aufgezogen wird, wenn diese Wintersportzüge nach Warmensteinach gefahren werden.

Außer von dort wurden auch von Bayreuth Sonderzüge nach Warmensteinach eingelegt, wenn der Andrang an Skifahrern so groß war, daß der fahrplanmäßige Frühzug nicht ausreichte (Bilder 224, 225). Hierfür standen sonntags Lokomotiven, Wagen und Personal in Bereitschaft, so daß im Handumdrehen ein „Extrazug" beigestellt werden konnte.

Bei bedeutenden Wintersportveranstaltungen kam außerdem ein Sonderzug von Bamberg. Der Warmensteinacher Bahnhof war dann total gefüllt (Bild 226).

Heute haben solche Sonderzüge keine Bedeutung mehr; man benutzt den eigenen Pkw oder den Omnibus.

13.4 **Von Anfang an auf dem Abstellgleis**

Wenn man die alten Akten studiert und mitunter Zeitungsberichte in die Hände bekommt, muß man den Eindruck gewinnen, daß die Eisenbahn ihre Bayreuther nie zufriedengestellt hat: Bayreuth hat sich in Sachen Eisenbahn stets stiefmütterlich behandelt und vernachlässigt gefühlt. Diese Einstellung ist im Lauf der Zeit nachgerade zum Trauma, zu einer Art unheilbarer Wunde geworden, weil die Vorwürfe von Generation zu Generation kolportiert und wiederholt werden, oft ohne sachliche und sachkundige Überprüfung der wirklichen Gegebenheiten.

Zwar hatten Vertreter der Städte Pegnitz, Creußen und Bayreuth in einem Schreiben an den „Allerdurchlauchtigsten, Großmächtigsten König, den Allergnädigsten König und Herrn" vom 9. Februar 1868 noch recht positiv geurteilt, als die Strecke Bayreuth – Hersbruck – Nürnberg „als eine der Bahnen bestimmt [worden war], deren Ausführung in erster Linie stattzufinden hat: Die Freude hierüber ist bei allen durch diese Bahnlinie berührten Gemeinden eine gleich große und [...] [wollen wir hiermit dem] Staatsministerium des Handels und der öffentlichen Arbeiten [...] für die wohlwollende Berücksichtigung auch des Oberfränkischen Kreises den innigsten Dank aussprechen. [...] die Klagen werden endlich verstummen, neuer Lebensmuth, neue Hoffnung werden einziehen."

Bild 225: *Warmensteinach 1951: die Skifahrer strömen aus dem Zug heraus.*

Allein, die Klagen sind nicht verstummt. Hier eine kleine Auswahl:
Schreiben der Stadt Bayreuth an den Allerdurchlauchtigsten [...] König und Herrn vom 8. August 1872:
Durch die Fichtelgebirgsbahn „eine Stadt von nahe an 20 000 Einwohnern rücksichtslos zu umgehen, ist unerhört und ohne Parallele in der bayerischen und deutschen Eisenbahnchronik [...] für die Bayerischen Eisenbahnen scheint die Stadt Bayreuth keinen Werth zu haben [...] der Staat Bayern selbst hat für Bayreuth in Beziehung auf Eisenbahnen noch nichts geleistet. In ganz Bayern, ja selbst in ganz Deutschland existiert keine Stadt von 20 000 Einwohnern, welche so stiefmütterlich behandelt worden wäre [...]" – Damals gab es allerdings die Fichtelgebirgsbahn noch gar nicht (erst 1877), und man konnte auch noch nicht abschätzen, was sie für Bayreuth leisten wird; im Sommer 1939 z. B. fuhren – wie oben dargestellt – zweiundzwanzig nationale und internationale Schnell- und Eilzüge täglich auf der Fichtelgebirgsbahn in beiden Richtungen von und nach Bayreuth.

Dieser Hinweis trifft auch zu auf das *Schreiben des Stadtmagistrats Bayreuth vom 23. Februar 1885 an das Königliche Staatsministerium des Königlichen Hauses und des Äußeren* wegen Erbauung einer Sekundärbahn von Bayreuth nach Forchheim:
„[...] Bayreuth – Neuenmarkt: eine *Zweigbahn* [...], Bayreuth – Weiden: eine *Zweigbahn*, Bayreuth – Schnabelwaid: eine *Zweigbahn*, anstatt der Bahn von Nürnberg nach Bayreuth, welch letztere endlich unsere Stadt in den direkten Bahnverkehr zu bringen versprach [...] Keine größere Stadt Bayerns hat so ungünstige Eisenbahnverbindungen wie Bayreuth [...] der Stadtmagistrat weiß wohl, daß für die Stadt Bayreuth jetzt keine Aussicht mehr besteht, eine Eisenbahn zu erlangen, die ihr die Aufnahme in den direkten Eisenbahnverkehr ermöglicht. [...]" – man betont in diesem Schreiben, daß Bayreuth nur an *Zweigbahnen* zu liegen kam, gemeint ist an *eingleisigen Strecken* (auf diesen Einwand soll im Abschnitt 13.5 noch speziell eingegangen werden).

Aus dem „Bayreuther Tagblatt" Nr. 121 vom 2. Mai 1885:
„Betrachtet man die Eisenbahngeschichte der Stadt Bayreuth, so ist es unbegreiflich, wie die letztere, die allzeit bei Wahlen und sonstigen politischen Gelegenheiten eine treue Stütze des liberalen bayerischen Ministeriums war, fortgesetzt und bis in die jüngsten Tage in allen Eisenbahnfragen seitens desselben eine Behandlung erfahren konnte, die als eine stiefmütterliche, um nicht zu sagen feindselige bezeichnet werden muß. Nach einem plausiblen Grund hierfür sucht man vergebens. Im Gegentheile hat Bayreuth manches für sich in Anspruch zu nehmen, was ein besonderes Wohlwollen von Seite des Kgl. Staatsministeriums zu erzeugen geeignet wäre. Die stets correcte und gesinnungstreue Haltung der Stadt Bayreuth in politischen Fragen haben wir bereits andeutend erwähnt. In den Sturmjahren 1848–1849 war Bayreuth fast die einzige größere Stadt Bayerns, welche sich von der oppositionellen Bewegung fernhielt [...] Bayreuth – Neuenmarkt war die erste Bahn, welche auf dem Wege eines städtischen Anlehens erbaut wurde, und es war zu jener Zeit in den hohen Regierungskreisen viel Rühmens von der Loyalität der guten und getreuen Stadt Bayreuth; eine Rücksicht hierauf wurde aber bei der späteren Gestaltung des Eisenbahnnetzes niemals genommen [...] Bayreuth – Weiden war die zweite Sackbahn für Bayreuth, die erste war Bayreuth – Neuenmarkt [...] man hintertrieb den Bau der directen Linie Nürnberg – Bayreuth [...] Die Stadt befindet sich nunmehr in der glücklichen Lage, an vier Hauptlinien zu liegen; leider aber befinden sich die Bahnhöfe dieser Linien nicht in Bayreuth, sondern in Neuenmarkt, Weiden, Schnabelwaid und Kirchenlaibach."

Mit Schreiben vom 14. April 1890 beantragt der Stadtmagistrat Bayreuth beim Königlichen Staatsministerium des Hauses und des Äußeren bei „Umgehung der zwischen den Bahnstationen Neuenmarkt und Marktschorgast gelegenen Schiefen Ebene" eine neue Strecke Marktschorgast – Berneck – Bindlach – Bayreuth. Damit würde die Entfernung zwischen Hof und Nürnberg „reducirt", und Bayreuth käme in die große Reihe bayerischer Städte, die in direktem Eisenbahnverkehr stehen. Auch dieser Antrag beginnt mit den bekannten Klagen: Es wird hingewiesen auf die „ungeheuren Nachtheile", weil Bayreuth nur an drei Zweigbahnen zu liegen kam, welche nicht imstande sind, „auch nur annähernd die bedeutenden Vortheile zu bieten, welche die unmittelbare Verbindung mit dem großen direkten Eisenbahnverkehr im sicheren Gefolge hat. Die Stadt Bayreuth fühlt empfindlich den Schaden, den diese ungünstigen Eisenbahnverbindungen ihr bringen, wie ein Alp lastet der erschwerte Verkehr auf ihr, ihrem Handel und ihrer Industrie und die Bevölkerung fühlt [...] ihre Interessen geschädigt [...] als Bayreuth die einzige größere Stadt Bayerns ist, welche an keiner direkten Eisenbahnlinie liegt". Aber immerhin wird dann noch bescheinigt, daß der Bayreuther Personenverkehr „größer ist, als der von Fürth und des Münchner Ostbahnhofs".

Aus einem stenographischen *Bericht über die Verhandlungen der bayerischen Kammer der Abgeordneten vom 6. November 1897:*
Der Abgeordnete Dr. Casselmann, Bayreuth: Es möge in wohlwollende Erwägung gezogen werden, ob es nicht möglich ist, den zweigleisigen Ausbau der Bahn Nürnberg – Schnabelwaid über Bayreuth bis Neuenmarkt fortzusetzen; dadurch würden die Hoffnungen der Stadt Bayreuth, endlich einmal in den direkten Schnellzugverkehr zu kommen, verwirklicht (auch hierzu b. z. vgl. Abschnitt 13.5).

Schreiben des Lokalbahnkomitees Bayreuth vom 4. März 1899 an ein Höchstes Königlich Bayerisches Staatsministerium des Königlichen Hauses und des Äußeren; Betreff: Erbauung einer Eisenbahn von Bayreuth über Plankenfels nach Hollfeld. Hier taucht der Begriff „Eisenbahnwüste" auf, der später noch öfter strapaziert und sogar auf Bayreuth selbst ausgedehnt wird: „Zwischen den beiden oberfränkischen Städten Bayreuth und Bamberg befindet sich eine rund 60 km breite gut bevölkerte Landstrecke, welche die Ausläufer des Fränkischen Jura mit seinen Hochplateaus und Gebirgsthälern, sowie eine Reihe schön gelegener Städte und Ortschaften in sich schließt. Dieser ganze Gebirgstheil hat es noch nicht dahin bringen können, der Segnungen eines entsprechenden Bahnverkehrs [...] theilhaftig zu werden und es hat sich nicht unzutreffend der Name Eisenbahnwüste gebildet."

Stenographischer *Bericht über die Verhandlungen der bayerischen Kammer der Abgeordneten vom 21. März 1899;* Betreff: Erbauung einer Vollbahn Marienbad – Tirschenreuth – Erbendorf – Kirchenlaibach – Bayreuth – Hollfeld – Bamberg (b. z. vgl. Abschnitt 7.3). In der Petition der Handels- und Gewerbekammer für Oberfranken wird hervorgehoben, daß durch die erstrebte Bahn „der mitteleuropäische Weltverkehr von Westen nach Osten, nämlich von Paris nach Rußland auf dem kürzesten Wege durch die fränkischen Lande und die nördliche Oberpfalz gelenkt werde. Der Abgeordnete Dr. Casselmann hierzu: Es solle verhindert werden, daß dieser Verkehr durch Schlesien oder Sachsen geleitet wird. In Bayern gebe es keine Stadt von der Größe und Bedeutung Bayreuths, welche in bezug auf Verkehrsverhältnisse so stiefmütterlich behandelt worden sei, man könne sagen, Bayreuth ist in bezug auf die Verkehrsverhältnisse unter den bayerischen Städten das Aschenbrödel. „Wer die Sünden alle zu verantworten hat, die auf diesem Gebiete im Laufe der Jahre gemacht worden sind, dem möchte ich einen gnädigen Richter wünschen, denn er braucht ihn sehr nothwendig."

Die Aufzählung sei hier unterbrochen, um zur neueren Zeit zu gelangen.

Am 28. November 1953 erinnert das „Bayreuther Tagblatt" daran, daß vor 100 Jahren mit der Eröffnung der Linie Neuenmarkt – Bayreuth ein Stück Bayreuther Schicksal besiegelt worden ist, daß die wichtigsten Schienenstränge der Welt an Bayreuth vorbeilaufen, das noch immer auf Lokalzüge und Kurswagen zu den Knotenpunkten der Schnellzüge angewiesen sei.

1955 tritt mit Dr. Fritz A. Streit ein massiver kämpferischer Kritiker auf. Seine Studie „Die Verkehrswege durch das Bayreuther Land seit der Markgrafenzeit" enthält auf sechzig Seiten unter anderem folgende markante Feststellungen:
Zu Kapitel II die spöttische Überschrift *Von der Schnellpost zum Lokalzug.* Den Ausdruck Lokalzug bezieht er auf die Züge der Strecke Bayreuth – Neuenmarkt. Sie brauchten für die 20,87 km – ganz zu Anfang! – 50 Minuten, das ergab 1853 eine Reisegeschwindigkeit von 25 km/h; die „Schnellpost" der damaligen Zeit kam auf Dauer bestenfalls auf eine Reisegeschwindigkeit von 12 km/h.

Kapitel IV beginnt mit dem lapidaren Satz: „Die Verdrängung der Kreishauptstadt von Oberfranken in einen Eisenbahnwinkel war [...] eine vollkommene."

Die ersten Sätze des Kapitels V: „Mit einer Stichbahn fing das Eisenbahnzeitalter in Bayreuth an, und über eingleisige Stichbahnen ist diese Stadt niemals hinausgekommen. Bayreuth war dadurch zu einer Lokalbahnstation degradiert. Seine Bahnhöfe lagen außerhalb der Stadt, nämlich in Neuenmarkt-W, Kirchenlaibach und Schnabelwaid – Bastionen gleich, die sich aus einer gegen den Willen der Stadt Bayreuth um sie herum aufgerichteten Chinesischen Mauer emporhoben", wie es im Festspielführer 1928 hieß. Dann wird behauptet, daß „ein ‚Güterzug mit Personenbeförderung', der die Bayreuther nach der (= in ihre) Kreishauptstadt in derselben ‚kurzen' Zeit brachte, in der sie im Schnellzug von Nürnberg nach Schnabelwaid gefahren waren".

Forscht man nach, wird wohl der Schnellzug 173 gemeint sein, im Winterfahrplan 1896 Nürnberg ab 20.33, Schnabelwaid an 22.07, was eine Fahrzeit von 94 Minuten bedeutet; der Anschlußzug verließ Schnabelwaid um 22.10 und erreichte Bayreuth 22.48 = Fahrzeit 38 Minuten. Hiermit wird also auch ganz schön übertrieben.

In Kapitel VI setzt sich Dr. Streit für einen Durchgangsbahnhof Bayreuth Süd ein, der bei der Ladestelle Kreuzstein entstehen sollte. Über ihn wären dann sowohl die Züge von Marktredwitz nach Nürnberg zu leiten als auch die Züge von Marktredwitz und Weiden nach Bamberg, diese auf einer neuen Hauptbahn durch den Fränkischen Jura – nach den Plänen aus den neunziger Jahren des vorigen Jahrhunderts.

Ein hehres Wort aus dem Schlußkapitel *Verkehrsgesinnung:* „Natürliche verkehrsgeographische Vorteile wurden von einer engräumigen Schienengeographie, die sich in Eisenbahnlinien mit einem Einzelgängerdasein erschöpfte, ihrer Wirksamkeit beraubt."

Mit Dr. Streit hatte der Verfasser häufig zu tun, wenn es um die Gestaltung der Fahrpläne, um die Sonderleistungen der Eisenbahn zu den Bayreuther Festspielen und ähnliches ging.

1978 kommentierte der „Fränkische Heimatbote", eine Monatsbeilage des „Nordbayerischen Kuriers", die Studie von Dr. Streit: „Das Zeitalter der Eisenbahnen schien, einem unbegreiflichen Schicksal zufolge, für die einstige Markgrafenresidenz nur noch eine unbedeutende Rolle übrig zu haben [...] eine tragische Entwicklung [...] und so hat Bayreuth gewiß keinen Anlaß, den 28. November 1853, an dem von Neuenmarkt der erste Zug [...] in Bayreuth einlief, als [125jähriges] Jubiläum zu feiern. Er möge jedoch als Gedenktag an die folgenschwere Benachteiligung erinnern, der Bayreuth vom Beginn des Zeitalters der Eisenbahnen bis heute ausgesetzt gewesen ist."

1981 schreibt der hervorragende Kenner und nunmehrige 2. Bürgermeister Bayreuths, Bernd Mayer, in seinem Werk „Bayreuth wie es war": „Von diesem traumatischen Erlebnis (näm-

Bild 227: *Zeitungskampagne 1985: Bayreuth, für alle Zeiten aus dem Bahnverkehr verdrängt!*

lich, daß die Ludwigs-Süd-Nordbahn nicht über Bayreuth geführt werden konnte) hat die Stadt offenbar für alle Zeiten einen tiefsitzenden Eisenbahnkomplex davongetragen: Der Stadthistoriker *Dr. Gustav Holle* stellt selbst noch an der Schwelle des 20. Jahrhunderts die Behauptung auf, daß die damalige Benachteiligung wohl der härteste Schlag gewesen sei, der die Stadt je getroffen habe. Alles andere Ungemach, wie Krieg, Epidemien, Brände und Hungersnot, so schwer sie auch auf dem Lande lasteten, wären doch immerhin vorübergehende Übel gewesen."

Zum Jubiläum 150 Jahre deutsche Eisenbahnen 1985 brachte der „Nordbayerische Kurier" eine Serie in fünf Folgen: *Von Anfang an auf dem Abstellgleis; die Bahn und Bayreuth – eine unglückliche Liebe*. Eine der Balkenüberschriften lautet: „Für alle Zeiten aus dem Bahnverkehr verdrängt [...], umgangen und zu einer Eisenbahnwüste gemacht" (Bild 227). Im Text wird aus einem Kampfartikel im Tagblatt vom 20. September 1871 zitiert: „Schon 1853 [richtig: 1848, b. z. vgl. Abschnitt 3.1] wurde Bayreuth umgangen und in der rücksichtslosesten Weise behandelt. Damals hat man Bayreuth geopfert, um eine ‚Schiefe Ebene' bauen zu können. Seitdem ist Bayreuth vom Hauptverkehr ausgeschlossen [...] und muß ruhig zusehen, wie die Fremden neben vorbeifahren und wie ihre eigene Ent-

wicklung gehemmt und behindert bleibt." Es folgt der – falsche – Zusatz: „Die Bayreuther mußten zähneknirschend zusehen, wie im Juli 1877 die heißumkämpfte Fichtelgebirgsbahn unter abermaliger Umgehung Bayreuths eröffnet wurde; zwei Jahre später wurde die Zweigbahn Bayreuth – Schnabelwaid als Anschluß an diese Linie ohne besondere Feierlichkeiten dem Verkehr übergeben." *Richtig ist:* Am 15. Juli 1877 wurde die Strecke Nürnberg – Schnabelwaid – *Bayreuth* eröffnet und am 15. Mai 1878 die Fortsetzung von Schnabelwaid nach Marktredwitz – Holenbrunn. (Der Anschluß von Holenbrunn an Oberkotzau – Hof war am 15. August 1877 fertiggestellt.)

13.5 Waren diese Vorwürfe immer berechtigt?

Im Abschnitt 13.2 wurde eingehend dargestellt, wie Bayreuth jeweils durch ausgewogene Fahrpläne reichlich versorgt worden ist. Damit sind die immer wiederkehrenden Klagen und Vorwürfe zum größten Teil entkräftet. Einige Substanz hat – wenigstens für den Laien – das Argument, daß Bayreuth nur durch eingleisige Strecken an das Netz angebunden ist. Daß man auch auf sie „direkten Verkehr", also durchgehende Ver-

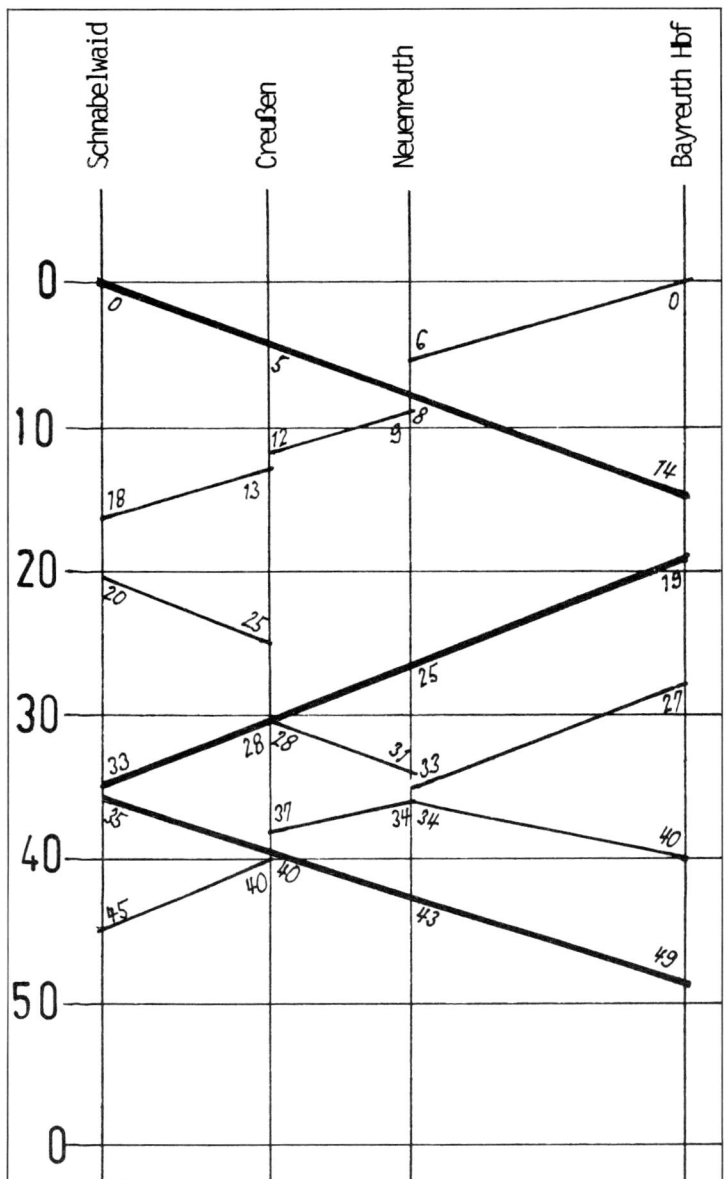

Bild 228: *Zur Leistungsfähigkeit der Strecke Bayreuth – Schnabelwaid*

zeiten im Sommerfahrplan 1989. Ergebnis: In 50 Minuten können 6 Züge durchgebracht werden; bei voller Ausnutzung der eingleisigen Strecke wären das in 24 Stunden 172 Züge. Im Zeitraum von 6–24 Uhr, also in den 18 Stunden, in welchen erfahrungsgemäß stärkerer Zugverkehr herrscht, könnten daher theoretisch 129 Züge fahren. Im Sommer 1989 verkehrten in diesen 18 Stunden werktags nur 39 Züge (sonntags weniger), so daß noch Platz für 129 − 39 = 90 Züge wäre. *Die Leistungsfähigkeit dieser eingleisigen Strecke ist daher nur zu 30 % ausgeschöpft.*

Auf den noch weniger stark belegten eingleisigen Strecken nach Neuenmarkt-W und nach Kirchenlaibach ist die Situation ähnlich. Im Abschnitt Bayreuth – Neuenmarkt-W verkehrten zwischen 6 und 24 Uhr werktags nur 35 Reisezüge, und im Abschnitt Bayreuth – Kirchenlaibach werktags nur 23 Reisezüge. (Die – sehr wenigen – Güterzüge konnten bei dieser Überlegung vernachlässigt werden, da für sie auch bei stärkerer Belegung immer genügend Lücken offenbleiben.)

Man sollte daher die Tatsache, daß Bayreuth durch eingleisige Strecken an das Netz angebunden ist, nicht zu sehr dramatisieren und vor allem nicht als diskriminierenden Mangel darstellen, wenngleich zugegeben wird, daß bei Kreuzungen für einen der beteiligten Züge ein Aufenthalt von nahezu drei Minuten entsteht, während ohne Kreuzung vielleicht zwei Minuten genügen würden; dabei wird natürlich immer der wichtigere Zug bevorzugt.

Es ist beileibe kein Einzelfall, daß bedeutende Städte wie Bayreuth „nur" an eingleisigen Strecken liegen. Es sei zum Beispiel verwiesen auf Garmisch-Partenkirchen, das von München aus mit Eilzügen – von 8.00 bis 19.00 Uhr im Einstundentakt – bedient wird, obwohl von dieser 101 km langen Strecke nur die 40 km von München bis Tutzing mehrgleisig sind; der 61 km lange Abschnitt Tutzing – Weilheim – Murnau – Garmisch-Partenkirchen ist eingleisig.

Der Vollständigkeit halber soll ein gewisses Hemmnis nicht verschwiegen werden, auf das allerdings die erwähnten ständigen Klagen kaum zu sprechen kommen: die Tatsache nämlich, daß sich der Aufenthalt verlängert, wenn Züge auf dem Weg Nürnberg – Bayreuth – Marktredwitz in Bayreuth die Fahrtrichtung wechseln, wenn sie „Kopfmachen" müssen, desgleichen Züge auf dem Weg Nürnberg – Bayreuth – Neuenmarkt-W – Hof in Neuenmarkt-W. Dabei sind zum Umfahren der Lokomotive und zur Bremsprobe Aufenthalte von 6–7 Minuten notwendig – bei Triebwagenzügen geht das natürlich schneller. Aber diesen „Eckverkehr" gibt es für bestimmte Verbindungen auf allen größeren Bahnhöfen, in die mehr als zwei Strecken einmünden – mit der eingleisigen Anbindung Bayreuths hat das nichts zu tun, und in München zum Beispiel muß jeder weiterfahrende Zug kopfmachen.

bindungen legen kann – das haben die aufgezeigten Fahrpläne ebenfalls bewiesen. Bleibt die Frage der Leistungsfähigkeit eingleisiger Strecken im Vergleich mit zweigleisigen.

Wenn zwei oder mehr Züge auf eingleisiger Strecke in der gleichen Richtung fahren, ist die Leistungsfähigkeit genauso groß wie auf einer zweigleisigen Strecke. Fahren zwei oder mehr Züge auf eingleisiger Strecke in verschiedener Richtung, müssen sie einander auf einem Kreuzungsbahnhof ausweichen.

In Bild 228 sei für die wichtigste Bayreuther eingleisige Strecke, für die nach Schnabelwaid, ein bewußt ungünstiger Fall untersucht, in welchem jeweils 2 Züge einander folgen und unterwegs 4 Kreuzungen stattfinden. Zugrunde gelegt sind die Fahr-

Mit Fahrkarte und Frachtbrief

14. Über die Verkehrsfrequenz im Wandel der Zeit liegen sorgfältig geführte Statistiken vor; allerdings enthalten sie Lücken von 1920–1925 wegen des Übergangs der Königlich Bayerischen Staatseisenbahnen auf die Deutsche Reichsbahn-Gesellschaft und wegen der Währungsinflation sowie von 1942–1945 wegen des Zweiten Weltkrieges, und die beiden Weltkriege zumal haben sich erheblich auf den Umfang des Reise- und des Güterverkehrs ausgewirkt.

Als Maßzahlen werden gewählt:

> die Zahl der in Bayreuth Hbf verkauften Fahrkarten und die beförderten Tonnen Expreßgut, Stückgut und Wagenladungsgut, jeweils im Versand und im Empfang ab und nach Bayreuth Hbf.

Die Übersicht soll beginnen mit dem Jahr 1910, als erstmalig alle sechs Bayreuther Strecken voll im Betrieb standen. Es ergibt sich folgendes:

1910 wurden in Bayreuth Hbf *394 000 Fahrkarten abgesetzt*, das sind 1 080 im Tagesdurchschnitt. Dieser Wert stieg bis 1918 an auf 1 825 Fahrkarten pro Tag; dann ging er zurück, so daß 1932 infolge der Weltwirtschaftskrise nur noch 800 Fahrkarten täglich gelöst wurden. Der neuerliche Anstieg erreichte 1941 eine Spitze von 2 020 Fahrkarten pro Tag.

Seit nach dem Zweiten Weltkrieg der Zugverkehr wieder in Gang gekommen war, wurde viel gereist: Familien mußten zusammengeführt, Lebensmittel und anderer Bedarf mußte beschafft werden. Der Bahnhof Bayreuth Hbf verkaufte z. B. 1947 im Tagesdurchschnitt 3 860 Fahrkarten; das ist der Spitzenwert überhaupt, denn dann setzte eine stetige Abwärtsentwicklung ein, der Individualverkehr mit dem eigenen Auto machte sich immer stärker bemerkbar; Mitte der 1950er Jahre war man auf den Stand von 1910 zurückgefallen, und 1987 etwa wurden nur noch 550 Fahrkarten im Tagesdurchschnitt ausgegeben (Bild 229).

Im *Expreßgutverkehr*, der ab 1927 in der Statistik erscheint, war in Bayreuth Hbf der Empfang etwas umfangreicher als der Versand. So kamen 1928 im Tagesdurchschnitt 2,3 t an, während 1,5 t aufgegeben wurden. Auch in diesem Verkehrszweig ging es bis 1932 zurück auf 1,5 t im Empfang und 0,9 t im Versand. Dann gab es eine erhebliche Belebung, die 1941 kulminierte auf 3,5 t im Empfang und 2,8 t im Versand. Nach dem Zweiten Weltkrieg wechseln die Ergebnisse: Im Empfang zunächst ein Anstieg auf 6,2 t pro Tag im Jahre 1950, dann ein Abfallen auf 3,7 t täglich im Jahr 1954, anschließend eine Zunahme auf 5,8 t 1959, die sich bis 1969 noch auf 8,2 t/Tag steigerte. (Hier muß bemerkt werden, daß bis 1959 sechs Arbeitstage pro Woche, ab 1960 aber nur noch fünf angesetzt werden können.)

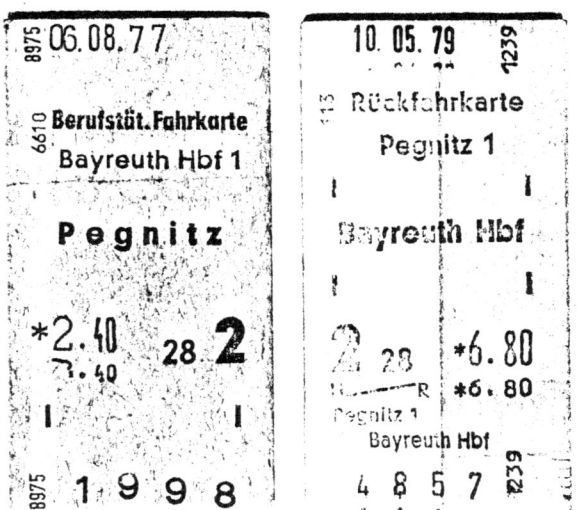

Bild 229: *Alte Fahrkarten von und nach Bayreuth*

1970 begann ein stetiger Rückgang, bis 1989 im Tagesdurchschnitt nur noch 2,1 t Expreßgut in Bayreuth Hbf eintrafen. Im Expreßgutversand verlief die Entwicklung auch nach dem Zweiten Weltkrieg ungefähr parallel, der Spitzenwert mit fast 7,0 t/Tag wurde aber schon 1959 erreicht; infolge der ständigen Abnahme wurden 1989 nur noch 1,2 t Expreßgut pro Tag aufgegeben.

Im *Stückgutverkehr* lag zunächst die Tonnage im Versand höher als die im Empfang, erst nach dem Zweiten Weltkrieg hat sich dieses Verhältnis umgekehrt, und ab 1983 überwiegt wieder der Versand, der kräftig anstieg. Es zeigen sich auch hierbei fühlbare Rückgänge im Ersten Weltkrieg und in den Jahren um 1930 sowie wechselhafte Ergebnisse nach dem Zweiten Weltkrieg. Hier einige Extremwerte:

Stückgutempfang	t pro Tag	Stückgutversand	t pro Tag
1913	51,3	1912	70,7
1917	28,4	1918	32,2
1927	61,4	1927	68,1
1932	31,2	1932	36,5
1938	48,1	1936	50,4
1950	34,3	1950	28,7
1975	25,9	1967	16,7
1987	34,2	1987	44,4
1990	34,3	1990	47,5

Bild 230: ein Stückgutfrachtbrief aus dem Jahr 1932.

Im *Wagenladungsverkehr* bewegt sich in Bayreuth Hbf die Tonnage im Empfang immer erheblich über der im Versand. Auch hier einige Extremwerte:

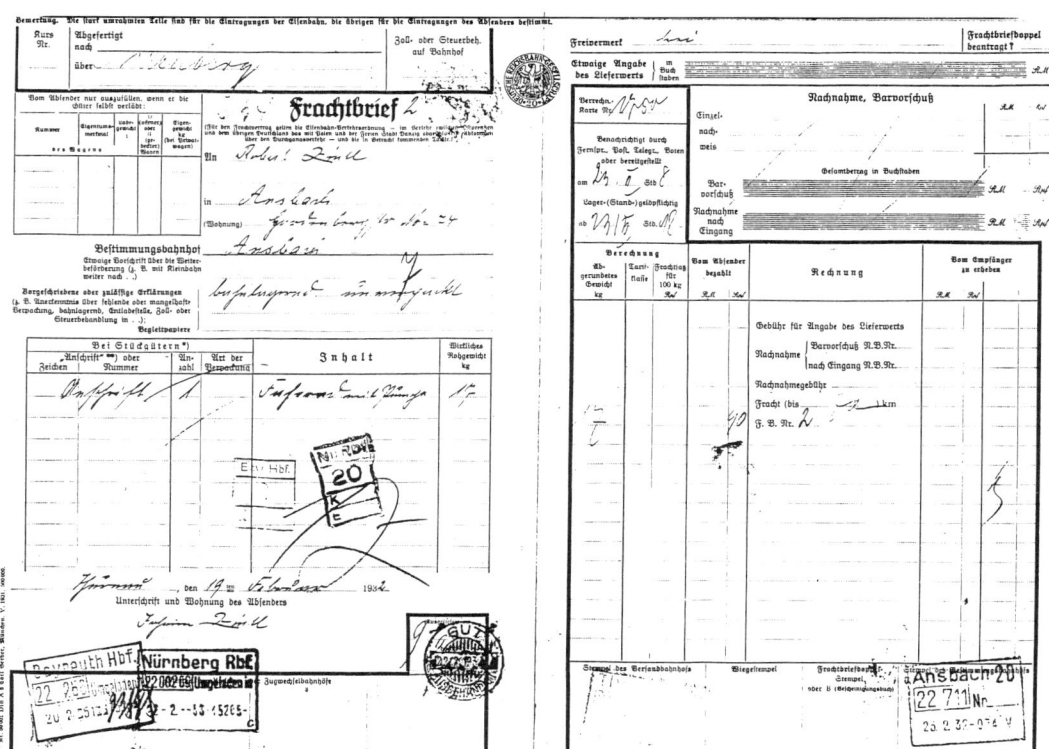

Bild 230: *Alter Frachtbrief aus dem Jahr 1932; Frachtbetrag von Thurnau nach Ansbach für ein Fahrrad = 90 Pfennig*

Wagenladungen im Empfang		
1912	546 t =	36 Güterwagen/Tag
1918	336 t =	22 Güterwagen/Tag
1927	601 t =	40 Güterwagen/Tag
1932	322 t =	21 Güterwagen/Tag
1934	471 t =	31 Güterwagen/Tag
1949	322 t =	21 Güterwagen/Tag
1981	48 t =	3 Güterwagen/Tag
1987	60 t =	4 Güterwagen/Tag
1988	137 t =	9 Güterwagen/Tag
1990	67 t =	5 Güterwagen/Tag

Wagenladungen im Versand		
1914	123 t =	8 Güterwagen/Tag
1918	68 t =	5 Güterwagen/Tag
1928	77 t =	5 Güterwagen/Tag
1932	39 t =	3 Güterwagen/Tag
1937	69 t =	5 Güterwagen/Tag
1946	65 t =	4 Güterwagen/Tag
1986	9 t =	1 Güterwagen/Tag
1987	11 t =	1 Güterwagen/Tag
1988	21 t =	2 Güterwagen/Tag
1990	15 t =	1 Güterwagen/Tag

Die Eisenbahnen hatten etwa achtzig Jahre lang das Beförderungsmonopol; wer reisen wollte, mußte mit dem Zug fahren, und jeder Kaufmann, der sein Warenlager wieder auffüllen mußte, war auf die Eisenbahn angewiesen. Aus den hohen Gewinnen konnte etwa die Deutsche Reichsbahn-Gesellschaft in den Jahren 1925–1930 4,18 Milliarden Goldmark als Reparationsleistungen an die Siegermächte des Ersten Weltkrieges auszahlen. Die oben angeführten statistischen Werte dokumentieren deutlich, wie dieses Beförderungsmonopol dann unaufhaltsam verlorenging: im Güterverkehr durch das Erstarken des Lastkraftwagens und durch den Ausbau des Straßennetzes; im Personenverkehr dadurch, daß der allgemeine Wohlstand fast jedem das eigene Auto ermöglicht.
Der Lkw kann die Fracht ohne Umladen vom Absender zum Empfänger befördern. Diesen Vorteil wollte und will auch die Eisenbahn bieten mit ihren Behältertragwagen, mit ihrem Straßenroller und mit ihrem Huckepackverkehr. Die Bilder 231, 232 wurden am 18. Juli 1950 im Bayreuther Ladehof aufgenommen, als bei einer Informationsveranstaltung Behälter mit der Aufschrift „Von Haus zu Haus" vom Eisenbahnwagen auf ein Straßenfahrzeug umgeladen wurden. Bild 233 zeigt einen seinerzeit in Bayreuth eingesetzten Straßenroller, der den ganzen Güterwagen zum Empfänger schleppen konnte. Beim Huckepackverkehr wird der ganze Lkw oder ein Sattelanhänger auf den Eisenbahnwagen geladen – ein Verfahren, das übrigens schon um die Jahrhundertwende in Bayreuth geübt wurde, wie man aus Bild 234 ersieht; es stammt aus dem Anzeigenteil des Bayerischen Kursbuches vom Mai 1900.
Allein, auch diese Maßnahmen konnten den starken Rückgang nicht mehr entscheidend bremsen.

Bild 231 (rechts oben): *Die Behälter „Von Haus zu Haus" kommen auf dem Eisenbahnwagen an, Bayreuth am 18. 7. 1950 bei einer Kundeninformation; dahinter die Halle des Bahnbetriebswerks Bayreuth für die Bahnbusse.*

Bild 232 (Mitte rechts): *Der Lkw nimmt die Behälter „Von Haus zu Haus" auf und bringt sie zum Empfänger; Bayreuth, 18. 7. 1950.*

Bild 233 (rechts unten): *Der Straßenroller schleppt den ganzen Güterwagen zum Empfänger; Bayreuth, 18. 7. 1950.*

Bild 234 (links oben): *Haus-Haus-Verkehr anno dazumal: Aus dem Inseratenteil des Kursbuches vom Mai 1900 – die Bayreuther Spedition Müller macht schon Transporte ohne Umladung und hat stets Retourwagen nach allen Richtungen disponibel.*

Kriegsfolgen und Rationalisierung

15. Der Bahnhof Bayreuth war im *Zweiten Weltkrieg* zunächst glimpflich davongekommen; nur in der Nacht vom 12. auf den 13. Januar 1941 hatte ein englisches Kampfflugzeug *Spreng- und Brandbomben* auf eine Lagerhalle der Mechanischen Baumwoll-Spinnerei und Weberei abgeworfen und einen in der Nähe abgestellten Personenzug beschossen (Bild 235). Aber noch kurz vor Kriegsende – am Donnerstag, dem 5., am Sonntag, dem 8., und am Mittwoch, dem 11. April 1945 – kamen Großangriffe der amerikanischen Bomber auf Bayreuth, denen fast 40 % des gesamten Wohnraums zum Opfer fielen. Auch der Hauptbahnhof, ein kriegswichtiges Ziel, war intensiv betroffen: Die Güterhalle, das alte Bahnhofsgebäude und das Bahnbetriebswerk wurden schwer beschädigt, das Gleisfeld aufgewühlt, die Bahnsteigdächer abgedeckt, Lokomotiven und Wagen vernichtet (Bilder 236–242). *Das* war die grausamste Heimsuchung, die Bayreuth je zu ertragen hatte; und unter diesem Aspekt erscheint heute die in Abschnitt 13.4 erwähnte Bemerkung des Bayreuther Stadthistorikers Dr. Gustav Holle, der meinte, die „Benachteiligung" Bayreuths durch die Eisenbahn sei der härteste Schlag gewesen, der die Stadt getroffen habe, in anderem Licht.

Am Montag, dem 9. April 1945, ist der Thurnauer Zug zwischen Unterwaiz und Altenplos von amerikanischen Jagdbombern beschossen worden (wobei der Bahnpostbeamte getötet wurde), und am Mittwoch, dem 11. April frühmorgens, noch einmal in Altenplos selbst. Dabei gab es eine Reihe

Bild 235: *Bayreuth am 13. Januar 1941: In der Nacht war ein abgestellter Personenzug durch ein englisches Kampfflugzeug beschossen worden (Foto: Ludwig Greim).*

von Toten und Schwerverletzten unter den Reisenden; auf das Bahngelände und auf das Dorf wurden an die dreißig Bomben abgeworfen. Den durchsiebten Zug brachte man nachmittags zum Haltepunkt Aichen; die zerstörte Dampflok konnte nur mit größter Mühe aus dem Dorf entfernt werden. Sie mußte am Nachmittag des 12. April wieder als geduldiges Ziel für die Bordwaffen der Flugzeuge herhalten. Auch beim Haltepunkt Zainhammer richtete sich am 11. April ein Fliegerangriff gegen eine Lokomotive. An diesem Tag mußte der Zugverkehr auf allen sechs von Bayreuth ausgehenden Strecken eingestellt werden. Mit dem *Wiederaufbau* begann man unverzüglich, soweit es die beschränkten Mittel zuließen. In erster Linie war das Gleisfeld von Schutt, Trümmern und zerstörten Fahrzeu-

Bild 236: *Bayreuth im April 1945: Amerikanische Bomber haben die Güterhalle zerstört.*

Bild 237: *Bayreuth im April 1945: Amerikanische Bomber haben das Gebäude des ersten Bahnhofs zerstört.*

Bild 238: *Bayreuth im April 1945: Durch den Luftangriff ist das Gleisfeld völlig aufgewühlt.*

Bild 239: *Bayreuth im April 1945: Durch den Luftangriff wurden die Bahnsteigdächer abgedeckt (im Hintergrund das Stellwerk 1, das heil geblieben ist).*

Bild 240: *Bayreuth nach den Luftangriffen im April 1945: eine beschädigte Lokomotive der Gattung D XI, die wieder instand gesetzt werden konnte*

Bild 241: *Bayreuth nach den Luftangriffen im April 1945: die östlichen Hauptgleise mit zerstörten Zügen (Archivbild Bernd Mayer)*

Bild 242: *Bayreuth nach den amerikanischen Luftangriffen im April 1945: ausgebrannter Wagen am nördlichen Ende der Güterhalle*

Bild 243: *Bayreuth 1951: Die Bahnsteige entbehrten noch lange der Dächer…, der Gepäckladedienst geschieht noch mit altertümlichen Handwagen (DB-Bild).*

Bild 244: *Bayreuth 1951: Der Bahnsteigschaffner hat nur eine primitive Bretterbude am Zugang zu den Zügen, am Dach des Bahnsteigs 1 wird gebaut.*

gen zu räumen, die circa 100 Bombentrichter einzufüllen und neue Schienenstränge für die wichtigsten Zugsgleise zu legen; die Drahtzugleitungen zu den noch gangbaren Weichen waren zu flicken, damit wenigstens ein primitiver Betrieb für die Transporte der Besatzungsmacht ermöglicht werden konnte. Der Fahrdienstleiter wurde aus der Ruine des alten Bahnhofsgebäudes in das Stellwerk 1 umgesiedelt.

Die stillgelegten Strecken wurden in folgender Reihenfolge notdürftig wieder in Betrieb genommen:

am	5. Juni 1945	Bayreuth – Kirchenlaibach
am	5. Juni 1945	Bayreuth – Schnabelwaid
am	8. Juni 1945	Bayreuth – Neuenmarkt-W
am	11. Juni 1945	Bayreuth – Bayreuth Altstadt
am	24. Juni 1945	Bayreuth – Warmensteinach
am	8. Okt. 1945	Bayreuth Altstadt – Hollfeld
am	3. Dez. 1945	Bayreuth Altstadt – Thurnau

Die schweren Schäden an den Hochbauten mußten – schon aus finanziellen Gründen – noch längere Zeit fortbestehen: die Bahnsteige entbehrten noch bis 1951 der Dächer (Bild 243), an den Zugängen zu den Zügen standen nur einfachste Bretterbuden (Bild 244) und als Ersatz für den zerstörten alten Bahnhof eine häßliche Holzbaracke, die weit und störend in die belebte Bahnhofstraße hineinragte. Sie wurde später durch ein ebenerdiges, aber gemauertes Bauwerk für das „Military Ticket-Office" ersetzt (Bild 245), das schließlich dem jetzigen stattlichen Sozialgebäude Platz machte (Bild 246). Damit konnte endlich die unansehnliche Baracke für die Betriebsküche und Kantine an der Markgrafenallee verschwinden (Bild 247). Aber

immer noch mangelte es an Diensträumen. Für den Aufsichtsbeamten mußte ein Häuschen auf Bahnsteig 2 errichtet werden (siehe Bild 219)*, und für die Bahnpolizei und die Bahnhofsmission ein etwas größeres auf Bahnsteig 1 (Bild 249). Das letztere und der Thurnauer Gleisstutzen sind abgebrochen worden, als um 1980 westlich vom Bahnsteig 1 Parkplätze angelegt wurden.

Die Fassade des Hauptgebäudes ist vollkommen überholt worden, über dem unschönen, gähnenden Lichtschacht vor ihrem Südflügel wurde eine luftige Terrasse für die Bahnhofswirtschaft geschaffen (Bild 250), und an den Zugängen zu den

---
* Auch das heutige, nicht sehr attraktive Domizil des Aufsichtsbeamten steht auf Bahnsteig 2 (Bild 248).

Bild 245: *Bayreuth 1950: Für die amerikanische Besatzungsmacht wird ein Military Ticket-Office errichtet. Rechts davon die jämmerliche Baracke für die Bahnhofsverwaltung, am linken Rand eine Baracke für die Bahnhofsmission*

Bild 246: *Das heutige Sozialgebäude steht am Platz des ersten Bayreuther Bahnhofs, aber die „Güterstation" lugt noch hervor wie auf Bild 142.*

Bild 247: *Bayreuth 1951: Die Baracke der einstigen Betriebsküche und Kantine an der Markgrafenallee*

Bild 248: *Das heutige Domizil des Aufsichtsbeamten auf Bahnsteig 2 ist nicht sehr ansehnlich.*

Bild 249: *Bayreuth 1956: Die Bahnhofsmission hat inzwischen eine etwas ordentlichere Baracke auf Bahnsteig 1 bezogen; der Thurnauer Zug ist gerade in Ausfahrt begriffen.*

Bahnsteigen wurden endlich neuzeitliche, formschöne „Bahnsteigschaffner-Wannen" aufgestellt (Bild 251).
Die vernichteten Gebäudetrakte der Güterabfertigung und des Bahnbetriebswerkes wurden wieder aufgebaut (Bild 252).
Die folgenden Jahre waren gekennzeichnet von weitgreifenden *Rationalisierungsmaßnahmen*, die eigentlich bis in die Jetztzeit andauern. Rationalisierung bedeutet Senkung der Ausgaben und Steigerung der Einnahmen. Da bei der Eisenbahn die Personalkosten den höchsten Aufwand erfordern, mußte hier in erster Linie angesetzt werden. Auf die *Bahnsteigschaffner*, die die Fahrkarten beim Zugang zu den Zügen und beim Verlassen des Bahnhofs zu überprüfen hatten, wurde schon in den 1960er Jahren verzichtet.
Die moderne Technik ermöglichte es, die schienengleichen *Bahnübergänge* automatisch zu sichern; die durch den Zug ein- und ausgeschalteten Blinklichtanlagen arbeiten sogar sorg-

Bild 250 (rechts oben): *Bayreuth 1951: Die neu geschaffene Terrasse der Bahnhofswirtschaft*

Bild 251 (Mitte rechts): *Bayreuth 1951: Das Dach über Bahnsteig 1 ist noch rechtzeitig vor Beginn der ersten Festspiele nach dem Krieg fertiggestellt, an der „Ausgangssperre" ist eine neuzeitliche Bahnsteigschaffner-Wanne aufgestellt.*

Bild 252: *Bayreuth 1957: Rechts das wiederergänzte Verwaltungsgebäude des Bahnbetriebswerks, links die im Krieg nicht angeschlagene einstige Ostbahn-Wagenremise, deren Fassade noch deutlich erkennen läßt, daß damals 3 Gleise in sie hineinführten. Dazwischen stehen die zwei Konkurrenten: Die Tage der Dampflok sind schon gezählt, bald wird der Dieselmotor ihre Stelle gänzlich einnehmen (Lok 98 1128).*

Bild 253: *Bayreuth, 5. Mai 1989: Das Drucktastenstellwerk von 1981*

fältiger als der Mensch – die erste ihrer Art wurde schon bald nach dem Zweiten Weltkrieg am Haltepunkt Röhrensee installiert. Im Lauf der Zeit konnten auf diese Weise immer mehr Schrankenwärter freigestellt werden, im engeren Bayreuther Stadtgebiet etwa die an der Dürschnitz und bei Colmdorf. Auf den *Lokalbahnen* gingen die Zahl der Reisenden und die Substanz in der Güterbeförderung stetig zurück, Pkw und Lkw haben vor allem ihnen das Wasser immer mehr abgegraben. In den Zügen saßen fast bloß noch die vier „A", die Armen, die Alten, die Auszubildenden und die Ausländer; es konnten nur mehr ungenügende Erträge eingefahren werden. Die Rationalisierung mußte sich auf das ohnehin geringe örtliche Personal und auf die Zugleistungen erstrecken: Bahnagenten wurden zurückgezogen, Bahnhöfe wurden ganz geschlossen oder nur noch stundenweise geöffnet; Diesellokomotiven oder Dieseltriebwagen brauchen den bei der Dampflok unerläßlichen Heizer nicht mehr, wenn irgend möglich wurde auch der Zugführer eingespart; miserabel frequentierte Züge wurden durch Straßenbusse ersetzt, Gleise und Weichen ausgebaut.

Da all dies nicht entscheidend half, ist am 3. Juni 1973 der Reisezugbetrieb auf der Strecke Bayreuth – Thurnau und am 29. September 1974 auf der Strecke Bayreuth – Hollfeld eingestellt und gänzlich auf die Straße verlegt worden.

Güterzüge fuhren von Bayreuth nach Hollfeld dann noch bis zum 28. September 1975; seitdem nur mehr bis Bayreuth Altstadt.

Die Abschiedsfahrten sollten festlich wirken, aber sie erweckten weithin nur Wehmut. Die Gleise von Bayreuth Altstadt nach Thurnau und nach Hollfeld wurden abgebrochen, desgleichen die Eisenbahngebäude, sofern sie nicht einen Käufer fanden (Hierüber ist schon in den Abschnitten 7.5 und 8.4 berichtet worden.).

Beträchtliche Rationalisierungserfolge waren durch die erstmals 1948 verwendeten *Drucktastenstellwerke* zu erzielen. Sie heißen so, weil die Elektromotoren, die die Weichen umstellen, durch Drucktasten eingeschaltet werden. Die Stellwerke der alten Technik konnten nur den kleinen Gleisbereich erfassen, den der Wärter genau einzusehen vermochte, denn er mußte immer prüfen, ob eine Weiche frei von Fahrzeugen war, bevor er sie umstellte. Das Drucktastenstellwerk prüft dies, und ob die zu befahrenden Gleise frei sind, elektrisch; es kann daher den ganzen auch ausgedehnten Bahnhofsbereich beherrschen und benachbarte Bahnhöfe dazu.

Im Bayreuther Hauptbahnhof ist am 8. Dezember 1981 ein solches Drucktastenstellwerk in Betrieb gesetzt worden (Bilder 253, 254); es nimmt den Platz des alten Stellwerks 1 ein und regelt den Zug- und Rangierbetrieb im eigenen Bahnhof, in der früheren Abzweigstelle Kreuzstein sowie in den Bahnhöfen Neuenreuth, Creußen und Stockau. Bei diesen vier Nachbarn konnte das gesamte Personal zurückgezogen werden; in Bayreuth Hbf wurden im Frühjahr 1982 die alten Stellwerke 2 und 3 abgebrochen. Die Aufgaben des letzteren erledigt jetzt ein kleines Drucktastenstellwerk (Bild 255), das nur zeitweise in Funktion tritt.

Erhebliche Personaleinsparungen resultierten auch – wie bereits angedeutet – aus dem sogenannten *Strukturwandel in der Zugförderung*, gemeint ist aus dem Ersatz der zweimännig besetzten Dampflokomotiven durch Diesellok oder -triebwagen, die der Lokomotivführer allein bedienen kann (Bild 256).

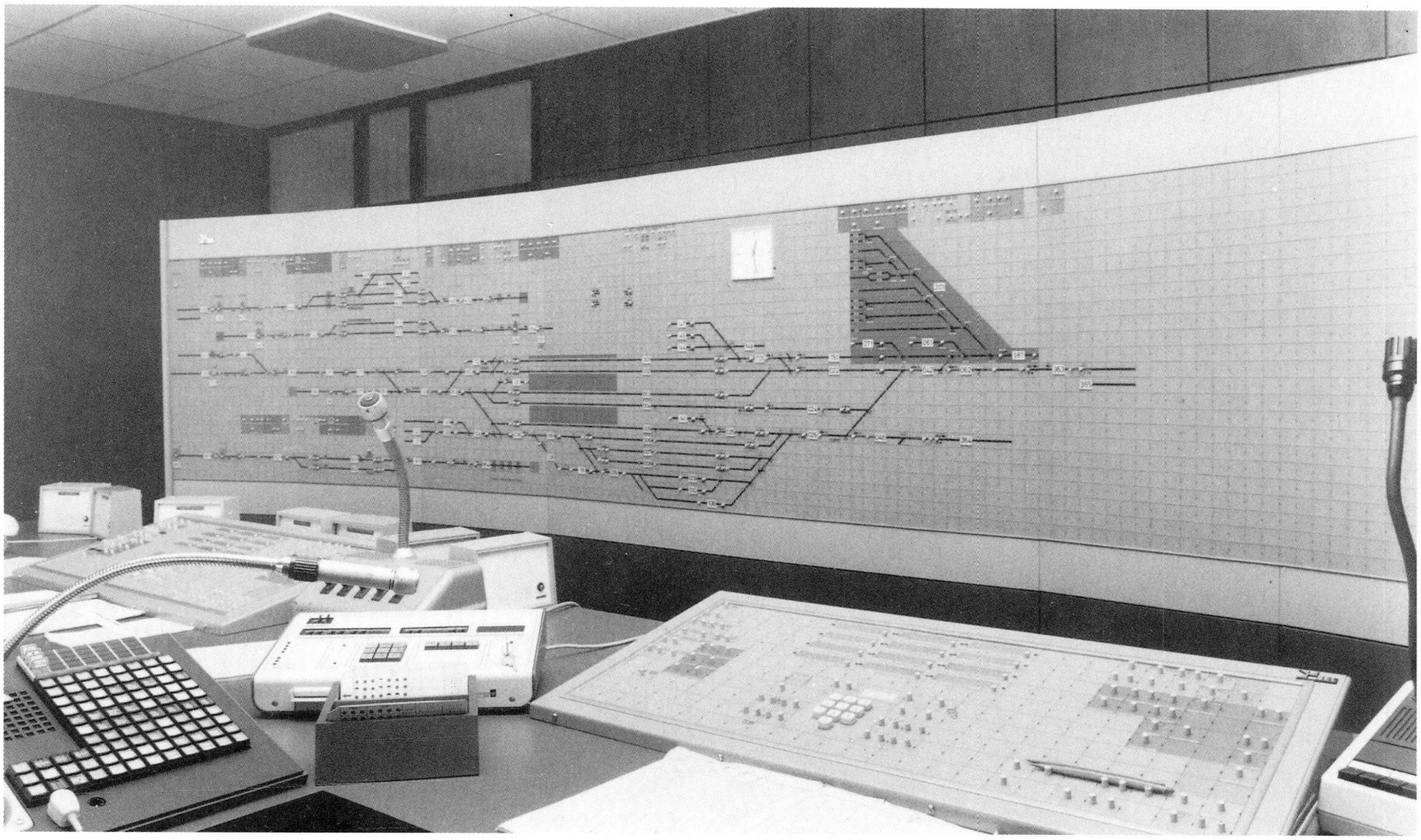

Bild 254 (oben): *Im Bayreuther Dr-Stellwerk: an der Rückwand die große Stelltafel mit dem Gleisbild, auf welchem rechts noch Platz ist für Bahnhöfe zwischen Bayreuth und Neuenmarkt-W., vorne das Stellpult mit den Tasten, links davon Fernsprecheinrichtungen (DB-Bild)*

Bild 255 (links unten): *Das kleine Rangierstellwerk im nördlichen Bahnhofsteil und sein Gleisfeld, 1988*

Bild 256: *Thurnau, Anfang 1962: Einer der letzten Dampfzüge fährt aus nach Kulmbach; Lok 98 1125 – der Strukturwandel bahnt sich an.*

Beim Bayreuther Bahnbetriebswerk waren beheimatet für den Zugdienst die Nebenbahn-Diesellok V 100 (spätere Bezeichnung 211 und 212) und die Schienenomnibusse VT 95⁹ (spätere Bezeichnung 795) und VT 98⁹ (spätere Bezeichnung 798); ferner für den Rangierdienst die Diesellok V 45 (später 245), V 60 (später 260, neuerdings 360) und Diesel-Kleinlokomotiven.

Von auswärts kamen nach bzw. über Bayreuth die Diesellok V 200 (später als 220 bezeichnet), die Diesellok 218 und der Dieseltriebwagen 614.

Hier ihre wichtigsten Daten:

Geliefert ab	Alte Bezeichnung	Neue Bezeichnung	Verwendung als	Leistung PS	Achszahl	Höchstgeschw. km/h	Modell 1:10	Bild Nr.
Diesellokomotiven								
1953	V 200	220	Schnellzüge	2200	4	140	Verk.Mus. Nbg.	257
1955	V 60	260/261, 360/361, 364/365 mit Funkfernsteuerung	Rangierdienst	650	3	60	Verk.Mus. Nbg.	258
1956	V 45	245	Rangierdienst	400	2	50	–	siehe Bild 57
1958	V 100	211/212	Nebenbahnlok mit ölbefeuertem Dampfkessel zur Heizung des Zuges	1100, 1350	4	100	Verk.Mus. Nbg.	259
1968	V 164	218	Schnellzüge	2500, 2700	4	140	Verk.Mus. Nbg.	260
Diesel-Kleinlokomotiven								
1930	Köf II	321–324	Rangierdienst	107, 125	2	45		
1962	Köf III	331–333, 335 mit Funkfernsteuerung	Rangierdienst	240	2	45	Verk.Mus. Nbg.	261
Dieseltriebwagen								
1971	–	614	Eil- und Pers.-Züge	2 x 500	4	140	Verk.Mus. Nbg.	262
Schienenomnibusse, die „Volkswagen der Schiene"								
1951	VT 95⁹	795	Nebenbahn	150	2	90		263
1953	VT 98⁹	798	Nebenbahn	2 x 150	2	90		264

im Gegensatz zu 795: zweimotorig mit Puffern und Schraubenkupplung. Neuerdings wurden er und seine Anhänger mit pneumatischen Türschließeinrichtungen ausgestattet und als 796 (bzw. die Anhänger als 996) bezeichnet.

Gleichzeitig mit dem Einsatz der ersten VT 95⁹ ab Mai 1953 war auch der Fahrplan der drei Bayreuther Lokalbahnen erheblich verdichtet worden (Bild 265), auf der Strecke zwischen Bayreuth und Thurnau zum Beispiel fuhren damals täglich zwölf Züge, zwischen Thurnau und Kulmbach sogar deren fünfzehn. Die modernen Fahrzeuge und die reichlichen Zugverbindungen sollten einen neuen Zustrom an Reisenden bringen.

Bild 257: *Schnellzuglok V 200 063 in Bayreuth, 1959*

Bild 258: *Rangierlok 360 889 in Nürnberg, 1989*

Bild 259: *Nebenbahnlok 211 058 in Bayreuth, 1989*

Bild 260: *Schnellzuglok 218 228 in Bayreuth am 5. Mai 1989*

Bild 261: *Die Bayreuther Kleinlok 335 122 hat eben über die Drehscheibe einen Schweizer Güterwagen im Bereich des früheren Bahnbetriebswerks bereitgestellt, Foto 1989.*

Bild 262: *Ein Nürnberger Triebwagen 614 ist in Bayreuth abgestellt bis zu seinem nächsten Einsatz, Foto 5. 5. 1989.*

Bild 263: *Bayreuth 1952: Einer der neuen Schienenomnibusse VT 95⁹ ist in Gleis 5 bereitgestellt für die nächste Fahrt nach Warmensteinach.*

Bild 264: *Bayreuth 1989: Der mittägliche Schülerzug nach Warmensteinach mit Triebwagen 796 und Anhängern 996*

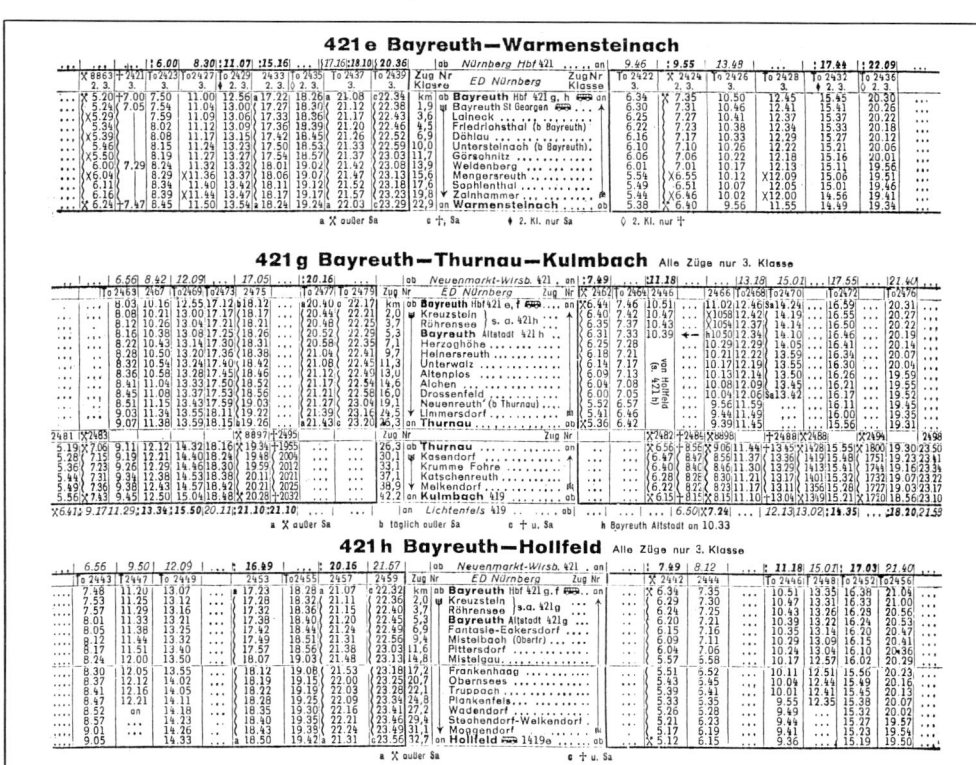

Bild 265: *Der durch die neuen Schienenomnibusse verdichtete Fahrplan vom Mai 1953 für die drei Bayreuther Lokalbahnen*

Ausblick

16.1 Der „Pendolino"

Die aus den 1870er Jahren stammende Trassierung der Strecke Nürnberg – Bayreuth setzte einer großzügigen Steigerung der Fahrgeschwindigkeit gewisse Grenzen. Marggraff (Lit.-Verz. Nr. 5) bekennt 1894 freimütig, welche Normen bei der Projektierung und beim Bau der Königlich Bayerischen Staatseisenbahnen „vorherrschend zur Geltung gekommen sind: Bei der Tracierung war das Baukosten-Minimum maßgebend, die Curvenwiderstände wurden fast gänzlich außer Betracht gelassen und auch die damals allerdings noch ziemlich unbekannten Betriebskosten wenig berücksichtigt…" Auf dieser „Fichtelgebirgsbahn" wird das besonders deutlich: die Bahn windet sich mit der Straße zusammen durchs enge Pegnitztal, das sie nur in den sieben Tunnels für kurze Abschnitte verläßt. Die kurvenreiche Linienführung gestattet zwischen Hersbruck und Schnabelwaid bloß 90 bis 100 km/h, was damals genügte, mehr als 90 km/h konnten die Lokomotiven gar nicht leisten.

Eine bessere Trassierung samt Elektrifizierung würde einen Streckenneubau bedeuten und Milliarden-Investitionen erfordern. Daher sollten höhere Geschwindigkeiten in den Kurven durch geeignete Maßnahmen an den Fahrzeugen erreicht werden, eben durch den „Pendolino" (von ital. pendere = neigen, pendeln: die Wagenkasten sind pendelnd aufgehängt). Amtlich verlautete bereits im Sommer 1989 zu dieser auf deutschen Gleisen neuartigen Zuggeneration:

> „Die Deutsche Bundesbahn hat die Weichen für das Projekt ‚Regional-Schnellbahn mit Pendolino' gestellt. Der Auftrag für zehn Prototyp-Dieseltriebzüge, die zwischen Nürnberg und Bayreuth bzw. Hof verkehren sollen, wurde erteilt. Die Fahrzeuge der künftigen Baureihe VT 610 [2 Dieselmotoren je 660 PS, Höchstgeschwindigkeit 160 km/h, 136 Plätze – Bild 266] basieren auf dem in Italien entwickelten Konzept der gleisbogenabhängigen Wagenkastensteuerung. Diese erlaubt eine deutliche Erhöhung der Geschwindigkeit auf kurvenreichen Strecken und damit eine Verkürzung der Fahrzeit bei gleichzeitig höherem Reisekomfort; sie macht nur geringe Investitionen im Streckenverlauf erforderlich. Testfahrten haben die Anwendbarkeit der Technologie bei der Deutschen Bundesbahn bewiesen. Für eine endgültige Systementscheidung ist eine Erprobung im praktischen Dauereinsatz erforderlich. Die Entscheidung, diesen Pilotversuch in der Relation Nürnberg – Bayreuth bzw. Hof zu fahren, fiel, weil insbesondere in der Relation nach Hof ein noch steigerungsfähiges Potential im Regionalverkehrsmarkt

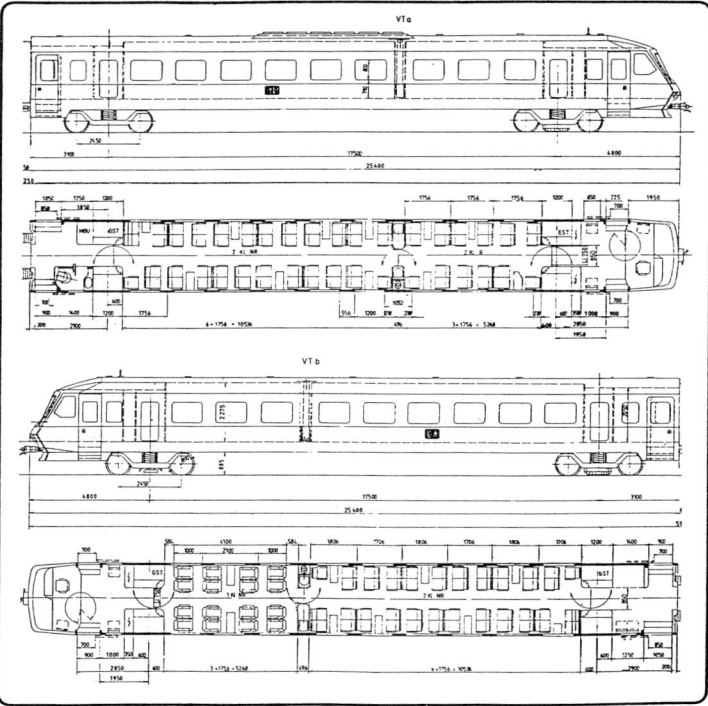

Bild 266: *Der Pendolino! Gute Fahrt in die Zukunft!*

größerer Reiseweite besteht, wie unabhängige Gutachter bestätigten.

> Geplant sind zwei Regional-Schnellbahn-Linien im Stundentakt, die zwischen Nürnberg und Pegnitz gemeinsam geführt werden und sich dort aufteilen. Gleichzeitig wird das Angebot an schnellen, umsteigefreien Verbindungen deutlich erhöht. Das Projekt kann jetzt realisiert werden, weil der Freistaat Bayern beschlossen hat, finanzielle Mitverantwortung durch Zinsverbilligungsmittel zu übernehmen."

Seit jener ersten Nachricht im Sommer 1989 war der „Pendolino" schon fast zum magischen Begriff geworden und das Thema um seinen Einsatz zum Dauerbrenner in der Regionalpresse.

In Schnabelwaid sind die Gleise und Weichen für 130 – 140 km/h hergerichtet worden, wobei nur drei Hauptgleise belassen wurden. Die Streckenabschnitte Ranna – Pegnitz und Pegnitz – Schnabelwaid sind in Michelfeld und in Zips (b. z. vgl. Abschnitt 5.6) durch Selbstblocksignale unterteilt worden, damit eine dichte Zugfolge möglich wird.

Die Auslieferung der neuen Fahrzeuge durch die Industrie hat sich allerdings immer wieder verzögert, aber in dem ab 31. Mai 1992 geltenden Kursbuch ist der erstmalige planmäßige Einsatz dieser modernen Fahrzeugkonstruktion endlich verwirklicht, und damit erlebte *Bayreuth wieder eine Premiere:* Von Nürnberg nach Bayreuth gibt es täglich (auch am Wochenende!) 19 Fahrten im Stundentakt,

    Abfahrten in Nürnberg von 5.48 bis 23.48,
    Ankunft in Bayreuth von 6.45 bis 0.45;
    in der Gegenrichtung 18 Fahrten im Stundentakt,
    Abfahrten in Bayreuth von 5.13, dann immer zur Minute 11 bis 22.11,
    Ankunft in Nürnberg von 6.10 bis 23.10.

Die Züge laufen unter der Bezeichnung „Regionalschnellbahn", sie sind nicht zuschlagpflichtig und halten in Hersbruck, Neuhaus und Pegnitz. Alle zwei Stunden wird in Pegnitz ein Zugteil nach Kirchenlaibach – Marktredwitz – Hof abgetrennt bzw. ein Zugteil von Hof – Marktredwitz – Kirchenlaibach zugefügt.

Die Fahrzeit für die 94 km von Nürnberg bis Bayreuth beträgt 57 Minuten, in der Gegenrichtung 59 Minuten; hieraus resultiert eine Reisegeschwindigkeit von 99 km/h bzw. 96 km/h – ein aus konventionellen Fahrzeugen gebildeter Schnellzug könnte in Anbetracht der topographischen Verhältnisse eine solche Reisegeschwindigkeit bei weitem nicht erzielen.

Durch den Pendolino ist Bayreuth an das schnelle und komfortable Intercity-Netz und an das europäische Eurocity-Netz angeschlossen:

Man kommt mit der Regionalschnellbahn von Bayreuth in Nürnberg an stündlich zur Minute 10,

    Abfahrt der IC/EC in Richtung Würzburg stündlich zur Minute 18,
    Abfahrt der IC/EC in Richtung München stündlich zur Minute 27,
    Ankunft der IC/EC in Nürnberg aus Richtung Würzburg stündlich zur Minute 23,
    Ankunft der IC/EC in Nürnberg aus Richtung München stündlich zur Minute 32.
    Abfahrt nach Bayreuth stündlich zur Minute 48.

Der Pendolino erreicht übrigens in Nürnberg elfmal am Tag Anschlüsse nach Richtung Stuttgart/Karlsruhe, um 8.17 sogar nach Milano, und in der Gegenrichtung elfmal am Tag Anschlüsse aus Richtung Stuttgart/Karlsruhe, abends sogar von Milano.

Auf diese Weise ist Bayreuth fühlbar dafür entschädigt, daß es im Sommer 1991 die drei Schnellzugpaare nach und aus Richtung Stuttgart verloren hat (dies war damit begründet worden, daß nur etwa 20 % der Fahrgäste aus Bayreuth über Nürnberg hinausgefahren und daß weitaus die meisten von ihnen in Nürnberg auf die oben erwähnten IC/EC-Züge übergegangen sind).

Die Methode der unregelmäßig über die Fläche und über die Tages- und Nachtzeiten verteilten Schnellzüge ist einem System der örtlichen und zeitlichen Kanalisierung gewichen; einer Kanalisierung auf die großen, leistungsfähigen Magistralen und auf immer die gleiche Minute im Ein- oder Zweistundentakt. Frühere Schnellzugstationen, die nicht an diesen Magistralen liegen, sind durch ebenfalls „vertaktete" Zubringer (und „Abbringer") angeschlossen.

Noch eine Bemerkung zum Pendolino: Die 19 bzw. 18 Fahrten zwischen Nürnberg und Bayreuth und die 9/9 Fahrten zwischen Nürnberg und Hof gibt es in großzügiger Regelmäßigkeit vom frühen Morgen bis spät in die Nacht. Sollten sie zu gewissen Tageszeiten nur geringer frequentiert sein, dann könnte daran gedacht werden, nur *eines* der (untrennbaren) Triebwagenpaare einzusetzen, das von Nürnberg *über Bayreuth* nach Hof (bzw. in der Gegenrichtung) durchlaufen müßte; auf diese Weise *hätte Bayreuth eine direkte Verbindung nach und von Hof.* Dabei müßte der Triebwagenführer in Bayreuth nur den Führerstand wechseln, was nicht länger dauert als das Aus- und Einsteigen der Fahrgäste. Der kurze Umweg zugunsten der Regierungshaupt- und Universitätsstadt Bayreuth sollte kaum entscheidend sein, zumal in Pegnitz der Aufenthalt des Hofer Zugteils um fünf, in der Richtung nach Nürnberg sogar um sieben Minuten gekürzt werden könnte.

16.2 Alte Verkehrsströme fließen wieder

Seit am 9. November 1989 die innerdeutsche Grenze und damit der „Eiserne Vorhang" gefallen waren, drängten sofort die Massen aus der Deutschen Demokratischen Republik (DDR) auch nach Oberfranken herein. Der „Nordbayerische Kurier" schrieb am 21. 12. 89, daß die Stadt Bayreuth zwischen dem 9. November 1989 und dem 18. Dezember 1989 einen Ansturm von 538 000 Besuchern zu verkraften hatte, das waren im Tagesdurchschnitt 13 450; an sie sind 31 Mio. Deutsche Mark als Begrüßungsgeld ausgezahlt worden. Den Hauptanteil hatte die Eisenbahn zu befördern; zunächst ganz unkonventionell und improvisiert in kurzfristig eingelegten Sonderzügen. Aber schon sehr bald ergaben sich fahrplanmäßige Verbindungen; so erschien in einem Kursbuchanhang vom 5. 1. 90 bereits ein Eilzugpaar Karl-Marx-Stadt – Plauen – Hof – Marktredwitz – Kirchenlaibach – Bayreuth und zurück, mit Kurswagen Hof – Bamberg – Würzburg und umgekehrt. Dieser Zug endete also in Bayreuth (Ankunft 10.35) und begann abends in Bayreuth (Abfahrt 18.33).

Inzwischen haben sich die erste Euphorie und die große Invasion beruhigt. Jetzt hat Bayreuth durch die Züge von und nach Marktredwitz täglich zweimal Anschlüsse von und nach Dresden, zweimal von und nach Leipzig und einmal von und nach Görlitz (sowie dreimal täglich von und nach Eger, was ebenfalls einen Fortschritt darstellt gegenüber dem 1991 weggefallenen Schnellzugpaar von und nach Prag, das in der ungünstigen Nachtzeit für Bayreuth (an 4.17; ab 1.44) ohnehin nur symbolische Bedeutung hatte).

Der neu aufgekommene Reiseverkehr hat die Politiker veranlaßt zu fordern, daß die Eisenbahnverbindungen aus Oberfranken, zumal aus Bayreuth, nach und von Sachsen verbessert werden.

Im Bayerischen Landtag verlangte man schon im Dezember 1989 unter anderem die Elektrifizierung der Strecke Nürnberg – Bayreuth – Hof, und der Bayreuther Oberbürgermeister Dr. Mronz wünschte, für eine „Direktlinie" Nürnberg – Bayreuth – Hof – Sachsen solle zur Vermeidung des Fahrtrichtungswechsels in Neuenmarkt-W eine Verbindungskurve von der Strecke Bayreuth – Neuenmarkt-W zur Strecke Neuenmarkt-W – Hof gebaut werden.

Im Sommer 1990 ließ die Deutsche Bundesbahn das Projekt einer *Aus- bzw. Neubaustrecke Nürnberg – Bayreuth – Hof* untersuchen; der Ausbau sollte sich dabei hauptsächlich auf den südlichen Abschnitt erstrecken, der Neubau auf eine Trasse von Bindlach bis Oberkotzau.

Im Oktober 1990 will die Stadt Bayreuth die Aufnahme einer leistungsfähigen Hauptverkehrsstrecke Stuttgart/München – Nürnberg – Bayreuth – Hof – Sachsen in den Bundesverkehrswegeplan erreichen; im Juli 1991 konkretisiert sie dies in einer Denkschrift zum Neu- bzw. Ausbau der Diagonale Stuttgart – Nürnberg – Bayreuth – Hof – Dresden. Diese Forderung wird mitgetragen von der Bayerischen Staatsregierung, von der Konferenz der fränkischen Oberbürgermeister und Landräte und von anderen Gremien sowie von den Bundesländern Baden-Württemberg und Sachsen.

Im November 1991 aber teilt die Hauptverwaltung der Deutschen Bundesbahn mit, daß die Verkehrsprognose dieser Strecke nur eine mangelnde Wirtschaftlichkeit zugestehe und deshalb an eine *Neubau*strecke über Bayreuth nicht gedacht werden könne.

Daraufhin übergibt die Industrie- und Handelskammer für Oberfranken in Bayreuth dem zuständigen bayerischen Innenminister im Januar 1992 ein wissenschaftliches Gutachten der Universitäten Bayreuth und Bamberg, in welchem die Notwendigkeit des Ausbaues bzw. Neubaus der Strecke Stuttgart – Nürnberg – Bayreuth – Hof – Dresden erneut nachgewiesen ist.

Die Entscheidung wird der Bundesverkehrswegeplan 1992 bringen.

16.3 Der „Fichtelgebirgsexpreß" – die letzte der Bayreuther Lokalbahnen

Seit längerer Zeit ist auch die romantische Strecke Bayreuth – Warmensteinach von der Stillegung bedroht. Nachdem im Sommer 1989 die Bahnbediensteten in Weidenberg und Warmensteinach aus Rationalisierungsgründen zurückgezogen und die Bahnhofsgebäude an die Gemeinden verkauft worden sind, haben die ansässigen Sparkassen den Fahrkartenverkauf übernommen.

Im Jahre 1990 hat sich auf Initiative von Landrat Dr. Dietel der „Förderkreis Pro Fichtelgebirgsexpreß" konstituiert, der mit einer Palette flankierender Maßnahmen diese Lokalbahn retten will. Ihm gehört neben namhaften Vertretern aus dem Fichtelgebirge auch der bekannte Verkehrswissenschaftler Professor Dr. Jörg Maier von der Universität Bayreuth an.

Ein erster Erfolg ist schon zu vermelden: Ab 2. Juni 1991 wurde ein weiteres Zugpaar eingelegt; seitdem gab es (von Montag bis Freitag) täglich drei Züge von Bayreuth nach Warmensteinach und vier in der Gegenrichtung, und der ab 31. Mai 1992 gültige Fahrplan enthält wieder ein Zugpaar mehr.

Um die Reisezeit zu verkürzen ist geplant, Bahnübergänge mit drastischer Geschwindigkeitsbeschränkung zu beseitigen und schwach beanspruchte Haltepunkte aufzuheben; Friedrichsthal, Döhlau und Zainhammer sind im Gespräch. Auch soll ein „Umwelt-Jahresabonnement" geschaffen werden, bei welchem die Berufspendler nur für acht Monate zu bezahlen brauchen.

In Bayern waren nach dem Stand von 1989 von den einst vorhandenen rund 160 Nebenbahnen schon 63 % für den Reiseverkehr stillgelegt und größtenteils abgebaut worden, 10 % konnten ihre Reisezüge noch auf Teilstrecken behalten, 27 % aber gänzlich, zu letzteren zählt auch Bayreuth – Warmensteinach.

Möge dem Wirken des Förderkreises fernerhin Erfolg beschieden sein!

Zum Schluß eine Sache, die weit in die Anfänge zurückreicht und bis zum schienengleichen Bahnübergang von der Markgrafenallee zum Bayreuther Bahnhof im Jahre 1863. Diese Schwachstelle ist gegen Ende der 1870er Jahre beseitigt und durch die neu angelegte Tunnelstraße ersetzt worden. Im Jahre 1885 hatte man dann diesen Umweg durch einen eisernen Steg über die Gleisanlage verkürzt, obwohl damals schon die Idee entstand, die Bahnsteigunterführung bis zur Markgrafenallee zu verlängern (b. z. vgl. Abschnitte 4.3; 9.2 und Bild 150). Dieser Plan ist neuerdings wieder aufgelebt: Die Stadt Bayreuth läßt diesen Tunnel bauen, unterstützt durch namhafte Zuschüsse des Bayerischen Staates nach dem Gemeindefinanzierungsgesetz und aus dem „Härtefonds".

Anlage
(zu Abschnitt 2)

Bayreuth
am 18ten März 1836
Allerunterthänigst gehorsamste
Vorstellung und Bitte des Magistrats der Kreishauptstadt Bayreuth
und des Handels- und Fabrikstandes
daselbst
die Anlegung einer Eisenbahn von
Nürnberg über Bayreuth und Hof an
die nördliche Grenze des Reichs
betreffend

Ewr. Königlichen Majestaet allerhöchstes Staats-Ministerium des Innern hat bisher die industriellen Interessen des Königreichs so mächtig gefördert, daß dadurch in allen Kreisen die vaterländische Industrie einen ganz neuen Aufschwung genommen hat. Einen neuen Beweis dieser allerhöchsten Fürsorge haben die Bewohner des nördlichen Theils des Obermainkreises in der allergnädigsten Anordnung gefunden: daß dem Vernehmen nach der hiesigen Königlichen Kreisregierung der Auftrag ertheilt worden, Behufs Errichtung einer Eisenbahn von Nürnberg bis an die nördliche Grenze des Reichs durch Sachverständige ein Nivellement vornehmen zu lassen. Der hiesige Handels- und Fabrikstand hat diese hochwichtige Angelegenheit mit großem Enthusiasmus aufgenommen und in der anliegenden Vorstellung die allerunterthänigste Bitte gestellt:
Ewr. Königliche Majestaet wollen den in derselben bezeichneten Plan der Errichtung einer Eisenbahn von Nürnberg nach der nördlichen Grenze des Reiches allergnädigst zu genehmigen und zu diesem Zwecke der Königlichen Regierung des Obermainkreises den Auftrag zu ertheilen geruhen, das bezeichnete Terrain technisch untersuchen zu lassen.
Indem wir diese allerunterthänigste Bitte des hiesigen Handels- und Fabrikstandes mit voller Überzeugung hiermit vertreten, erlauben wir uns zur Unterstützung dieses Gesuchs
1.) über die Nothwendigkeit der Anlegung einer Eisenbahn von Nürnberg über Bayersdorf oder Forchheim, Bayreuth und Hof nach Plauen,
2.) über die Ausführbarkeit dieses Unternehmens, und
3.) über die Schritte, welche bereits in dieser Angelegenheit geschehen sind,
folgendes allerunterthänigst vorzutragen:
Zu 1.) Die *geographische Lage* von Bayreuth und Hof hat beide Städte als Durchgangspunkte des Waarenhandels zwischen Nord- und Südteutschland bestimmt. Deßhalb bestand schon seit den ältesten Zeiten eine Hauptstraße zum Transport der Waaren von *Sachsen* über diese *nördliche Grenze des Reiches* nach *Nürnberg*. Seit dem Bestehen des großen teutschen Zollvereins ist der Waaren-Transport sehr im Zunehmen und wird sich noch immermehr vermehren.
Würde nun keine Eisenbahn von Nürnberg über Bayreuth und Hof nach Sachsen angelegt, sondern solche über Bamberg nach Lobenstein geführt, so würde diese wichtige Handelsstraße nach Sachsen ganz vernichtet werden und die Städte Bayreuth und Hof nebst allen dazwischen liegenden kleinen Städten ganz veröden. Derselbe Fall würde bei den sächsischen Städten Plauen, Reichenbach, Zwickau und Altenburg eintreten. Diese Städte, wohl einsehend, welche Gefahr ihnen von dieser Seite droht, haben deßhalb bereits, wie aus einem Schreiben aus Altenburg in der allgemeinen Zeitung vom 4ten März d. J. hervorgeht, Comiteen gebildet, um die Anlegung einer Sächsisch Bayerischen Eisenbahn von Plauen über Hof und Bayreuth nach Nürnberg zu bewirken. Es läßt sich auch erwarten, daß die Residenzstadt *Altenburg*, deren Fürstenhaus in so nahen Verwandtschafts-Verhältnissen mit unserem Königlichen Hause steht, in jedem Fall in den Rayon dieser Bahn aufgenommen und von diesem Staate alles aufgeboten werden wird, um eine Verbindung über Zwickau, Reichenbach, Plauen und Hof über Bayreuth nach Nürnberg herzustellen.
Bamberg, welches ohnedieß so große Vortheile durch einen schiffbaren Fluß, durch einen Freihafen und durch den zu erbauenden Kanal voraus hat, ist seiner geographischen Lage nach mehr auf die nordwestliche Seite hingewiesen, während unser Straßenzug nordöstlich geht. Nächst der Eisenbahn von Nürnberg über Bayreuth und Hof nach Plauen ist es dann am zweckmäßigsten, daß auch eine Eisenbahn von Nürnberg nach Bamberg und Coburg in das Werra-Thal und von da an die Weser geführt werde, um einen Handelszug nach Nordteutschland zu erhalten.
Auf diese Weise könnten dann beide Bahnen zu gleicher Zeit bestehen, weil sie geographisch ganz verschiedene Richtungen zu verfolgen haben.
Aber nicht blos die geographische Lage ist es, die für die Anle-

gung einer sächsisch-bayerischen Eisenbahn von Nürnberg über Bayreuth nach Hof spricht, sondern auch vorzüglich das *merkantile und industrielle Interesse des nördlichen Theils des Obermainkreises* ist es, welches bei der Entscheidung das bedeutendste Gewicht in die Wagschaale legt.

Gerade der nördliche Theil unseres Kreises ist der industrienseste. Tausende von Arbeitern sind in den Städten Bayreuth, Münchberg, Hof und der ganzen Umgegend mit Fabrikarbeiten beschäftigt, deren Fabrikate einen äußerst bedeutenden Absatz nach Nord- und Süddeutschland haben. Eines der bedeutendsten Etablissements in der Stadt Bayreuth ist nächst der mit außerordentlich großem Kostenaufwand neu errichteten Zucker-Raffinerie des Dr. Schmidt, das Fabrikgeschäft der Gebrüder Kolb dahier, welche so viele Bestellungen haben, daß sie häufig nicht genug Arbeiter erhalten können.

Würde nun eine Eisenbahn von Nürnberg über Bamberg nach *Lobenstein* und nicht über Bayreuth und Hof nach *Plauen* geführt, so würde, weil dann der Güterzug eine ganz andere Richtung nehmen müßte, allen Fabrikanten des nördlichen Theils unseres Kreises dadurch das Mittel des schnellen Waaren-Transports und der beschleunigten Handels-Communikation genommen und dadurch der Ruin dieser Fabriken unausbleiblich herbeigeführt werden. Dagegen würde durch eine Eisenbahn über Bayreuth und Hof nach Plauen diesen Fabriken, wozu vorzüglich auch die Eisenwerke zu rechnen sind, und zugleich dem ganzen Handel dieses nördlichen Theils des Kreises in einer Zeit, wo die Zollschranken gegen das nördliche Teutschland gefallen sind, einen ganz neuen außerordentlichen Aufschwung geben. Da die Königliche Staatsregierung rastlos bemüht ist, so läßt sich mit Zuversicht erwarten, daß der Antrag des hiesigen Handels- und Fabrikstandes aus den angeführten Gründen werde berücksichtigt werden.

Selbst der *Personen-Transport* ist über Bayreuth und Hof, namentlich im Sommer, wegen der außerordentlich vielen Fremden, die durch diese Städte in die Böhmischen Bäder reisen, hier von der größten Wichtigkeit. Eine Eisenbahn über Bayreuth an die sächsisch-böhmische Grenze würde die Frequenz der Reisenden zum großen Vortheil des Kreises auf eine außerordentliche Weise vermehren.

Endlich muß auch hierbei noch die direkte *Verbindung mit Böhmen* ins Auge gefaßt werden, welche für unsere Gegend von der größten Wichtigkeit ist.

Wenn die fragliche Eisenbahn zu Stande käme, so müßten direkte Verbindungslinien mit Böhmen von dieser Bahn aus angeknüpft werden. Hierdurch würde es gelingen, zum großen Vortheil dieses Theils des Landes eine erfolgreiche Communikation zu erlangen.

Alle diese Gründe sprechen für die Nothwendigkeit und Nützlichkeit der Anlegung der fraglichen Eisenbahn.

Zu 2.) *Was die Ausführbarkeit einer solchen Unternehmung betrifft,* so wird sich solche aus folgender Darstellung ergeben: Bei Anlegung von Eisenbahnen müssen vor allen die Flußgebiete ins Auge gefaßt und der Zug derselben als Richtungslinie angenommen werden. Von diesem Gesichtspunkte ausgehend, können folgende *Flußgebiete* und *Thalgründe*, welche in einander einmünden, zu einer Eisenbahn von Nürnberg über Bayreuth und Hof nach Plauen, ohne große Schwierigkeit benützt werden und zwar

    a) das Thal der Wiesent,
    b) das Ahorn-Thal,
    c) das Thal des Mistelbach,
    d) das Main-Thal,
    e) das Thal der Oelschnitz und
    f) das Thal der Saale.

Die *Bayerisch-Sächsische Eisenbahn* von Nürnberg bis Plauen, würde dann ihren Zug auf nachstehende Orte nehmen:

1.) von Nürnberg über Erlangen nach Bayersdorf oder Forchheim,
2.) über Kerschbach,
3.) Ebermannstadt,
4.) Streitberg,
5.) Muggendorf,
6.) Weischenfeld,
7.) Truppach,
8.) Seidenbach,
9.) Hart und Geigenreuth,
10.) Bayreuth,
11.) Bindloch,
12.) Harsdorf,
13.) Trebgast,
14.) Himmelcron,
15.) Berneck,
16.) Grünstein,
17.) Gefrees (unterhalb),
18.) Zedlitz,
19.) Zell,
20.) Weißdorf,
21.) Schwarzenbach an der Saale und
22.) Hof.

Aus der Angabe sachverständiger Männer geht hervor, daß diese Fluß- und Thalgebiete zur Anlegung einer Eisenbahn geeignet sind, und daß, einige Krümmungen und Durchstiche abgerechnet, sich keine bedeutenden Schwierigkeiten ergeben, welche der Ausführung dieses Plans entgegen stehen könnten. Diese Eisenbahn würde ihren Zug durch die schönsten und interessantesten Thäler des Kreises, namentlich durch die malerischen Thäler von Muggendorf und Streitberg (die sogenannte Fränkische Schweiz) und durch das eben so ausgezeichnete Mainthal nehmen, während bisher die Hochstraße von Nürnberg nach Sachsen ihren Zug häufig durch die sterilsten Gegenden hatte. Die Thäler des neu zu errichtenden Straßenzugs bieten dem Auge die seltensten pitoresken Ansichten dar, und müßten, wenn die Eisenbahn durch solche gezogen würde, eine außerordentliche Frequenz von fremden und einheimischen Reisenden zum großen Nutzen des Kreises herbeiführen. Es ist daher zu erwarten, daß eine Eisenbahn, die so viele verschiedenartige Vortheile darbietet, sich auch unter den angegebenen Umständen sehr gut rentiren würde.

Zu 3.) Von der Ausführbarkeit dieses Unternehmens vollkommen überzeugt, hat der hiesige Handels- und Fabrikstand unter dem Vorsitz und der Leitung des allerunterthänigst unterzeichneten Vorstandes bereits einen Berathungs-Ausschuß für dieses wichtige Unternehmen gebildet und sich mit der zunächst betheiligten Grenzstadt Hof und durch diese mit den benachbarten sächsischen Städten, welchen an der Ausführung dieses Plans alles gelegen ist, in Verbindung gesetzt. Bereits sind für den Fall der Errichtung einer bayerisch-sächsischen Eisenbahn, sowohl von inländischen, als auch von ausländischen Geschäftsmännern des Handels- und Fabrikstandes bedeutende Offerten zur Unterzeichnung von Aktien gemacht worden.

Unter den vorliegenden Umständen bedarf es daher nur noch der *Untersuchung der angegebenen Straßen-Route durch technische Beamte*, damit sodann, wenn sich durch deren Gutachten die Ausführbarkeit des Unternehmens bestätigt haben wird, die weiteren sachdienlichen Einleitungen von einem hier zu bildenden Eisenbahn-Comité getroffen werden können.

Bei diesen Verhältnissen sehen wir uns zur allerunterthänigsten und ehrfurchtsvollsten Bitte veranlaßt:

Literatur- und Quellenverzeichnis

1. Akten im Verkehrsarchiv der Bundesbahndirektion Nürnberg.
2. Kalb, Karl Heinz: *Zur Münzgeschichte im „Oberland ob dem Gebirg und vor dem Wald"*; in: Heimatbeilage zum Amtlichen Schulanzeiger des Regierungsbezirks Oberfranken Nr. 54/1977.
3. Lohmann, Fritz: *Die Entwicklung der Lokalbahnen in Bayern;* Leipzig 1901.
4. Lutz, Kosmas: *Der Bau der bayerischen Eisenbahnen rechts des Rheins;* München und Leipzig 1883.
5. Marggraff, Hugo: *Die Königlich Bayerischen Staatseisenbahnen in geschichtlicher und statistischer Beziehung;* München 1894.
6. Mayer, Bernd: *Bayreuth wie es war (1850–1950);* Bayreuth 1981.
7. Pressenotizen aus den lokalen Zeitungen und aus „DB - Blickpunkt".
8. Rennert, Georg: *Zur Geschichte des Postwesens in Bayreuth;* Archiv für Postgeschichte in Bayern, München 1932.
9. Scherzer, Hans: *Gau Bayreuth;* München 1941.
10. Streit, Fritz: *Die Verkehrswege durch das Bayreuther Land seit der Markgrafenzeit;* Bayreuth 1955.
11. Zintl, Robert: *Bayerische Nebenbahnen;* Stuttgart 1977.
    Fahrt frei, Bayerische Signale und Stellwerke; Stuttgart 1978.
    Die letzten Bayerischen (Dampflok); Stuttgart 1979.
    Preußische und Einheitslokomotiven in Bayern; Stuttgart 1981.
    Die alten Bayerischen (Dampflok); Stuttgart 1984.
    Das Thurnauer Bockela; Kulmbach 1986.

Stichwortverzeichnis

Aichen 98
Altenplos 98, 154

Bahnagenturen 70
Bahnbetriebswerk 135
Bahnhof 103
Bahnhofsgebäude 103, 104, 107
Bahnhofsverwaltung 135
Bahnmeisterei 135
Bahnpost 41, 109
Bahnsteige 107
Bahnsteigunterführung 107, 168
Bahnübergang 104
Bahnvorstand 27
Baubezirk 135
Bayreuth Altstadt 84, 100
Bayreuth St. Georgen 63, 72
Beförderungsmonopol 152
Bekohlungsanlage 101, 118
Bindlach 28
Blockfeld 114

Containerverkehr 152
Creußen 58

Dieseltriebfahrzeuge 160
Döhlau 70, 73
Drossenfeld 99
Druckluftbremse 98
Drucktastenstellwerk 160
Dürschnitz 48

Eckverkehr 150
Eisenbahnbetriebsamt 135
Eisenbahn-Betriebs- und Bauinspektion 107
Eremitage 47
Eurocity-Netz 167

Fahrdienstleiter 114
Fahrplan 136
Fantaisie-Eckersdorf 82
Festspielzüge 143
Fichtelgebirgsexpreß 62, 168
Frankenhaag 82

Friedrichsthal 70
Fußgängersteg 107

„*Gebirg*"
  (= Frankenalb) 96
Gleisplan 44, 111, 114
Görschnitz 70
Güterabfertigung 135
Güterexpedition 135
Güterhalle 107
Güterstation 135
Guldenwährung 12

Handelswege 10
Harsdorf 28
Hebelbank 112
Heinersreuth 98
Herzoghöhe 91, 99
Hollfeld 84
Huckepackverkehr 152

Intercity-Zug 141, 167

Kasendorf 100
Katschenreuth 98
Kemnath-Neustadt 38
Kirchenlaibach 51
Kopfmachen 150
Kreuzstein 58, 82, 98
Krumme Fohre 91, 98
Kulmbach 18, 97

Ladestraßen 107, 109
Läutewerke 51
Laineck 70
Limmersdorf 98
Lokalbahngesetz 62
Lokomotivfabriken 119
Lokomotivschuppen 116
Lokomotivstation 135
Ludwigsbahn 15
Ludwigs-Süd-Nordbahn 18

Marktschorgast 35
Melkendorf 91, 98
Mengersreuth 70
Mistelbach 82

Mistelgau 84
Moggendorf 82

Neubaustrecke 168
Neuenmarkt-Wirsberg 28
Neuenreuth b. Creußen 58
Neuenreuth b. Thurnau 98

Obernsees 82
Ostbahnen 37

Pachtbahnen 25
Pegnitz 58
Pendolino 166
Pittersdorf 82
Plankenfels 84
Postamt 11, 27, 107
Postdienst 10, 41
Postkutsche 11, 27, 98, 99

Ramsenthal 28
Regionalabteilung der Bundesbahndirektion 135
Reisegeschwindigkeit 141
Reparationsleistungen 152
Röhrensee 82, 98

Schiefe Ebene 16, 28, 33
Schlömen 28
Schnabelwaid 58
Seybothenreuth 47
Signalabhängigkeit 112
Signalposten 51
Sophienthal 70
Statistik 151
Stechendorf-Welkendorf 82
Steinenhausen 98
Stellwerke 112
Stillegung von Strecken 160
Stockau 47
Straßenroller 152
Strecken-Leistungsfähigkeit 150
Streitmühle 35

Tarife 40
Taxi-Dienst 27
Taxis-Post 10
Telegraph 41
Thurnau 88, 89, 100
Trebgast 28
Truppach 82
Tunnelstraße 104

Umweltschutz 42
Untersteinach b. Bayreuth 70
Unterwaiz 98

Verkehrsfrequenz 151

Wadendorf 82
Warmensteinach 72
Wasserkran 119
Weidenberg 41, 72
Wintersportzüge 144

Zainhammer 70, 154
Zentralisierung 112
Zips 58